Águas urbanas

as formas de apropriação das águas nas Minas
Século XVIII

Águas urbanas

as formas de apropriação das águas nas Minas
Século XVIII

Denise Maria Ribeiro Tedeschi

Grafia atualizada segundo o Acordo Ortográfico da Língua Portuguesa de 1990, que entrou em vigor no Brasil em 2009.

Publishers: Joana Monteleone/Haroldo Ceravolo Sereza/Roberto Cosso
Edição: Joana Monteleone
Editor assistente: Vitor Rodrigo Donofrio Arruda
Projeto gráfico, capa e diagramação: Ana Lígia Martins
Revisão: Rafael Acácio de Freitas

Imagem da capa: Detalhe do Chafariz de São José, em que consta a data de 1749. Fotografia: s/d. In: Instituto do Patrimônio Histórico e Artístico Nacional (IPHAN). Coleção Imagens – Vol. VI – Tiradentes (MG), p. 28.

Imagem da contracapa: Imagem do Chafariz Marília de Dirceu – PEREIRA, Carlos A. *et al* (org). *A arte da Cantaria*. Belo Horizonte: C/Arte, 2007, p. 68.

CIP-BRASIL. CATALOGAÇÃO-NA-FONTE
SINDICATO NACIONAL DOS EDITORES DE LIVROS, RJ

T255a

Tedeschi, Denise Maria Ribeiro
ÁGUAS URBANAS : AS FORMAS DE APROPRIAÇÃO DAS ÁGUAS NAS MINAS : SÉCULO XVIII
Denise Maria Ribeiro Tedeschi. – 1. ed
São Paulo: Alameda, 2014.
382 p. : il. ; 21 cm

Inclui bibliografia
ISBN 978-85-7939-212-2

1. Água – Consumo – Minas Gerais – História – Séc. XVIII. 2. Urbanização – Minas Gerais – História – Séc. XVIII. 3. Água – Uso – Aspectos sociais – Minas Gerais – História – Séc. XVIII. 4. Ouro – Minas e mineração – Minas Gerais – História – Séc. XVIII. 5. Minas Gerais – História – Séc. XVIII. I. Título.

13-03506
CDD: 981.51
CDU: 94(815.1)

ALAMEDA CASA EDITORIAL
Rua Conselheiro Ramalho, 694 – Bela Vista
CEP: 01325-000 – São Paulo, SP
Tel.: (11) 3012-2400
www.alamedaeditorial.com.br

Para meus pais, Olindina e Getulio

Sumário

Índice de imagens

Índice de tabelas

Índice de gráficos

Índice de gráficos

Apresentação

Em duas obras magistrais – *Caminhos e Fronteiras* e *Monções* –, Sérgio Buarque de Holanda abordou a questão dos rios e das águas no processo de ocupação do sudeste do Brasil. De forma geral, o autor aponta que, de um lado, nessa região, especialmente no que diz respeito às Minas Gerais, canais d'água constituíram-se mais como entraves para a penetração dos sertanistas, do que como vias de transporte.[1] Se, quando abundantes, os volumosos rios eram empecilhos ao deslocamento, por outro lado, nos vastos sertões interiores das gerais, a falta da água foi o principal martírio que angustiou muitos desses intrépidos viajantes.[2] Em sua presença, ou na sua ausência, as águas impunham uma série de esforços aos colonizadores. Para atravessar os caudalosos rios era necessário "procurar vau, lançar pinguelas, fabricar pirogas e balsas";[3] para mitigar a sede, era-se imperativo encontrar plantas e raízes que vertessem o precioso líquido,[4] ordenar a marcha dos dias, buscando os leitos dos rios.[5] É sobre essa faina cotidiana pela domesticação e apropriação das

---

1   HOLANDA, Sérgio Buarque de. *Monções*. 3ª ed. São Paulo: Brasiliense, 1990, p. 19-21

2   HOLANDA, Sérgio Buarque de. *Caminhos e fronteiras*. 3a. ed. São Paulo: Companhia das Letras, 1994, p. 36.

3   HOLANDA, Sérgio Buarque de. *Caminhos e fronteiras*, p. 36.

4   *Ibidem*, p. 37-39.

5   FURTADO, Júnia F. From Brazil's central highlands to Africa's ports: trans--atlantic and continental trade connections in goods and slaves. *Colonial Latin American Review*, vol. 21, n. 1, p. 127-160, abr. 2012.

águas, ambientada no espaço urbano das Minas Gerais, que Denise Maria Ribeiro Tedeschi se debruça nesse livro.

De fato, Minas Gerais foi a capitania mais urbanizada no Brasil colonial, a despeito de que a maioria desses núcleos, muito diminutos, pouco se diferenciassem do mundo rural. Ainda assim, toda essa malha urbana exigiu um sem número de intervenções de engenharia pluvial. Era necessário conter os rios que constantemente inundavam as cidades; executar obras que permitissem a mineração de seus leitos; construir pontes para facilitar sua travessia; garantir o abastecimento de água, canalizando rios e construindo chafarizes; e ordenar o seu uso para as atividades de mineração, pois sem água não havia exploração aurífera. Focando-se nesses aspectos, o recorte espacial desse estudo é a cidade de Mariana, ao longo do século XVIII.

Numa vertente moderna, nem os rios nem a cidade são analisados de forma idealizada, e a abordagem privilegia a ação dos homens sobre a natureza, em constante mediação e interação entre esses dois pólos. Salubridade e insalubridade das águas estavam sempre na ordem do dia. Os rios são encarados como entidades vivas e as cidades como orgânicas. Nesse aspecto, o que esse estudo revela é uma cultura material da água que se constrói na cotidianidade. Esta estava permeada por interações, mas também por atritos, pois as tentativas de controle do homem sobre a natureza não se fazem sem contradições e conflitos.

A autora aponta que a decisão de Dom João V de elevar a Vila do Ribeirão do Carmo em cidade, em 1745, para abrigar a sede do bispado de Minas Gerais, que então se criava, marcou uma inflexão no planejamento urbano na capitania:

> Castigada pelas enchentes, seu espaço físico estava comprometido: os edifícios civis e religiosos, as casas, pontes e calçadas eram inundados pelas águas do ribeirão do Carmo no tempo das cheias. Para estar condigna à sua nova função religiosa, o monarca ordenou

que se realizassem intervenções urbanas necessárias na "nova" cidade.[6]

A reforma foi orquestrada pela Câmara Municipal e o engenheiro militar José Fernandes Pinto Alpoim desenhou a planta da nova cidade, que passou a se chamar Mariana. Como nos mostra esse estudo, esse mapa não era um espelho real do arraial, onde as águas se impunham com sua força sobre o terreno, alagando as ruas, mas uma imagem idealizada, capaz de convencer as autoridades de sua adequação às novas demandas que surgiam com o recente *status* que adquiria. Com as obras, imprimiu-se uma ordenação reticulada a nova área de ampliação da urbe, reformou-se a rua Direita e a igreja matriz foi ampliada. Mas também se cuidou do abastecimento de água e as águas do ribeirão do Carmo, que continuamente extravasavam de seu leito, não só foram contidas, com a construção de diques de contenção, como também foi construído um sistema de captação e distribuição subterrânea de águas a partir de um aqueduto que canalizou as nascentes dos morros próximos. Chafarizes, dispostos em lugares estratégicos, forneciam à população o precioso líquido de que serviam para mitigar a sua sede e dos animais, para o banho, garantindo o asseio dos corpos, bem como para a lavagem de roupas.[7]

Nesse aspecto, esse livro nos mostra a imbricação entre o sistema político – a Câmara Municipal –, o religioso – as irmandades e o bispado –, e o social – os moradores de Mariana –, com o intuito de zelar sobre o espaço urbano, em especial no que toca a gestão das águas. Dessa forma, insurge-se com a imagem, já desacreditada, de que as cidades portuguesas na América eram fruto do acaso e não de uma política orquestrada de planejamento urbano. Mas, ao mesmo tempo, a ação das autoridades não ocorria sem tensões, e a autora revela os contrapoderes que se expressam em disputas, nem sempre legais, pelo acesso e controle das águas. Nesse

---

6   TEDESCHI, Denise Maria Ribeiro. *Águas urbanas: as formas de apropriação das águas em Mariana/MG (1745-1798)*, São Paulo: Almeda, 2013, p. 74.

7   TEDESCHI, Denise Maria Ribeiro. *Op. cit.* p. 214.

aspecto, descortina-se todo o jogo ilegal e irregular dos que, habitando ao longo do aqueduto construído na cidade, desviavam irregularmente o precioso líquido. Num jogo de gato e rato, do outro lado, se encontravam os agentes camarários locais que, a todo custo, se esforçavam para combater essa prática, em ações nem sempre bem sucedidas.

Outro aspecto importante que se descortina nesse livro é o do universo dos artífices que se empregavam nessas obras de engenharia pluvial, desvendando todo os procedimentos empregados para a arrematação das obras locais, seus custos e os agentes envolvidos. Contratados pela Câmara Municipal, sua ação foi marcada pelas tentativas de alguns poucos oficiais mecânicos de monopolizar a atividade, e também por várias contendas entre eles e o órgão público. Nesse aspecto, revela-se uma história social do trabalho dinâmica e plural.

Mariana, como a maioria dos núcleos urbanos mineiros, nasceu em torno dos serviços de minerar estabelecidos inicialmente nas águas do ribeirão do Carmo, para em seguida subirem os morros em seu entorno. Como "os mineiros não podem separar o ouro da serra sem água",[8] e como esta era indispensável para a mineração no alto dos morros, sua gestão tornou-se imperativo para o sucesso da atividade. Como consequência natural, embates entre os mineiros surgiram, como a autora analisa no último capítulo, o que a Carta Régia exarada pelo governador de Minas, o Conde de Assumar, em 24 de fevereiro de 1724, conhecida como *Provisão das Águas*, tentou ordenar, regulamentando a forma de repartição da água pelos guarda-mores.[9]

É bom lembrar que, em Minas Gerais, não foi só Mariana que usufruiu de um sistema subterrâneo de captação de água. Na primeira metade do século XIX, o viajante inglês George Gardner notou que as águas no

---

8   STUTTGART, Robert Bosch Collection. n. 555 (3). Descricção das Minas Geraes do Brasil. In: *Mémoire sur des Mines d'or de ce pays, communiqué par Mr. Couvay*, f. 2-3.

9   RENGER, Friedrich E. Direito Mineral e Mineração no Códice Costa Matoso. *Varia Historia*, Belo Horizonte, vol. 21, p. 159, 1999.

arraial do Tejuco, na demarcação diamantina, "são canalizadas para muitas casas, suprindo as famílias com uma das maiores comodidades que se podem desfrutar em clima quente".[10] Não é conhecida a data em que esse sistema foi instalado, mas é certo que foi construído a partir do rego público aberto, em 1752, para captar água do córrego do Tejuco e alimentar o chafariz que fora erguido no meio da cidade, datando provavelmente dessa época. (Em 1753, chega ao arraial o nome contratador dos diamantes, o desembargador João Fernandes de Oliveira, que certamente estava disposto a implantar na cidade as comodidades a que estava acostumado em Lisboa).[11] No final do século XVIII, com o crescimento da população e o alargamento do povoado, o Tejuco ganhou um segundo chafariz, junto à igreja do Rosário.[12] Nesse sentido, esse livro é também um convite aberto à investigação, pois expõe e articula com maestria todo um campo de investigações ainda pouco explorado pela historiografia – uma história humana e social das águas urbanas.

Júnia Ferreira Furtado

---

10   GARDNER, George. *Viagens no Brasil*. São Paulo: Nacional, 1942, p. 385.

11   FURTADO, Júnia F. *Chica da Silva e o contratador dos diamantes*: o outro lado do mito. São Paulo: Companhia das Letras, 2003.

12   VASCONCELOS, Sílvio de. A formação urbana do arraial do Tejuco. *Revista do Patrimônio Histórico e Artístico Nacional*, Rio de Janeiro, n. 14, p. 127, 1959.

Introdução

> — *O rio é como o tempo!*
> *Nunca houve princípio [...].*
> *O primeiro dia surgiu quando o tempo*
> *já há muito se havia estreado.*
> *Do mesmo modo, é mentira haver fonte no rio.*
> *A nascente é já o vigente rio,*
> *a água em flagrante exercício.*[1]

As formas de apropriação das águas correspondem às maneiras como os indivíduos desenharam os variados usos e modos de obter, empregar e se relacionar com o líquido precioso na História. E se a História é a ciência que estuda os homens no tempo, torna-se mister investigar aquilo que permite sua existência.[2]

Ao lado da questão fisiológica em torno das águas, aspectos sociais, culturais e mesmo econômicos são urdidos e apresentam sua trama. O homem, em diferenciados espaços e no fluxo do tempo, desenvolveu formas de fornecer, ordenar, distribuir e utilizar esse bem natural. Essas formas mutáveis revelam percepções, significados, técnicas e empregos desse líquido vital.

Este livro resulta da dissertação de mestrado em História defendida no Instituto de Filosofia e Ciências Humanas da Unicamp em 2011, sob a

---

1   COUTO, Mia. *Um rio chamado tempo, uma casa chamada terra*. São Paulo: Companhia das Letras, 2003, p. 61.

2   BLOCH, Marc. *Apologia da História ou o ofício de historiador*. Rio de Janeiro: Jorge Zarah Editor, 2001, p. 55.

orientação da Professora Dra. Leila Mezan Algranti. Optamos por respeitar a historicidade desta pesquisa, contudo, pequenas modificações foram realizadas, baseadas em sugestões da banca examinadora e uma releitura do texto inicial.

O objetivo deste trabalho foi investigar as formas de apropriação das águas no espaço urbano de Mariana, Capitania de Minas Gerais, entre 1745-1798. O cenário escolhido foi a capital religiosa das Minas, durante o período de execução de sua reforma urbana. Como os demais núcleos urbanos mineradores, a cidade cresceu contornando rios e córregos. Apesar das semelhantes adversidades que acompanharam a administração das águas nas povoações mineradoras das Minas, Mariana apresentava um dado singular que marcou sua constituição urbana. Em 1745, o Rei D. João V elegeu a então Vila de Nossa Senhora do Carmo para sede do bispado da Capitania. Castigada pelas enchentes, seu espaço físico estava comprometido: os edifícios civis e religiosos, as casas, pontes e calçadas eram inundados pelas águas do ribeirão carmelitano. Para estar condigna à sua nova função religiosa, o monarca ordenou que se realizassem as intervenções urbanas necessárias na única cidade das Minas.

O período da reforma urbana, recorte desta pesquisa, inicia-se em 1745, com a ordem régia de criação do bispado e elevação à cidade, e finaliza em 1798, quando a principal obra, o edifício da Casa de Câmara e Cadeia, foi concluída. Um momento de amplas transformações no tecido físico da cidade, em que a contenção das águas, o abastecimento público e os serviços de minerar interferiram na conformação de sua paisagem.

A pesquisa privilegiou a documentação produzida pela Câmara Municipal de Mariana, uma vez que essa instituição foi responsável por cuidar do provimento e ordenação das águas urbanas. Neste trabalho, cruzamos a diversidade de fontes do fundo camarário, como acórdãos, editais, posturas, livros de receita e despesa, contratos de obras e as correspondências entre o governo local e o Conselho Ultramarino. Ademais, utilizamos os regimentos das águas minerais, os tratados de arquitetura e medicina, a literatura de viajantes, memórias do período e as notificações. São feitas alusões às outras localidades do Reino e da América Portuguesa, seja para estabelecer similitudes e particularidades, seja para ampliar, por meio de conexões e comparações, nosso suporte investigativo e interpretativo acerca das águas urbanas de Mariana.

A noção de apropriação presente no título e empregada neste trabalho aproxima-se das contribuições acerca das práticas sociais trazidas por Michel De Certeau e Roger Chartier. Em *A invenção do cotidiano*,[3] De Certeau define a apropriação como o consumo cultural: o lugar de uma nova produção, o espaço da fabricação do outro. A apropriação entendida, portanto, como o momento das operações dos usuários, das invenções, bricolagens, desvios. A metáfora criada pelo autor sobre o uso da cidade caracteriza o personagem urbanista como um agente ordenador, que planeja e constrói o cenário urbano, enquanto os pedestres seriam os usuários, que atribuem sentidos e significados a esse espaço produzido. Na prática da caminhada, os habitantes podem se apropriar dos lugares de formas diferenciadas, seguindo ou mesmo distorcendo os passos do urbanista.[4] O usuário pode, portanto, se apropriar do espaço de várias maneiras, criando outras formas de utilizá-lo, instaurando novos hábitos no convívio social.

A partir do exemplo apresentado por De Certeau, envolvendo o urbanista e o pedestre, é possível ainda acrescentar que o segundo pode criar no espaço ordenado novas formas urbanas, reconhecidas ou não pelo primeiro. Ou seja, é possível que o agente urbanizador autorize as invenções dos habitantes ou ainda que elas não sejam percebidas ou incomodem a ordem criada, convivendo paralelamente com as formas autorizadas. Assim, nem toda prática subversiva resultaria em uma nova norma, como nem toda norma instituiria uma prática no campo inacabado da cidade,

---

3   DE CERTEAU, Michel. *A invenção do cotidiano*: artes de fazer. Vol. 1. Petrópolis: Vozes, 1994, p. 38.

4   DE CERTEAU, Michel. *Op. cit.*, p. 177-178.; DE CERTEAU, Michel. *A Cultura no Plural*. Tradução de Enid Abreu Dbránszky. Campinas: Papirus, 1995, p. 234.

onde produções e apropriações estão em convivência no ambiente social, engendrando novas práticas e/ou legitimando antigos hábitos.[5]

Roger Chartier utilizou a categoria "apropriação" para compreender a complexa relação entre o livro (objeto produzido) e a prática de leitura. Esta última, enquanto apropriação da ordem, momento em "que [se] inventa, desloca e distorce".[6] Tanto Michel De Certeau, quanto Roger Chartier destacaram a "pluralidade dos modos de emprego, a diversidade" das práticas;[7] as apropriações enquanto "maneiras de utilizar" os produtos impostos. No entanto, ambos trataram seus objetos culturais enquanto produtos. No caso do livro, objeto de análise de Chartier, concordamos com essa perspectiva. Afinal, o livro, apesar de estar imerso em intenções que levam às variadas e múltiplas apropriações, é um produto acabado. Não é possível alterar sua materialidade, sua estrutura e seu conteúdo, a menos que haja uma nova edição. A cidade, no entanto, é um cenário aberto, em "edição" constante, onde editores, leitores e escritores são os impressores desta obra interminável. Dessa forma, nossa pretensão ao longo deste livro é demonstrar que as apropriações das águas urbanas ocorreram em diferentes esferas, por diferentes personagens, que as construíram e reconstruíram no terreno das práticas sociais.

A proposta é ampliar o conceito de apropriação, compreendendo-o para além do consumo de uma ordem. Primeiramente, porque a água não é um bem fabricado e produzido pelo homem, mas um bem natural existente e necessário à sua sobrevivência e, portanto, são as formas de se apropriar deste elemento nosso objeto de análise. Em segundo lugar, porque abordamos as formas de apropriação das águas no espaço urbano, ou seja, as maneiras como os indivíduos da Mariana Setecentista se apropriaram do elemento natural e o tornaram apropriado ao espaço

5   DE CERTEAU, Michel. *Op. cit.*, p. 177-178.; DE CERTEAU, Michel. *Op. cit.*, p. 234.

6   CHARTIER, Roger. Mundo como representação. *Estudos Avançados*, São Paulo, vol. 11, n.5, jan-abr., 1991, p. 181.

7   CHARTIER, Roger. *A história cultural*: entre práticas e representações. Rio de Janeiro: Difel, 1988, p. 26.

social. Assim, o termo "águas urbanas" circunscreve o recorte geográfico e a paisagem social de nossa pesquisa, mesmo que os limites entre o rural e o urbano, o público e o privado, no período analisado, sejam confusos, fluidos e estejam imbricados.[8]

Apropriação no plural: traduzida pela heterogeneidade dos sujeitos, das práticas, formas de lidar, conviver, obter e ressignificar esse bem natural. Nas práticas de consumo do líquido, as águas não deixam de ser um elemento natural, mas adquirem formas culturais. O ato de lhes atribuir significados, criar artifícios para a sua organização e ordenação, instituir necessidades, normas e hábitos confere às águas urbanas formas culturais, historicamente localizadas e mutáveis no tempo.[9]

Para apreendermos a rede de significados, propriedades e utilidades das águas, foi preciso "infiltrar" pelos usos e práticas que as envolveram na vida urbana Setecentista, caminhando pelo "rés do chão", como destacou Fernand Braudel.[10] Nas práticas repetitivas e rotineiras, do universo diário dos mineiros, o líquido escorria, ganhava formas, ordens, artifícios e funções.

Este trabalho divide-se em três capítulos, os quais tratam de aspectos diferenciados sobre as águas de Mariana. No primeiro capítulo analisamos as maneiras como as águas do ribeirão do Carmo interferiram na produção espacial urbana de Mariana e na consolidação do povoado,

---

8   NOVAIS, Fernando A. Condições da privacidade na colônia. In: MELLO E SOUZA, Laura de. (org.) *Cotidiano e vida privada na América Portuguesa*. Vol. 1. NOVAIS, F. (dir.) *História da Vida Privada no Brasil*. São Paulo: Companhia das Letras, 1997. p. 13-39

9   A respeito da noção de consumo e bens culturais, sugerimos as abordagens do historiador Daniel Roche e dos antropólogos Mary Douglas e Baron Isherwood Cf. ROCHE, Daniel. *História das coisas banais:* nascimento do consumo – século XVII-XIX. Rio de Janeiro: Rocco, 2000; DOUGLAS, Mary; ISHERWOOD, Baron. *O mundo dos bens:* para uma antropologia do consumo. Rio de Janeiro: Editora UFRJ, 2004.

10   BRAUDEL, Fernand. *Civilização Material, Economia e Capitalismo, Séculos XV-XVIII:* as estruturas do cotidiano, o possível e o impossível. Vol. 1. São Paulo: Marins Fontes, 2005, p. 17.

sede do bispado da Capitania. Abordamos como a fúria das águas carmelitanas esteve entre os principais problemas enfrentados pela localidade
para tornar-se dignamente adequada à nova função religiosa designada
pelo monarca português. Destacamos, sobretudo, a ação local e régia na
reconfiguração da morfologia urbana, observando como o espaço foi
apropriado para conviver com as águas do ribeirão, que inundavam a cidade em meados do século XVIII.

No segundo capítulo, abordamos o fornecimento das águas promo-
vido pela Câmara Municipal no espaço urbano de Mariana. Enfatizamos
a formação da rede de abastecimento de água edificada a partir de 1749,
quando foi construído o aqueduto subterrâneo. A constituição do circuito das águas na cidade é contemplada a partir de três eixos: como foi
construído, quem realizou as obras e o quanto se gastou para fornecer o
líquido à população.

O fio condutor do terceiro capítulo é o consumo das águas urbanas.
Elucidamos primeiramente os usos e significados atribuídos aos chafarizes públicos, as normas e desvios ocorridos nestes suportes d'água fa-
bricados pelo Senado. Em seguida, tratamos das águas servidas que corrompiam a salubridade urbana, atentando para os significados e causas
das doenças, as noções de sujo e limpo que vigoraram neste período. E,
por último, analisamos a importância das águas nas atividades produtivas, sobretudo no serviço da mineração, sem as quais não seria possível
apurar o ouro.

Propomo-nos a desvelar certas trilhas deixadas pelas águas, mas esta-
mos cientes que a dimensão dos caminhos percorridos por elas não tem início ou fim. Como sugeriu Mia Couto, nunca houve princípio, tudo é vigência
na corrente das águas "em flagrante exercício". Convidamos o leitor a beber
um pouco da água desse rio chamado tempo.[11]

---

11   COUTO, Mia. *Op. cit.*, p. 61.

Capítulo I

A água na produção espacial urbana

Espaços das águas. Águas no espaço. A premissa da sobrevivência desencadeou nas mais antigas formas de civilização a sistemática e obrigatória condição humana de manusear, conter e distribuir as águas. A modernidade caracterizou-se pela retomada dos sistemas de aquedutos do Império Romano. Ainda se procurava desvendar a origem do líquido precioso, como o filósofo Descartes (1596-1650) que "imaginava grandes alambiques subterrâneos a destilar a água do mar para produzir água doce".[1] Gregos e romanos da Antiguidade Clássica já haviam se ocupado, como Platão e Aristóteles, em explicar os movimentos misteriosos das águas,[2] mas foi a obra *De Architectura* do arquiteto romano Vitrúvio, redescoberto no século xv pelo Renascimento, que constituiu a base para a condução das águas apropriadas ao abastecimento das *civitates*.[3]

No *Tratado de Architectura,* dividido em dez livros, o romano discorreu sobre os vários campos da Arquitetura, desde a formação do arquiteto até os princípios básicos da edificação das diversas obras e lugares

1   CONCEIÇÃO, Luis Filipe Pires da. A *consagração da água através da Arquitectura:* para uma Arquitectura da água. Tese (Doutorado em Arquitetura) – Faculdade de Arquitectura, Universidade Técnica de Lisboa, Lisboa, 1997, p. 84.

2   Cf. CONCEIÇÃO, Luis Filipe Pires da. *Op. cit.,* p. 85-86. Ver também capítulo 4 de: LENOBLE, Robert. *História da Idéia de Natureza.* Lisboa: Edições 70, [s.d.].

3   VITRÚVIO. *Tratado de arquitectura.* Tradução e nota de M. Justino Maciel; Thomas Noble Howe. Lisboa: IST Press, 2006. Marcus Vitruvius Pollio, romano que viveu no século I a.C., autor do *Tratado de Architectura,* único conhecido de toda a Antiguidade Clássica. De acordo com Luis Filipe P. da Conceição, foi descoberta em 1414 a primeira cópia manuscrita.

públicos. Marcus Vitruvius Pollio ditava que as "obras comuns" dos lugares públicos deveriam primar pelos "princípios da solidez, da funcionalidade e da beleza". As águas interferiam desde a escolha do sítio à fundação de novas cidades. Um local salubre deveria estar longe dos pântanos, "pois as águas estagnadas putrefazem-se e produzem nestes lugares exalações fétidas e pestilentas".[4] Vitrúvio propunha, também, soluções para conter o líquido no interior da cidade, como o telhado de duas águas que desviava as tórridas chuvas, muitas vezes, para os poços e cisternas de abastecimento, ou as soluções de aterro e drenagens de jardins, tão salubres à vida urbana.[5] O livro VIII foi dedicado especificamente a informar as propriedades das águas, distinguir as puras das nocivas. As águas de planície "são salobras, tépidas, desagradáveis", enquanto as que nascem do "sopé dos montes são mais abundantes e copiosas, sendo também mais frias e saudáveis".[6] As águas de planície eram consideradas mais insalubres, pois sobre elas estaria "o veemente ímpeto do Sol" que absorveria "a sanidade das águas [...] deixando as propriedades que são mais pesadas, mais duras e desagradáveis".[7] De acordo com Vitrúvio, as águas das chuvas estariam entre as mais saudáveis, "pois os humores das fontes, dos rios, dos pântanos e do mar" levados pela tepidez do sol dispersam-se pelas ondas de ar, filtradas, e com sua saturação caem sobre a terra. Tanto o ar como as águas, quando aquecidos pelo sol, absorveriam os humores da terra.[8] Além da incidência do sol, interferia nas propriedades desses elementos o solo da região:

> [...] não devemos admirar-nos que haja na enorme extensão da Terra incontáveis variedades de seivas, através das quais a força da água, percorrendo veios,

---

4   VITRÚVIO. *Op. cit.*, capítulo IV, p. 25.
5   *Ibidem*, livro I, capítulo IV, p. 195.
6   *Ibidem*, livro VIII, capítulo I, p. 295.
7   *Ibidem*, livro VIII, capítulo I, p. 296.
8   *Ibidem*, livro VIII, capítulo IV, p. 301-310.

chega misturada com elas à saídas das fontes, e assim estas se apresentam diferentes e variadas em tipologias próprias, devido à discrepância de locais, às características de cada região e às diferentes propriedades do solo.[9]

Antes de dar início à condução do líquido era preciso distinguir as águas apropriadas. Entre os métodos, Vitrúvio aconselhava observar os indivíduos que habitavam próximo, se apresentavam corpos robustos e saudáveis. Em casos de fontes nunca exploradas ou regiões inabitadas, deveria ser utilizado o vaso de bronze. Se a água não deixasse mancha no recipiente, ou sedimentos quando fervida, era de boa qualidade; se nos sítios onde brotava não houvesse musgo ou junco, era leve e de maior salubridade.[10]

Entre as maneiras de se conduzirem as águas, no Tratado de Vitrúvio foram relatados benefícios e prejuízos dos três tipos de materiais empregados nas canalizações: alvenaria, chumbo e cerâmica. Em locais onde não existiam nascentes, outros sistemas como os poços, a condução das águas das chuvas ou uma rede de reservatórios deveriam ser empregados.

O arquétipo vitruviano sobre os métodos e formas, propriedades e técnicas para manusear as águas tornou-se o principal referencial na Europa moderna ocidental.[11] Inspirados nas concepções do arquiteto romano, vários tratados, sobretudo italianos, foram escritos nos séculos XV e XVI na Europa renascentista. Em Portugal, Francisco de Holanda (1517-1585) escreveu *Da Pintura Antiga* e *Da Fábrica que Falece à cidade de Lisboa*. Neste último, dedicado a D. Sebastião (1554-1578), tratou

---

9   *Ibidem,* livro VIII, capítulo IV, p. 309.

10   *Ibidem,* livro VIII, capítulo IV, p. 301.

11   Luis Filipe Pires da Conceição analisou diversos tratados escritos na Itália do século XV, inspirados nas concepções vitruvianas, como os de Leon Battista Alberti, António Averlino e Francesco di Giorgio Martini. ALBERTI, Leon Battista. *De Re Aedificatoria,* 1485. Milano: Edizioni Il Polifilo, 1966. 2 vol.; AVERLINO, António. Filarete, *Tatatto di Architettura.* Madrid: Xarait Libros, 1990. 2 vol. Cf. CONCEIÇÃO. *Op. cit.,* p. 109-167.

do fornecimento de água e defendeu a construção de um aqueduto em Lisboa, que tanto carecia do líquido.[12]

> Ora se Lisboa tem presunção da maior e mais nobre cidade do mundo, como não tem o mais excelente templo, ou Sé, do mundo? Como não tem o melhor castelo e fortaleza e muros do mundo? Como não tem os melhores Paços do mundo? E, finalmente, *como não tem água para beber a gente do mundo*?[13]

O sossego dos povos e o bom governo do Reino dependiam da administração das águas, seu fornecimento e sua distribuição nos espaços da cidade. A questão do Aqueduto das Águas Livres perdurou até o início do século XVIII, quando o Rei D. João V executou o projeto.[14] Nos mais variados contextos naturais, topográficos e geográficos, os soberanos europeus trataram de trazer as águas para abastecer seu povo e sua corte. Em Veneza foram os poços, cavados até o lençol de água doce, apoiados por um sistema de filtragem pela areia fina e água da chuva. Toledo (1526) e Augusburgo (1548) contaram com rodas hidráulicas e bombas aspirantes para elevar a água das ribeiras. Em Londres, em 1770, a água já era conduzida pela canalização subterrânea aos domicílios três vezes na semana.[15] Para vencer a situação geográfica desfavorável de Madrid, desde a fundação da capital espanhola, no reinado de Felipe II, vários projetos

---

12   HOLANDA, Francisco de. *Op. cit.*, 1571. Madrid: Archivo Español de Arte y Arqueología, 1929.

13   HOLANDA. *Op. cit.*, p. 9-10. (grifo nosso).

14   MOITA, Irisalva (org.). *D. João V e o abastecimento de água Lisboa*. Lisboa: Câmara Municipal de Lisboa, 1990. 2 vol. No século XVI foram construídos aquedutos nas cidades de Setúbal e reconstruídos o Aqueduto romano da Prata de Évora (1532) e o Aqueduto romano de Coimbra (1570). CONCEIÇÃO. *Op. cit.*, p. 299.

15   BRAUDEL, Fernand. *Civilização Material, Economia e Capitalismo, Séculos XV-XVIII*: as estruturas do cotidiano, o possível e o impossível. Vol. 1. São Paulo: Marins Fontes, 2005.

de condução envolveram os monarcas dos séculos XVI, XVII e XVIII na tentativa de abastecer a cidade.[16]

As técnicas de adução e os mecanismos de provimento eram construídos não apenas para atender a sede das grandes cidades europeias, mas para saciar uma diversidade de práticas cotidianas do povo. O volume, a necessidade, os usos e empregos acompanhavam os hábitos de consumo: formas de conceber, utilizar e apropriar-se do líquido. Essas práticas eram múltiplas, plurais, variavam entre as regiões e sofriam interferências de ordem natural e/ou cultural. Em Istambul, a "obrigação religiosa das numerosas abluções cotidianas com água corrente multiplicou por toda parte as fontes". As "águas de neve" assumiram impressões e usos distintos: vendidas por uma ninharia em Istambul, eram uma regalia na mesa francesa e serviam como um "remédio soberano" no século XVIII aos Cavaleiros de Malta.[17]

Entre as diversidades de técnicas e consumos, nas várias monarquias, a administração das águas urbanas foi uma questão política. Os onerosos empreendimentos hidráulicos interferiam na formação e manutenção dos centros urbanos europeus. Tornavam-se feitos emblemáticos do poder, representações perenes de um personagem político, de

---

16 O tema da situação geográfica de Madrid e da falta d'água na capital espanhola, bem como os mecanismos criados pelos monarcas para tentar sanar a penosa situação que comprometia a sobrevivência dos habitantes e das unidades produtivas nas proximidades da cidade, tão necessárias à subsistência daquela população, desencadearam variados projetos de condução de água por longas distâncias para abastecimento e irrigação. A respeito do assunto, conferir: BOLDÓ, Amparo Pérez; LLERA, Fernando A. Madrid: Água, Corte y Capital: em los siglos XVI al XVIII. *Boletín de la R. S. G.*, vol. CXXXIX-CXL, Madrid, 2003-2004. Sobre outros métodos de adução das águas em outras partes da Espanha, cf. LEMEUNIER, Guy. Gestión Pública e Gestión Privada em los regadíos murcianos: La emergência de los heredamientos (1480-1800), *Miscelánea Medieval Murciana*, Madrid, vol. XIX-XX, 1995-96.

17 BRAUDEL. *Op. cit.*, p. 202-205.

um governo real.[18] A arquitetura das águas formava espaços cenográficos que, para além de uma função utilitária, eram dotados de valor estético. O chafariz concentrava em si a função de prover e compor os espaços da cidade enquanto elemento arquitetônico e urbanístico que integrava as águas ao convívio social: sua materialidade, seus elementos, sua localização e estética constituíam a maneira apropriada de apresentar o espetáculo das águas em terreno urbano.

Contudo, o espaço das águas era mais amplo que canos, bicas e chafarizes públicos. Na realeza se distribuíam pelos cenários dos jardins, jogos de espelhos d'água, fontanários, rios e lagos artificiais.[19] As águas da diversão. O maquinário criado no reinado de Luís XIV, único no Seiscentos, destinado a alimentar os palácios de Marly e Versalhes, foi exemplo deste uso. Um complexo instrumento de bombeamento que permitia elevar as águas do rio Marly até os canos, lagos e fontes da realeza francesa (FIGURA 1).[20]

18   LARA, Silvia H. *Fragmentos Setecentistas:* escravidão, cultura e poder na América Portuguesa. São Paulo: Companhia das Letras, 2007.

19   CARITA, Helder; CARDOSO, Homem. *Tratado da Grandeza dos Jardins em Portugal.* 2 ed. Venda Nova: Bertrand Edtiora, 1998.

20   CONCEIÇÃO. *Op. cit.*, p. 306-307.

FIGURA 1: Máquina de Marly, 1723
Fonte: http://www.marlymachine.org/Martin1.jpg. Acesso em: 08 jun. 2010.
Autoria: Pierre-Denis Martin, 1723. A máquina bombeava a água do rio até o aqueduto, ao fundo da paisagem, que seguia até os Palácios de Marly e Versalhes. O sistema de condução das águas pelos aquedutos, utilizado no período moderno na Europa ocidental, obedecia à lei da gravidade. As águas eram canalizadas dos lugares mais altos e levadas à cidade. A Máquina de Marly era uma obra singular, uma inovação com o sistema de elevação do líquido.

Fora dos espaços da nobreza, nas cidades amontoavam-se aguadeiros nas bicas e ribeiras; onde a topografia permitia, os rios favoreciam a comunicação, o transporte e a prática da pesca. A paisagem urbana reunia charcos, sujidades, a "água vai", a seca, epidemias, lavadeiras, curtidores, tintureiros e açougueiros.[21] Os sons das águas se confundiam com o cotidiano urbano: o barulho dos rios, o fio de água das bicas, a queda das chuvas brandas ou tórridas, o filete escorrendo pelos penhas-

---

21 ROCHE, Daniel. *História das coisas Banais*: nascimento do consumo, século XVII- XIX. Rio de Janeiro: Rocco, 2000, p. 194.

cos, os pingos que soavam pelos telhados e ruas formavam o universo sonoro das águas urbanas por todos os cantos das cidades.[22]

Os espaços das águas eram múltiplos, assim como eram múltiplos os usos e artifícios para conduzi-las e administrá-las. No Novo Mundo português, especificamente nas terras luso-brasileiras, quais teriam sido os espaços das águas na vida urbana?

Neste capítulo, trataremos da ação das águas na formação da paisagem de Mariana, ou seja, como interferiram no contorno e estabilidade de sua geografia urbana. Um dos primeiros arraiais auríferos surgidos em fins do século XVII na região das Minas esteve cercado, desde sua fundação, pelas águas que flamejavam o ouro, tão procurado pelos desbravadores do sertão. Antonil, no seu relato sobre os primeiros achados nas Gerais, descreveu:

> [...] o primeiro descobridor dizem que foi um mulato que tinha estado nas minas de Paranaguá e Curitiba. Este, indo ao sertão com uns paulistas a buscar índios, e chegando ao cerco Tripuí desceu abaixo com *uma gamela para tirar* água do ribeiro que hoje chamam do Ouro Preto, e, *metendo a gamela na ribanceira para tomar água*, e roçando-a pela margem do rio, viu depois que nela havia granitos da cor do aço, sem saber o que eram [...] até que resolveram mandar alguns dos granitos ao governador do Rio de Janeiro [...] e fazendo-se exame deles, se achou que era *ouro finíssimo*.[23]

---

22   FURTADO, Júnia F. Os sons e os silêncios nas Minas do ouro. In: FURTADO, Júnia F. (org.) *Sons, formas, cores e movimentos na modernidade atlântica*: Europa, Américas e África. São Paulo: Annablume, 2008 (Coleção Olhares), p. 19 -56.

23   ANTONIL, André João. *Cultura e opulência do Brasil*: por suas drogas e minas [1711]. 2. ed. São Paulo: Melhoramentos; Brasília: INL, 1976, p. 164. (grifos nossos).

Na versão do português, a descoberta do ouro deveu-se a sede. A sede de água respondeu à sede de ouro. Antonil não sabia, mas a coincidência por ele narrada revelava as faces do líquido transparente: as águas das Minas reluziam o metal, nelas matava-se a sede da riqueza e da sobrevivência.

A posse das Minas esteve, portanto, marcada pela opulência de suas águas. Nas margens dos ribeiros, os descobridores edificaram capelinhas e choupanas provisórias, as primeiras manifestações espaciais de ocupação da terra. Assim, desbravadores se estabeleceram e iniciaram os serviços de minerar. Aos poucos um novo povoado, contornado pelas águas, ia se delineando na paisagem.

As águas minerais, nos primeiros tempos, atraíram os olhares da Coroa e de indivíduos das mais variadas origens. A partir de 1735, entretanto, apresentava-se um novo cenário: a Vila do Ribeirão do Carmo (Mariana) estava arruinada pelas inundações, desgastada pelos conflitos entre mineradores e particulares. Enquanto o governo local procurava conter as cheias, mineradores disputavam nascentes para garantirem o ouro dos morros. A cidade de Mariana nascia imersa nas águas. Antes, porém, de analisarmos essa trajetória, veremos como a historiografia tem conduzido as discussões sobre a formação dos espaços urbanos na América Portuguesa.

1.1 A trama urbana na historiografia: agentes, formas e poderes

O espaço das águas nas cidades coloniais tem sido tratado de forma pontual na historiografia brasileira. Geralmente, os estudos sobre administração e urbanismo reafirmam a matizada função dos chafarizes públicos, enquanto equipamentos urbanos construídos pelas instituições de poder para saciar a sede do povo na municipalidade. Acreditamos, contudo, que as águas, em especial no caso de Mariana, tiveram maiores implicações e participações na constituição e manutenção do espaço urbano.

Entretanto, se acompanharmos o debate historiográfico, veremos a preponderância do desenho urbano como objeto de análise, frequentemente retomado. Este assunto, não menos importante para a compreensão da história urbana das cidades na América Portuguesa, trouxe contribuições relevantes para o campo. A seguir, apresentamos os principais eixos de debate sobre o urbanismo colonial.

Cidade planejada x cidade espontânea

O ensaio *O semeador e o ladrilhador*, de Sérgio Buarque de Holanda, é considerado o texto fundador a respeito da urbanização na América Portuguesa. Ao comparar o modelo urbanizador de portugueses e espanhóis, o historiador criou as metáforas do semeador e do ladrilhador para caracterizá-los. Os espanhóis seriam verdadeiros ladrilhadores, na medida em que se impuseram sobre o natural com ações planejadoras e reguladoras do espaço, enquanto os portugueses seguiram os contornos da paisagem natural, sem empenho de se sobrepor a ela, como semeadores, que se acomodaram à terra, ao invés de arquitetar formas de sujeitá-la.[24] A criação de cidades, nesta perspectiva, teria sido um instrumento de dominação colonial, "o meio específico de criação de órgãos locais de poder".[25]

A abordagem comparativa de Holanda trouxe repercussões consideráveis para as discussões no campo da historiografia urbana. Estimulou pesquisas acerca da organização espacial sob o fio condutor da (ir)regularidade dos traçados e a sua conexão com a existência ou não de uma política urbanizadora metropolitana no ultramar, o que, por um lado, instigou

---

24 HOLANDA, Sérgio Buarque de. *Raízes do Brasil*. 26. ed. São Paulo: Companhia das Letras, 1995, p. 93-118.

25 Robert Smith e Nelson Omegna convergem para a mesma assertiva de Holanda. Em seus trabalhos, prevalece a ideia de um "desleixo" urbanizador português na América, também apoiada na observação irregular e desordenada do traçado urbano. SMITH, Robert. *Arquitetura colonial*. Salvador: Livraria Progresso, 1955. OMEGNA, Nelson. *A cidade colonial*. Rio de Janeiro: J. Olympio, 1961.

um caminho de discussão e investigação frutífera para a área, mas que, por outro lado, acabou por encaminhar a temática à existência ou não do aspecto geométrico das cidades e vilas da América Portuguesa.[26]

O estudo da norte-americana Roberta Delson, *Novas Vilas para o Brasil-Colônia*, foi um dos primeiros trabalhos a desconstruir a ideia de "desleixo" atribuída por Holanda aos portugueses na urbanização ocorrida na América Portuguesa. Para tal, enumerou os casos de núcleos urbanos criados por decretos régios, resultantes da ação planejadora metropolitana. Vários fatores (econômicos, políticos e geográficos) interferiram, segundo a autora, na criação de novos espaços urbanizados. A implantação de vilas e cidades seria uma estratégia lusitana para a conservação e o controle de locais considerados relevantes para a continuidade do domínio colonial: "a fundação de comunidades supervisionadas pela Coroa, as quais, com o tempo formariam redes urbanas integradas, localizadas em pontos estratégicos do interior".[27] O planejamento urbano, ou seja, a constituição de espaços regulares e geométricos, para Delson, constituía um mecanismo ordenador imprescindível para a garantia de sucesso do empreendimento colonial.

A pesquisa de Delson, se por um lado combateu o paradigma do português semeador, ao demonstrar os diversos casos de cidades reguladas, por outro acabou por reforçar o significado da urbanização enquanto um projeto ladrilhador do espaço colonial. Ou seja, onde houvesse ação metropolitana na constituição de um traçado retilíneo, planejado e

---

26 Sobre a trajetória historiográfica do urbanismo colonial (fontes, abordagens, temas, metodologias), cf. TORRÃO FILHO, Amílcar. *Paradigma do caos ou cidade da conversão*: a cidade colonial na América Portuguesa e o caso da São Paulo na administração do Morgado de Mateus (1765-1775). Dissertação (Mestrado em História) – Instituto de Filosofia e Ciências Humanas, Universidade Estadual de Campinas, Campinas, 2004.; BASTOS, Rodrigo Almeida. Regularidade e ordem das povoações mineiras no século XVIII. *Revista do Instituto de Estudos Brasileiros*, São Paulo, n. 44, p. 27-54, fev. 2007.

27 DELSON, Roberta Marx. *Novas Vilas para o Brasil – Colônia*: planejamento espacial e social no século XVIII. Brasília: Alva Ciord, 1997, p. 10.

executado no espaço, teríamos a manifestação da prática urbanizadora.

Nesta perspectiva, a urbanização estaria atribuída à existência de cidades planejadas executadas pelos engenheiros militares, considerados pela historiografia como os grandes "funcionários do urbanismo" no ultramar português. Para Renata Malcher Araújo, enquanto a Coroa espanhola forneceu às suas colônias um regulamento para a formação de cidades – as Leis das Índias –, a Coroa portuguesa forneceu às suas funcionários que as fizessem.[28]

Em uma outra perspectiva, Nestor Goulart Reis Filho abordou a urbanização na América Portuguesa enquanto um processo que só poderia ser compreendido a partir do sistema colonial que o engendrou. Assim, a história do urbanismo colonial não poderia estar reduzida aos estigmas do "espontâneo" ou "dirigido", seria resultante de um processo no qual estiveram envolvidos "agentes sociais" que se apropriaram, produziram, utilizaram e transformaram o espaço.[29]

O processo urbanizador na América Portuguesa estaria permeado por múltiplas escalas de configuração do espaço: o intraurbano, o regional e a relação entre a metrópole com suas colônias. Especificamente sobre esta última, Reis Filho reiterou que, apesar da dominação, "na prática, havia uma adaptação recíproca [...] uma adaptação dos agentes sociais

---

28   O termo "funcionários do urbanismo" foi criado por Renata Malcher Araújo. Cf. ARAÚJO, Renata Malcher. *As cidades da Amazônia no século XVIII*: Belém, Macapá e Mazagão. Porto: FAUP, 1998, p. 28; BUENO, Beatriz P. S. O Engenheiro artista: as aquarelas e as tintas nos mapas do Novo Mundo. In: FURTADO, Júnia F. (org.). *Sons, Formas, Cores e Movimentos na Modernidade Atlântica*: Europa, América e África. São Paulo: Annablume, 2008 (Coleção Olhares); VITERBO, Sousa. *Dicionário Histórico e Documental dos Arquitectos, Engenheiros e construtores portugueses*. Lisboa: Imprensa Nacional-Casa da Moeda, 1988. 3 vol. Edição fac-similada de Lisboa: Imprensa Nacional, 1899-1922.

29   REIS FILHO, Nestor G. *Contribuição ao estudo da Evolução urbana do Brasil* (1500-1720). São Paulo: USP, 1968.

envolvidos em cada um dos pólos, em uma relação interdependente, ainda que acentuadamente desigual".[30]

A contribuição de Reis Filho esteve em deslocar o olhar dos traços para as relações constituídas entre os espaços e seus agentes. Neste sentido, no nível macrourbano de análise, podemos, por exemplo, observar as intenções de criação de vilas e cidades. Como sabemos, essas poderiam surgir por decreto régio ou por "concessões de autonomia municipal" a *posteriori*, em povoações ou arraiais já constituídos.[31] Cláudia Damasceno Fonseca e Fernanda Borges Moraes demonstraram que pesaram na concessão destes títulos, em várias das localidades mineiras, elementos como a função que exerciam nas suas "redes urbanas" e o movimento metropolitano ora de centralização, ora de descentralização do poder.[32] A implantação de municipalidades e, por conseguinte, a estrutura administrativa, jurídica, fiscal, militar que se estabelecia "possibilitava[m] à Coroa impor sua ordem e garantir maior controle fiscal sobre as riquezas produzidas". Por outro lado, contudo, conferiam autonomia às localidades, o que em momentos de crises poderia ser prejudicial.[33]

Interessa-nos compreender quais elementos configuravam a formação urbana, o núcleo urbano, como denominou Reis Filho.[34] Não é possível compreender a sua constituição e seu desenvolvimento desvinculados das funções que exercia na sua circunscrição político-jurídica,

30 REIS FILHO, Nestor Goulart. Notas sobre o urbanismo no Brasil, Primeira Parte: Período Colonial. In: ARAÚJO; CARITA (coord.). *Op. cit.*, p. 486.

31 FONSECA, Cláudia D. As vilas e os territórios: processos de formação e evolução da rede urbana na capitania de Minas Gerais. In: ARAÚJO; CARITA; ROSSA (coord.). *Op. cit.*, p. 769.

32 FONSECA, Cláudia D. *Arraiais e Vilas d'el Rei: espaço e poder nas Minas Setecentistas*. Belo Horizonte: Ed. UFMG, 2011, capítulo 7.

33 MORAES, Fernanda Borges. De arraiais, vilas e caminhos: a rede urbana das Minas coloniais. In: RESENDE, Maria E. L.; VILLALTA, Luiz C. (org.). *História de Minas Gerais*: as Minas Setecentistas. Belo Horizonte: Autêntica/ Companhia do tempo, 2007, vol. 1., p. 55-86.

34 REIS FILHO. *Op. cit.*, p. 24.

em relação com as outras localidades e no cenário colonial. Também é preciso considerar que a concessão de títulos urbanos mostrou-se muito mais como uma estratégia metropolitana do que uma condição para a existência de um espaço urbanizado. O caso das Minas é elucidativo neste sentido. Os povoados auríferos surgiram "espontaneamente", e mais tarde apenas um número restrito de 14 aglomerados obteve o título de vila entre 1711 e 1808.[35]

Tanto o planejamento quanto a concessão de títulos urbanos pareceram constituir mais exceção do que uma prática urbanística rotineira. Apesar dos casos de intervenção régia apresentados por Delson, a implantação de povoações consistiu mais em um mecanismo geoestratégico urbanizador metropolitano em pontos importantes para a continuidade do domínio colonial do que uma prática urbanizadora frequente. Mesmo nestes casos, estudos mais recentes têm relativizado a aplicabilidade da "ortodoxia dos projetos cartesianos".[36] A documentação cartográfica (mapas, planos urbanos, desenhos) produzida pelos engenheiros

---

35   FONSECA, Cláudia D. Funções, hierarquias e privilégios urbanos: a concessão dos títulos de Vila e cidade na capitania de Minas Gerais. *Revista Varia História*, Belo Horizonte, n. 29, jan. 2003. Ao todo foram erigidas 14 vilas e uma cidade (Mariana) entre 1711 e 1808 na Capitania de Minas Gerais: Vila de Nossa Senhora do Ribeirão do Carmo (Mariana), Vila Rica (Ouro Preto), Vila Real do Sabará em 1711, São João del-Rei (1713), Vila Nova da Rainha e Vila do Príncipe em 1714, Piedade do Pitangui (1715), São José del-Rei (Tiradentes, 1718), Minas Novas (1730), São Bento do Tamanduá Itapecerica (1790), Queluz (Conselheiro Lafaiete, 1790); Barbacena (1791), Campanha da Princesa (Campanha, 1798) e Paracatu do Príncipe (Paracatu, 1798). FONSECA. As vilas e os territórios *op. cit.*, p. 774. De acordo com Pedro Puntoni, para a América Portuguesa, durante o reinado de D. João V foram criadas 31 vilas e 2 cidades, Mariana e São Paulo, enquanto no governo de D. José, 60 vilas e 1 cidade, Oeiras. PUNTONI, Pedro. Como coração no meio do corpo. In: MELLO E SOUZA, Laura de; FURTADO, Júnia F.; BICALHO, Maria F. (org.). *O governo dos povos*. São Paulo: Alameda, 2009, p. 383.

36   CORREIA, José Eduardo Horta. Urbanismo da época barroca em Portugal. In: ARAÚJO; CARITA (coord.). *Colectânea de Estudos Universo Urbanístico Português*, 1415-1822, p. 143-154. Cf. também: ARAÚJO. *As cidades da Amazônia no século XVIII.*; BUENO. *Op. cit.*, p. 267-281.

militares tem sido analisada enquanto representações espaciais e não a realidade em si. Os funcionários do urbanismo seguiam mais "princípios reguladores do que modelos geométricos preestabelecidos"[37] na construção e reformas das cidades, numa postura maleável e pragmática frente às adversidades e aos contextos geográficos.

Sylvio de Vasconcellos, Giovanna Rosso Del Brenna, Pedro Alcântara e Paulo Santos apresentaram uma nova ótica sobre o desenho urbano a partir dos arraiais auríferos das Minas. De acordo com Vasconcellos, as povoações mineiras "espontâneas" propiciaram uma formação "orgânica, uma adaptação maior às condições do terreno e um agenciamento natural", permitindo "arranjos plásticos", "cenários em perfeita harmonia com a paisagem circundante [...] livre das contenções determinadas por regras fixas ou tentativas de racionalização divorciadas da realidade".[38] Paulo Santos afirmou ainda "que na aparente desordem [dos núcleos "espontâneos"] existia uma coerência orgânica".[39] Para Rosso Del Brenna, esta organicidade foi característica do urbanismo barroco, marcado pela construção de "cenários urbanos de tipo nitidamente teatral".[40]

---

37 AZEVEDO, Paulo Ormindo de. Urbanismo de traçado regular nos dois primeiros séculos da colonização brasileira – Origens. In: ARAÚJO; CARITA (coord.). *Op. cit.*, p. 39-70.

38 Sylvio de Vasconcellos definiu como "espontâneos" os núcleos urbanos que surgiram no território colonial sem a prévia iniciativa metropolitana, como ocorreu com as cidades planejadas, criadas sob decreto régio. Ao contrário de algumas interpretações que entendem o espontâneo enquanto desleixo, Vasconcellos afirmou que nos primeiros anos não houve uma ocupação ordenada do espaço porque não havia nenhuma autoridade nas Minas. Entretanto, com a implantação das vilas a partir de 1711 e, por consequência, da Câmara, este quadro mudou. VASCONCELLOS, Sylvio de. *Arquitetura no Brasil, pintura mineira e outros temas*. Belo Horizonte: UFMG, 1959, p. 5-6.; VASCONCELLOS, Sylvio de. *Vila Rica*: formação e desenvolvimento – residências. São Paulo: Perspectiva, 1977.

39 SANTOS, Paulo. *Formação de cidades no Brasil colonial*. Rio de Janeiro: Editora UFRJ, 2001, p. 18.

40 BRENNA, Giovanna. *Medieval ou Barroco*: proposta de leitura do espaço urbano colonial. *Barroco*, Belo Horizonte, n. 12, 1982/1983, p. 144.

Na perspectiva orgânica, o espaço urbano colonial é concebido como uma reunião de elementos que interagem entre si e que juntos apresentam cenas. Mas a repetição e a disposição dos elementos não formavam espaços acabados e, sim, múltiplos cenários. Nunca com a função de "fechar, definir, concluir o espaço urbano", mas sim de "abrir novos eixos perspectivos, de acentuar ou complicar o policentrismo já existente na estrutura urbana, de relacionar cenograficamente seus elementos".[41] A noção de uma cidade orgânica não apenas ampliou formas e contornos, imagens e espetáculos da paisagem, mas também colocou em cena outros elementos que configuraram a organização espacial da Colônia: ruas, igrejas, praças, jardins, chafarizes, rios, pontes, era o conjunto deles que limitava o espaço urbanizado.

Influenciado pela concepção orgânica, Rodrigo de Almeida Bastos apresentou outra noção de regularidade no urbanismo Setecentista, mais abrangente do que o sentido geométrico dado (o traçado retilíneo de arruamentos e praças, quadras retangulares, fortificações baseadas em polígonos regulares). Percebeu, na documentação camarária e régia, o princípio do decoro como preceito urbanístico que orientava a acomodação, adequação e conveniência entre as partes do corpo que compunham o organismo urbano.[42] Da mesma forma, destacou-se a pesquisa de Cláudia Damasceno Fonseca, que tratou da evolução da estrutura material da cidade de Mariana desde a sua gênese, no século XVII, até o século XX. Acerca da transformação contínua das formas urbanas (igrejas, datas, sesmarias, equipamentos urbanos etc.), ressaltou como a constituição deste espaço esteve ligado às instâncias de poder que governavam e estavam representadas na organização espacial.[43]

---

41   BRENNA. *Ibidem*, p. 144.

42   BASTOS, Rodrigo. O decoro e o urbanismo conveniente luso-brasileiro na formação da cidade de Mariana, Minas Gerais, meados do século XVIII. *Barroco*, Belo Horizonte, n. 19, maio, 2005.

43   FONSECA, Cláudia D. *Mariana*: gênese e transformação de uma paisagem cultural. Dissertação (Mestrado em Geografia) – Instituto de Geociências,

Diante do que foi exposto, acreditamos que o núcleo urbano colonial se constituiu dos elementos próprios da estrutura urbana portuguesa.[44] Não apenas na arquitetura, nos elementos construtivos, mas também na organização fundiária, circunscrição de espaços e formas de poder,[45] o que nos permite também considerar uma regularidade em outros termos. Uma regularidade entendida enquanto um padrão urbanístico que se repetia, percebida tanto nos aspectos físicos quanto nas instituições que governavam e dirigiram o processo de constituição do espaço urbano. Este padrão, entretanto, foi apropriado, adaptado a contextos geográficos, econômicos e socioculturais distintos. O modelo de urbanismo era português, mas as cores variavam entre as paisagens e as misturas geravam novos tons. Tais elementos são evidentes na trajetória dos núcleos urbanos, como Mariana, recorte espacial desta pesquisa.

Quando os paulistas, em fins do século XVII, descobriram ouro no ribeirão do Carmo, logo trataram de se apossar daquelas terras e iniciar os serviços de minerar. De acordo com o relato do ouvidor Caetano Costa Matoso, a primeira providência foi "levantar uma capela feita de ramos de palmito".[46] A rústica capelinha tanto representava a posse, o domínio

Universidade Federal de Minas Gerais, Belo Horizonte, 1995. FONSECA, Cláudia D. Do arraial à cidade: trajectória de Mariana no contexto do urbanismo colonial. In: ARAÚJO; CARITA (coord.). *Colectânea de Estudos Universo Urbanístico Português, 1415-1822*.

44 Cf. LEPETIT, Bernard. Evolução da noção de Cidade segundo os Quadros Geográficos e Descrições da França (1650-1850). In: Salgueiro, H. A. (org.). *Por uma nova História urbana*. São Paulo: Editora USP, 2001.

45 Sobre o modelo espacial, as divisões eclesiástica e jurisdicional do Estado português moderno, ver SILVA, Ana Cristina N. da. *O modelo espacial do Estado Moderno*: reorganização territorial em Portugal nos finais do Antigo Regime. Lisboa: Estampa, 1998.

46 MATOSO, Caetano da Costa. "Informação das Antiguidades da Cidade de Mariana". In: FIGUEIREDO, L. R. de A.; CAMPOS, M. V. (org.). *Códice Costa Matoso*. Coleção das notícias dos primeiros descobrimentos das minas na América que fez o doutor Caetano da Costa Matos sendo ouvidor-geral das do Ouro Preto, de que tomou posse em fevereiro de 1749, & vários papéis. 2v. Belo Horizonte: Fundação João Pinheiro/FAPEMIG, 1999. vol. 1, p. 251.

do território, como simbolizava a relação entre os poderes da Igreja e do Estado nas formações urbanas. Nestes espaços embrionários, a capela "preenchia as necessidades da devoção espiritual"[47] e ao mesmo tempo marcava o início do processo de ocupação urbana. O reconhecimento do espaço, como concluiu Murillo Marx, iniciava-se pela Igreja.[48] Até o momento da autonomia municipal, foi a Igreja quem tratou de reconhecer e instituir a capela, depois capela-curada, paróquia ou freguesia, formas de classificação e hierarquização das povoações urbanas. O modelo de organização e materialização espacial que chegou à Colônia obedecia ao bifrontismo dos poderes eclesiástico e civil metropolitano.[49]

Em 1711, Antônio de Albuquerque Coelho de Carvalho, governador da Capitania de São Paulo e Minas, determinou a elevação do arraial à Vila de Nossa Senhora do Carmo, o que trouxe novos elementos ao espaço urbano, correspondentes à nova fase política e também material da povoação. O termo de ereção exigia "a fábrica da Igreja, elevando Câmara e Cadeia, como era estilo e pertencia a todas as Repúblicas".[50] À Câmara era doada uma sesmaria pelo Rei, que correspondia aos limites geográficos da vila, cabendo à mesma ainda demarcar o terreno de sua circunscrição municipal, o termo, que ficaria sob sua administração. Estes elementos, que se repetem nas cartas de ereção das vilas, revelam uma frequência na maneira de organizar o espaço[51] e as instituições de poder. O ambiente

47   D'ASSUMPÇÃO, Sílvia Romanelli. Considerações sobre a formação do espaço urbano Setecentista nas Minas. *Revista do Departamento de História*, Belo Horizonte, n. 9, 1989, p. 131.

48   MARX, Murillo. *Cidade no Brasil, terra de quem?* São Paulo: Nobel/USP, 1991, p. 12.

49   VILLALTA, Luiz Carlos. O cenário urbano em Minas Gerais Setecentista: outreiros do sagrado e do profano. In: *Termo de Mariana:* História e Documentação. Mariana: UFOP, 1998, p. 68.

50   Termo de Ereção da Vila de Nossa Senhora do Carmo. 08/04/1711. *Revista do Arquivo Público Mineiro*, Belo Horizonte, vol. 2, n. 1, jan./mar., 1897, p. 81-83 (digitalizado).

51   Sobre as recomendações nos decretos de criação de vilas, cf.: CORREIA. *Op. cit.*, p. 143-154.

urbano acompanhava a constituição destas instituições e dos títulos urbanos nos seus traços físicos. Como ocorreu em 1745, quando o título de cidade e as reformas urbanas em Mariana visavam abrigar dignamente a sede do bispado da Capitania das Minas Gerais.

Os termos de ereção de vilas e cidades coloniais trazem aspectos relevantes para apreendermos a trajetória das estruturas urbanas. Entretanto, os espaços dessas vilas e cidades não se constituíram enquanto meros produtos das concessões de títulos urbanos. A cidade, segundo Raphael Bluteau, consistia na "multidão de casas distribuídas em ruas e praças, cercada de muros, e habitadas de homens, que vivem com sociedade e subordinação".[52] Elementos comuns aparecem na definição de Bluteau e nos termos de ereção: as formas físicas (praças, ruas e casas) e a presença de uma instituição da ordem (viver com subordinação). Entretanto é um terceiro aspecto, trazido pelo letrado, que deu vida ao cenário colonial: o núcleo urbano era uma forma de ocupação humana do espaço, onde viviam homens "com sociedade".

Neste sentido, o espaço urbano era em si o lugar apropriado ao exercício da ordem, à disciplina dos corpos. A sua estrutura material era o palco criado para a própria encenação das instituições e de seus personagens, para o exercício da Justiça, apresentação das hierarquias e valores de uma sociedade.[53] Cenário em constante transformação, onde diretores, palco e plateia se misturavam, criando sempre novas imagens.

Em terras coloniais, urbanizar o espaço constituía uma maneira de reunir, policiar e vigiar os corpos, uma estratégia civilizadora do território. A ordenação urbana funcionava como um instrumento poderoso de controle. Entretanto, as representações que se forjavam sobre ele eram complexas e contraditórias. Muito além de uma extensão geográfica preenchida por um aglomerado de pessoas e construções, o espaço

---

52 BLUTEAU, Raphael. *Vocabulario Portuguez e Latino.* Coimbra: Collegio das Artes da Companhia de Jesus, 1712 (ed. fac-símile, CD-ROM, Rio de Janeiro, UERJ, s.d.).

53 Cf. LARA, Silvia H. *Op. cit.*, cap 3.

urbano colonial se constituiu como um produto sociocultural vivo, onde se encontravam múltiplas intenções e apropriações dos seus usuários. O espaço vivido.

Diante do que foi apresentado, concordamos com a definição de Bluteau sobre os três elementos que comportavam a formação urbana na América Portuguesa: (1) a materialidade, (2) as instituições de poder, (3) o convívio social. E acrescentamos um quarto elemento: a apropriação do espaço natural. Afinal, a cidade era uma acomodação ou sobreposição ao terreno natural, uma forma humana de organizar apropriadamente o espaço para o convívio e o controle social. Neste sentido, o espaço urbano é uma construção sobre, a partir e em convívio com os elementos naturais, dos quais o homem necessita para sobreviver. A densidade das relações sociais, as atividades econômicas e políticas, as necessidades físicas, as concepções culturais e a própria geografia interferiram nas maneiras de se relacionar com o espaço natural, tanto no interior da cidade como fora de seus limites.

O espaço físico, com largos, praças, igrejas e chafarizes, era a manifestação material da ordenação social, representava uma maneira de dispor, organizar e controlar a vida em sociedade. Assim, as formas físicas da cidade simbolizavam a transformação do espaço natural em urbano. A cidade representava tanto o espaço do controle social como do domínio natural. Entretanto, este espaço não era "essencialmente antinatural".[54] A cidade colonial seria a impressão do homem no espaço natural, mas não uma obra puramente humana. No curso das cidades, a natureza pode interferir, em certos casos, de modo imprevisível. Neste sentido, seria mais um personagem da cidade, que pode atrair a própria fundação dos espaços urbanos, afastar ou modificar a sua configuração. A história das

---

54   HOLANDA. *Op. cit.*, p. 95.

tramas urbanas não pode excluir de seu trajeto a influência da natureza na sua conformação.[55]

As águas podem se mostrar fundamentais e até mesmo nocivas dentro do espaço da cidade. Na sua forma "artificial" aparecem domesticadas pela engenharia humana. Nas cidades coloniais, entre canos e gamelas, o líquido servia às necessidades vitais, às práticas alimentares, corporais, religiosas e econômicas. Em Mariana, como em tantos outros núcleos do Reino e ultramar, a distribuição das águas era uma questão política e dela dependia o bom convívio social. Contudo, é a outra face das águas no espaço da cidade que pretendemos explorar neste capítulo: as águas urbanas enquanto agentes da natureza, personagens imprevisíveis que podem alterar a fisionomia urbana. Da escassez à abundância, as águas abruptamente poderiam imprimir no cenário urbano a sua força, convivendo com o espaço urbanizado e ao mesmo tempo apropriando-se dele.

A presença das "boas águas" era um elemento fundamental na escolha dos novos sítios urbanos, segundo os tratados portugueses modernos.[56] Na América Portuguesa, a fundação de núcleos ao redor de baixa-

55   Sobre a relação entre o espaço natural e os homens no período moderno, cf. LENOBLE, Robert. *História da Idéia de Natureza*. Tradução de Teresa Louro Pérez. Lisboa: Edições 70, [s.d.]; THOMAS, Keith. *O homem e o mundo natural: mudanças de atitude em relação às plantas e aos animais. 1500-1800*. Tradução de João Roberto Martins Filho. São Paulo: Companhia das Letras, 1988.; ALCIDES, Sérgio. *Estes penhascos:* Cláudio Manoel da Costa e a paisagem das Minas, 1753-1773. São Paulo: Hucitec, 2003.; ARAÚJO, Ana Cristina; CARDOSO, José L.; MONTEIRO, Nuno G.; ROSSA, Walter; SERRÃO, José V. (org.). *O Terremoto de 1755:* Impactos Históricos. Lisboa: Livros Horizonte, 2007.; PRESTES, Maria Elice B. *A investigação da natureza no Brasil Colônia*. São Paulo: Annablume/Fapesp, 2000.

56   No tratado português do século XVI, atribuído a Antônio Rodrigues, aparecem nove razões a serem consideradas na implantação das povoações. Entre elas, as "boas águas" e as propriedades do ar. Na primeira metade do século XVIII, o engenheiro Manoel de Azevedo Fortes tratou sobre este tema. Todos esses elementos concorriam para a escolha conveniente à boa fábrica do sítio urbano. Cf. MOREIRA, Rafael. *Um tratado português de arquitectura do século XVI*. Dissertação (Mestrado em História da Arte) – Faculdade de Ciências Sociais e Humanas, Universidade Nova de Lisboa, Lisboa, 1982.

das e fundo de vales, próximo às águas, demonstrava uma preocupação prática, primordial ao desenvolvimento dos espaços urbanos. Um costume urbanístico construído mais pela experiência dos colonos do que propriamente pelo conhecimento dos tratados de arquitetura da época. No imaginário destes homens, segundo Sérgio Buarque de Holanda, os "bons ares e boas águas [...] andavam sempre juntos e de certo modo relacionados entre si, pois que a qualidade dos ares seria forçosamente prejudicada onde quer que existissem águas miasmáticas e deletérias".[57]

Entretanto, essa preocupação urbanística que foi comum na implantação dos sítios urbanos na Colônia, como na São Paulo do Piratininga no século XVI,[58] na região das Minas não foi fator determinante para o estabelecimento dos acampamentos auríferos. O interesse esteve no ouro das águas e não nas suas qualidades e propriedades salubres. A procura pelo metal e o uso das águas nos serviços de minerar trouxeram novos descobridores para a beira d'água. Às margens dos ribeirões auríferos, novos núcleos se fixaram, como ocorreu em Mariana. A proximidade das águas do ribeirão do Carmo, no entanto, trouxe implicações para o próprio desenvolvimento da cidade. Na primeira metade do século XVIII, ao contrário do que se poderia supor, o abastecimento do líquido não apareceu como aspecto central entre os oficiais camarários, e sim a necessidade de conter a fúria das águas para garantir a continuidade do povoado aurífero. O convívio social dependia da própria estabilidade espacial, abalada pela ação do ribeirão em Mariana. Conforme veremos a seguir, a trajetória das águas foi determinante na própria (re)configuração espacial da nova cidade episcopal.

---

57 HOLANDA, Sérgio Buarque. *Caminhos e Fronteiras*. 3. ed. São Paulo: Companhia das Letras, 1994, p. 41. Cf. também: CORBIN, Alain. *Saberes e odores*: o olfato e o imaginário social dos séculos XVIII e XIX. São Paulo: Companhia das Letras, 1987.

58 Sobre a cidade de São Paulo e a influência dos rios na sua configuração urbana, cf.: SANT'ANNA. *Op. cit.*, p. 17-24

1.2 Cidade das águas

O povoado do Carmo recebeu três denominações distintas ao longo do Setecentos. Na sua fundação, em fins do século XVII, recebeu o nome de Arraial de Nossa Senhora. Em seguida, o governador Antônio de Albuquerque criou a Vila de Nossa Senhora do Carmo em 1711; e em meados do mesmo século foi elevada à cidade de Mariana, quando o Rei D. João V a escolheu como sede do novo Bispado da Capitania de Minas Gerais (1745).[59] No momento da criação da cidade, o monarca determinou que as intervenções urbanas necessárias fossem executadas para estar condigna à sua nova função de centro religioso. O povoado, desde 1730, sofria com as frequentes enchentes do ribeirão do Carmo no período das cheias e o governo local procurava solucionar o impasse urbano, mas a proximidade das águas tornava-o suscetível ao estrago e à decadência. Especificamente, interessa-nos perceber quais as transformações físicas ocorridas a partir de 1745, quando Mariana se tornou um canteiro de obras religiosas e civis. Tais transformações se desenrolaram apenas quando houve uma reorganização física do solo urbano, na qual várias esferas de poder estiveram envolvidas. Antes de se iniciarem novas obras que "refletissem [...] a ordem social que se desejava impor, e uma imagem digna do nome da rainha", era preciso se afastar das caudalosas águas.[60]

Na primeira metade do século XVIII, percebemos dois movimentos quanto às águas do ribeirão do Carmo: inicialmente, a proximidade; em

---

59 Até 1745, a Capitania de Minas Gerais estava subordinada ao Bispado da Capitania de São Paulo. O Rei, desejoso de fundar um bispado nas Minas, escolheu como sede a Vila de Nossa Senhora do Carmo. Segundo Diogo de Vasconcellos, o Rei como soberano e como Grão-mestre de Cristo deveria emancipar a terra para a criação do Bispado. Em 1745, a vila foi elevada à cidade de Mariana, em homenagem à Rainha D. Maria Anna d'Áustria. VASCONCELLOS, Diogo de. *História do Bispado de Mariana*. Belo Horizonte: Biblioteca Mineira de Cultura, 1935, p. 24-26.

60 FONSECA, Cláudia Damasceno. O espaço urbano de Mariana: sua formação e suas representações. In: *Termo de Mariana*: história e documentação. Mariana: UFOP, 1998, p. 45.

seguida, a fuga. A trajetória urbana e a estruturação da cidade acompanhavam o itinerário dessas águas.

Para melhor compreensão da evolução da morfologia urbana e da
influência das águas neste processo, bem como da natureza das medidas
do governo local e das intervenções régias durante a reforma urbana, re-
tomamos os aspectos iniciais da organização fundiária do povoado do
Carmo. Apesar de se referirem a um período anterior ao nosso recorte de
pesquisa, é mister abordarmos os elementos desencadeadores que levaram às práticas urbanizadoras de contenção e desvio das águas no espaço
urbano de Mariana.

Do arraial à cidade

> Os companheiros, erguendo então os machados, fi-
> zeram retumbar o côncavo das florestas aos golpes da
> posse; e desceram para as fraldas da serra, de onde co-
> meçaram a ouvir *o estrépito soturno das águas*. [...] na
> mesma tarde acamparam nas margens do *Ribeirão do
> Carmo. Foi um domingo, 16 de julho de 1697, festa da
> Virgem* [...] o Coronel Salvador dele se apossou para
> sua comitiva: e pronto erigiu as primeiras cabanas do
> arraial ao longo da praia, chamada agora Mata Cavalos.
> No ouro das bateias fervilhavam granitos cor de aço.[61]

A descrição de Diogo de Vasconcellos remonta ao episódio dos
primeiros descobertos do ouro nas Minas. Os paulistas Miguel Garcia
e Coronel Salvador Furtado logo trataram de homenagear as ricas águas
do ribeirão com o nome de Nossa Senhora do Carmo. O pequeno arraial
que ali surgiu, em torno dos serviços de minerar, levou o nome das águas
que o contornavam.[62] No Arraial de Nossa Senhora do Carmo, os desbra-

---

61   VASCONCELLOS, Diogo de. *História Antiga das Minas Gerais.* 4. ed. Belo
      Horizonte: Itatiaia, 1999, p. 132. (grifos nossos).

62   Por vezes, a toponímia das localidades esteve associada às propriedades ou
      às impressões sobre suas águas. Foi o caso do Morro d'Água Quente, Termo

vadores marcaram o domínio das terras, primeiro com uma simples cruz de madeira, em seguida substituída por uma rústica capela. Como ilustra o mapa-síntese de Fonseca (FIGURA 2), as ocupações acompanharam o leito do ribeirão no sentido leste-oeste; nas margens, as primeiras datas minerais e no alto do morro, a Capela de Nossa Senhora do Carmo, que agia como elemento polarizador, espiritual e espacial nestes primeiros tempos do arraial.[63]

---

de Mariana. Lugarejo que se formou por volta de 1728, quando descobriram ouro no dito morro "juntamente de um olho d' água que nele nasce quente em todas as estações do ano, a qual, dizem os mestres da medicina, passa por minas de antimônio e que é boa para várias enfermidades". GOMES, José de Lemos. "Informação das Antiguidades da freguesia de Catas Altas". 31/12/1750. In: FIGUEIREDO; CAMPOS (org.). *Op. cit.*, vol. 1, p. 267. Outros exemplos em: BARBOSA, Waldemar de A. *Dicionário Histórico-Geográfico de Minas Gerais*. Belo Horizonte: Itatiaia, 1995.

63 FONSECA. *Op. cit.*, p. 29. Toda capela possuía um patrimônio, que poderia ser em terras ou em renda de seis mil réis anuais, destinados ao seu sustento. A prática mais comum foi a doação por particulares de um terreno que pudesse ser aforado. Geralmente, abrangia os chãos do templo e uma parcela ao seu redor. Nas Minas auríferas, era possível que essa parcela constituísse terras minerais e que nos primeiros tempos o patrimônio fosse em dinheiro para se aproveitar a potencialidade dos terrenos exploráveis. FONSECA. *Op. cit.*, p. 273.; MATA. *Op. cit.*, p. 48-65.

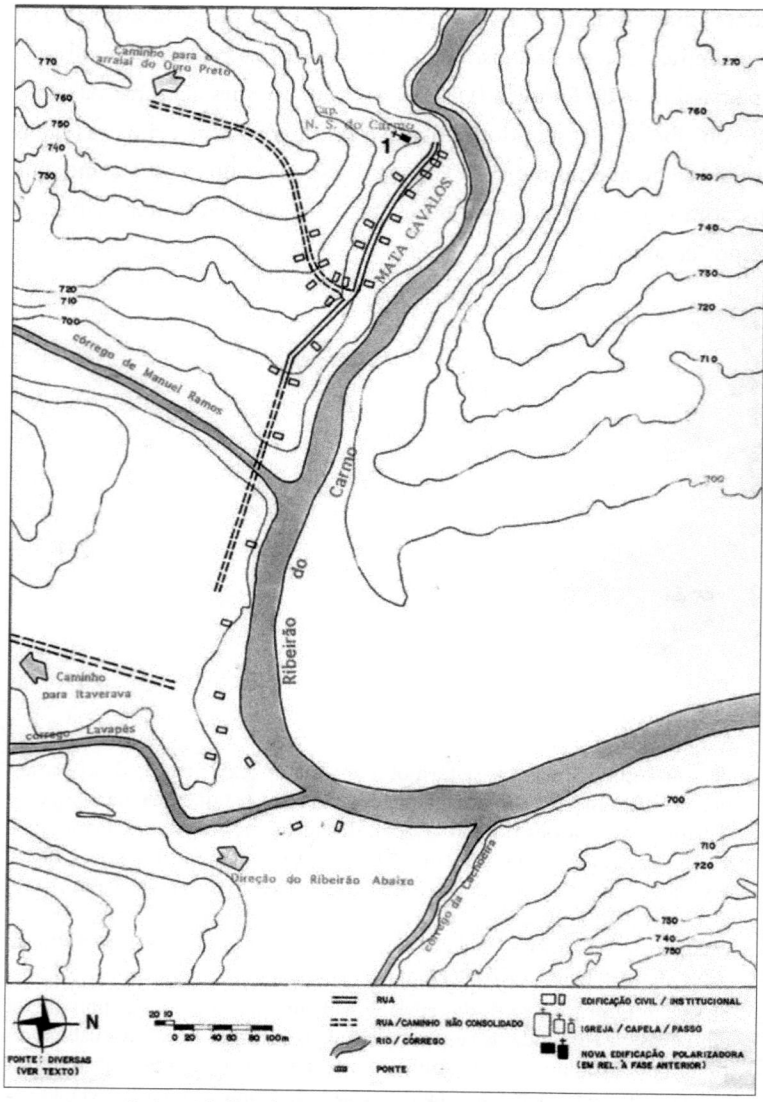

FIGURA 2: O Arraial do Ribeirão do Carmo (1696 -1702)
Capela de Nossa Senhora do Carmo no Núcleo de Mata Cavalos.
Fonte: FONSECA. *Op. cit.*, p. 52

A organização fundiária do espaço resultou da prática aurífera. Ao invés das sesmaria, terras cedida pelo Rei, foi comum a repartição das datas minerais: o descobridor do veio aurífero e os senhores com mais de doze escravos tinham direito a 30 braças em quadra (4356 m²). Aqueles com número inferior a 12 cativos recebiam duas braças e meia por escravo (30,25 m²).[64] Como lembrou Fonseca, o tamanho do terreno e a sua formação geológica heterogênea permitiriam a "existência de terras agriculturáveis mesmo onde predomina[va] um tipo de terreno não adequado à agricultura".[65] Importa perceber, diante desta constatação, que as duas atividades, a mineração e a agricultura, podiam coexistir dentro das datas, e que ambas dependiam das águas. Neste sentido, a existência de uma nascente dentro do terreno ou a proximidade do leito do ribeirão eram essenciais ao êxito destes empreendimentos.

Nesse momento embrionário do Arraial do Carmo, predominou na paisagem a figura do escravo faiscador, que passava horas dentro do ribeirão à procura do ouro de aluvião, como descreveu Bento Fernandes Furtado:

> Tão forte e insuportável era o frio das águas do ribeirão que era preciso entrar nele pelas dez horas da manhã e sair dele pelas três da tarde [...]. E nestas poucas horas que gastavam neste exercício, mergulhando, tirando cascalho e lavando, faziam os escravos para seus senhores três e quatro oitavas de ouro de jornal.[66]

Apesar das expressivas pintas de ouro tiradas das frígidas águas do Carmo, o cultivo das terras não foi suficiente para garantir a permanência do povoado. Dois períodos de fome, entre 1697-1698 e 1701-1702, levaram

---

64 De acordo com Fonseca, a historiografia tem cometido um erro na conversão de medidas: 30 braças em quadra equivalem a 30 braças quadradas, o que corresponde a 4356 m² (30 x 2,2 m x 30 x 2,2 m) e não 66 m², como se tem referido. FONSECA. *Op. cit.*, p. 771.

65 FONSECA. *Op. cit.*, p. 772.

66 FURTADO, Bento Fernandes. "Notícias dos primeiros descobridores...". In: FIGUEIREDO; CAMPOS (org.). *Op. cit.*, p. 181. (grifo nosso)

ao abandono da região.[67] Curiosamente, entre estes períodos, em 1701, foi criada a paróquia no arraial pelo bispo do Rio de Janeiro. Supostamente, essa ereção era o reconhecimento da estabilidade e consolidação do núcleo pela Igreja/Estado.[68]

O abandono da região foi um marco na distribuição espacial da paróquia do Carmo. Com a retomada, após 1702, um novo núcleo surgiu sobre as terras do minerador Antônio Pereira Machado. O português construiu a Capela de Nossa Senhora da Conceição, que passou a ser o novo polo de ocupação do arraial. O desenho abaixo é um recorte do "Mapa das Minas do Ouro e São Paulo e costa do mar que lhe pertence", atribuído ao engenheiro Pedro Gomes Chaves (figura 3). Na figura ampliada, a Capela da Conceição aparece como elemento central e o ribeirão se alonga por toda a paisagem, bem próximo às casas e à ermida. À direita, a ponte de taboas que ligava o novo núcleo ao antigo de Mata Cavalos, equipamento urbano que se espalhou pela paisagem, com a função indispensável de ligar bairros e arrabaldes separados pelos córregos.

---

67 De acordo com Charles R. Boxer, os primeiros desbravadores "descuidaram-se de plantar milho e mandioca", "muitos foram obrigados a abandonar as terras em busca de caça, peixe e frutas. Preços fantásticos eram pagos pelos alimentos durante esse período". BOXER, Charles R. *A idade do ouro do Brasil*: dores de crescimento de uma sociedade colonial. Rio de Janeiro: Nova Fronteira, 2000, p. 63-64. Segundo José Joaquim da Rocha, o milho chegou a 40 oitavas de ouro e o feijão a 20 oitavas de ouro nesses períodos de fome. ROCHA, José Joaquim da Rocha. *Geografia Histórica da Capitania de Minas Gerais*: Descrição Geográfica, topográfica e política da capitania de Minas Gerais. Estudo Crítico de Maria Efigênia Lage de Resende. Belo Horizonte: Fundação João Pinheiro, 1995, p. 89-90. (Coleção Mineiriana).

68 FONSECA. *Op. cit.*, p. 271.

FIGURA 3: "Mapa das Minas do Ouro e São Paulo e costa do mar que lhe pertence, 1714"
Fonte: COSTA, Antônio Gilberto (org.). *Cartografia da conquista do território da Minas*. Belo Horizonte: Editora UFMG, 2004. (Detalhe)

Em síntese, entre 1711 e 1745 houve uma expansão considerável do povoado.[69] Em 1711, como vimos anteriormente, foi criada a Vila de Nossa Senhora Carmo. Com o título veio o aparelho político-administrativo, a Câmara Municipal, com a função principal de garantir a ordem urbana,

---

69 Cláudia Damasceno Fonseca reuniu, na sua dissertação de mestrado sobre a evolução da morfologia urbana de Mariana, as contribuições de Diogo de Vasconcellos, Salomão de Vasconcellos e do Cônego Raimundo Trindade. As informações trazidas por estes pesquisadores sobre a história da cidade desde o momento de sua fundação em fins do século XVII, aliadas aos documentos cartográficos, permitiram à autora a produção de mapas-síntese de cada fase evolutiva da cidade. Não retomaremos os elementos trazidos por esta historiografia sobre a trajetória urbana da cidade. Apenas indicamos as pesquisas minuciosas realizadas sobre o traçado urbano de Mariana: VASCONCELLOS, Salomão de. *Breviário histórico e turístico da cidade de Mariana*. Belo Horizonte: Biblioteca Mineira de Cultura, 1947.; VASCONCELLOS, Salomão de. *Mariana e seus templos*. Belo Horizonte: Graphica Queiroz Breyner, 1938.; TRINDADE, Raimundo. *Instituições de igrejas no Bispado de Mariana*. Rio de Janeiro: MEC/SPHAN, 1945.; VASCONCELLOS, Diogo de. *História Antiga das Minas Gerais*. 4. ed. Belo Horizonte: Itatiaia, 1999. VASCONCELLOS, Diogo de. *História do Bispado de Mariana*. Belo Horizonte: Biblioteca Mineira de Cultura, 1935.; SANTOS, Waldemar de Moura. *Lendas Marianenses*. Belo Horizonte: Imprensa Oficial, 1967.

provendo os serviços, punindo as desordens e governando a constituição física do espaço.

Em Mariana, a Câmara teve um papel fundamental desde a criação da Vila e foi indispensável na emancipação à cidade e na execução da reforma urbana (1745). Uma rede de funcionários agia cotidianamente para administrar e fiscalizar o uso dos espaços, tão necessários à manutenção da ordem social. A partir da década de 1730, as grandes enchentes passaram a ser o tema principal das audiências do governo local. Era preciso solucionar a questão: as águas de ouro penetravam na paisagem, causando estragos e prejuízos intermináveis aos cofres públicos e aos particulares, se transformando nas águas indesejáveis, a face indomável da ordenação urbana.

As águas do Carmo

As águas do Carmo invadiam a Rua Direita e, como os próprios oficiais camarários declararam, em "dentro de dez anos correrá o rio junto" à Igreja Matriz "e se inundará a terra toda onde agora tem a maior e mais torrente povoação".[70] Nas cartas enviadas ao Conselho Ultramarino, vemos que o Senado pretendeu resolver a questão em dois movimentos simultâneos: a construção dos cercos de contenção no ribeirão e o requerimento de terrenos ao Rei, longe da possível ação das águas.

Sobre o primeiro aspecto, identificamos as várias tentativas do órgão local para conter, ou pelo menos reduzir, o volume de água que adentrava a Vila. Porém, nem sempre as obras construídas eram capazes de cumprir sua função, como ocorreu na enchente de 1737:

> No ano de mil setecentos e trinta e sete experimentaram os moradores da principal Rua dessa vila com a inundação do Rio, chamado Ribeirão do Carmo, ocasionando da *ruína de um cerco*, que a defendia dessas enchentes fazendo se lhe despenderem doze mil

---

70   APM. CMM. Códice 15. 25/09/1745. fls. 126v-127.

cruzados para o seu reparo, ameaçando novamente a mesma ruína com maior dificuldade para se poder evitar, pois se achava o Rio mais [altiado] do que a mesma Vila.[71]

A descrição das irremediáveis enchentes servia como justificativa nas cartas enviadas ao Conselho para requerer as terras do pasto, pertencentes à Fazenda Real e em desuso.[72] Afinal, os onerosos investimentos em obras públicas não surtiam efeito e o aforamento de terras livres das águas seria uma solução urbanística rentável e bem sucedida. Nos contratos de obras da Câmara, entre os períodos de 1738 a 1742, a quantia de 6:190$000 de réis foi investida na construção e reparos dos cercos. Este número, com toda certeza, foi bem superior se considerarmos os prejuízos causados pela invasão das águas do Carmo nos calçamentos, pontes, prédios públicos e também nas casas de particulares.[73]

A primeira solicitação para utilizar o terreno dos pastos foi em 1742, na qual os oficiais da Câmara descreveram a enchente de 1737, conforme

---

71 AHU. MG. Projeto Resgate. Cx. 40. Doc. 1. O mesmo documento foi encontrado no Arquivo Público Mineiro, na seção Câmara Municipal de Mariana. APM. CMM. Códice 15. fls. 53-53v. (grifo nosso).

72 Em 1719, foi construído, com as rendas do Senado, o Quartel dos Dragões do Conde de Assumar. O terreno pertencia à Fazenda Real e o quartel já estava em desuso na década de 1740. Por estar abandonado, os oficiais da Câmara solicitaram as terras reais. APM. CMM. Códice 15. 17/09/1742. fl. 55v.

73 Em 1738, José Antônio Cardoso arrematou a obra do cerco no ribeirão no valor de 10.500 cruzados (4:200$000). AHCMM. Códice 180. 04/03/1738. fls. 93v-96v. Em 1740, foi a vez de José Alves da Costa, que prestou serviço no valor de 980 oitavas de ouro (1:470$000). AHCMM. Códice 180. 10/09/1740. fls. 127v-180. Em 1742, novamente, José Antônio Cardoso realizou conserto na obra por 525$000. De acordo com as condições de execução da obra, o construtor era obrigado a "levantar o dito cerco da parte do rio com pedra e ramos ou capim e da parte de dentro com terra socada ao pilão pondo lhe por uma e outra parte varas de mato virgem" e no tempo das águas "em cuidar na conservação do dito cerco acudindo-lhe com as madeiras que forem arrebatadas e pregos e tudo o mais que for necessário". Entretanto, se houvesse uma "cheia demasiada que arromba o dito cerco", não era obrigado a consertar. AHCMM. Códice 180. fls. 154-155.

citamos acima. Nela, eles requeriam a porção de terras "para se levantarem as casas pagando a esse Senado".[74] No mesmo ano, no mês seguinte, a Câmara novamente escreveu a Sua Majestade "para dar providência" sobre a intenção que também tinha de construir no mesmo terreno da Fazenda Real a Casa de Câmara e Cadeia.

A respeito da ação da Câmara e das águas, dois aspectos nos chamam atenção no processo de urbanização da municipalidade. Em primeiro lugar, foram os oficiais da Câmara que solicitaram ao Rei, antes da criação da cidade, o terreno dos pastos. A escolha do terreno para fugir das águas foi, portanto, anterior ao título de cidade e de iniciativa do poder local, muito antes da suposta presença do engenheiro militar José Alpoim ter dirigido ou "tirado a planta" da cidade em 1745. Em segundo lugar, é perceptível o quanto as águas do Carmo interferiram na própria estabilidade material e organização espacial do povoado. Nos primórdios do arraial, a ocupação se deu no sentido leste-oeste, às margens do ribeirão; com a criação da cidade, foi redirecionada para o sentido norte-sul, mais distante das águas, tendo sido a apropriação do terreno dos pastos símbolo dessa mudança urbanizadora.

A iniciativa de expandir o povoado em sítio urbano longe das águas foi, portanto, da Câmara Municipal, três anos antes da elevação à cidade e de sua reforma urbana. Aventamos a hipótese de que a própria disposição do governo local em construir no terreno da Fazenda Real, com suas rendas, os novos prédios da Casa de Câmara e Cadeia e aforamentos tenha interferido favoravelmente na escolha do Rei para a sede episcopal da Capitania em 1745. Provavelmente, o "sítio muito cômodo" a que se referiu o monarca ao governador Gomes Freire de Andrade era o terreno dos pastos e não as partes arruinadas pelas águas do ribeirão. Em 23 de abril de 1745 a cidade foi criada:

---

74 APM. CMM. Códice 15. 14/08/1742. fls. 53-53v. O mesmo documento no AHU. MG. Projeto Resgate. Cx. 40. Doc. 1.

[...] atendendo a que a Vila do Ribeirão do Carmo é a mais antiga das Minas Gerais, e que fica em *sitio muito cômodo* para ereção de uma das duas novas catedrais que tenho determinado pedir a S. Santidade no território da Diocese do Rio de Janeiro. Fui servido criar cidade a dita Vila do Ribeirão do Carmo que ficará chamando-se Mariana.[75]

No mesmo ano, os oficiais da Câmara agradeceram ao Rei tamanha honra, informando que "desabrirão (sic) alguns meios para atalhar o dano do dito rio seguros e de menos custo". Afinal, "não deve sumigirce (sic) uma povoação que deve a Vossa Majestade a honra de a exaltar a cidade". Prometeram, além de um novo cerco, reedificar "a rua direita com mais formosura que antes de destruída [...] e sobretudo ficará segura a cidade e a Igreja Matriz".[76]

A disposição da Câmara em reformar a parte onde havia a "mais torrente povoação",[77] primeiro reconstruindo cercos para conter as águas e em seguida reformando a Rua Direita e a Igreja Matriz com "formosura", não parecia suficiente para convencer o governador Gomes Freire e o ouvidor José Antônio de Oliveira Machado. O primeiro afirmava que a cidade ameaçava ruína e que "só se poderá vir a ser tudo capaz se fizer também nova cidade, fora do Rio".[78] O segundo declarava a falta de "capacidade do Senado para conter as inundações" da Vila.[79] As autoridades

---

75   APM. CMM. Códice 45. 23/04/1745. fls. 23v-24. (grifo nosso).

76   APM. CMM. Códice 15. 25/09/1745. fls. 126v-127.

77   APM. CMM. Códice 15. 25/09/1745. fls. 126v-127.

78   APM. SC. Códice 45. 08/10/1745. fls. 162v. Carta do governador Gomes Freire enviada ao Conselheiro Alexandre Gusmão, em que afirmou: "[...] o rio tem levado a cidade, vila, arraial, pelo pouco hoje é, só o parece, além do que diz a Carta do Oficial que tirou a planta: é necessário saber que a Matriz como dirá o Bispo ameaça ruína, como estou persuadida[mente] de S. Majestade e escolher o lugar mais próprio para nova cidade fora do Rio, poderá ser tudo capaz [...]".

79   AHU. MG. Projeto Resgate. Cx. 47. Doc. 41. 06/09/1746 *Apud* FONSECA. *Op. cit.*, p. 283.

concordavam quanto à dificuldade de domar as águas do Carmo e, por conseguinte, da própria cidade de honrar o título e o nome da Rainha Dona Mariana.

Numa outra via, os oficiais da Câmara de Mariana alegavam que os serviços de minerar dificultavam a contenção das águas urbanas indomáveis. Desde 1743[80] reclamavam das atividades dos irmãos mineradores Antônio e João Botelho próximo ao ribeirão. Em 1745, novamente os vereadores escreveram ao Conselho Ultramarino sobre os poderosos mineradores, que seriam a causa de dois entraves relativos à gestão das águas no espaço urbano de Mariana: (1) as inundações do caudaloso ribeirão do Carmo; (2) o abastecimento de água. Sobre o primeiro aspecto os camaristas questionaram o serviço de minerar dos irmãos Botelho "na praia do Rio chamado Ribeirão do Carmo ao pé desta cidade a qual provem todo o dano da sua inundação do dito serviço". As terras minerais, na verdade, teriam pertencido anteriormente, de acordo com os vereadores, a Antônio Pereira Machado, que as teria doado para a Vila no momento de sua fundação. Aquele terreno era, portanto, patrimônio da cidade, estava "dentro da sesmaria" do Senado. Os oficiais solicitaram, por este "princípio como pelo inevitável prejuízo que o dito serviço faz a esta cidade", que as terras da dita paragem fossem devolvidas à cidade, "para sua conservação e duração".[81]

O segundo aspecto esteve ligado ao provimento de água para a cidade. A Câmara desejava canalizar a água da Serra do Itacolomi, "água tão boa e tão fácil", mas que pertencia a outra data mineral de Antônio Botelho. O minerador "impedia o uso da dita água" para a fonte tão necessária ao uso do povo que o Senado almejava construir. Para o governo local, os mineradores se mostravam os grandes vilões da configuração urbana: os serviços de minerar acentuavam a intensidade das enchentes e esbarravam na própria distribuição de água ao núcleo urbano.[82] O

---

80   APM. CMM. Códice 15. 09/03/1743. fls. 58v-59.

81   APM. CMM. Códice 15. 25/10/1745. fls. 128-129.

82   APM. CMM. Códice 15. 25/10/1745. fls. 128-129.

desenho apresentado a seguir (figura 4) é uma imagem encontrada no Arquivo Histórico Ultramarino, sem autoria e data. Provavelmente, foi enviada pelos oficiais do Senado, pois consiste em uma planta do novo cerco que se desejava construir no ribeirão do Carmo.

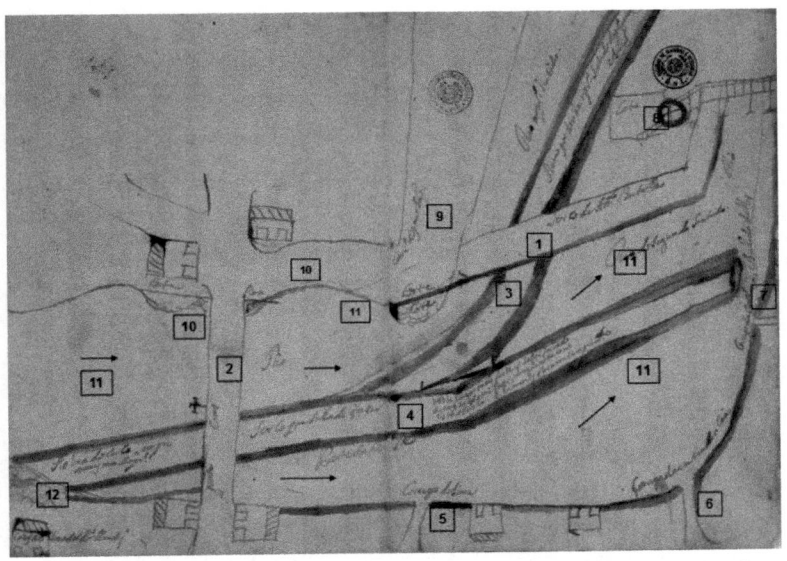

FIGURA 4: "Planta em que se mostra a obra a se fazer para se evitar a inundação das ruas de Mariana pelo rio que ali corre"
Legenda: (1) cerco de Antônio Botelho, (2) Ponte dos Monsus, (3) antigo cerco, (4) novo cerco, (5) Córrego de Cima, (6) Córrego da Intendência, (7) Córrego da Cachoeira, (8) cata de Antônio Botelho, (9) Caminho dos Monsus, (10) serviços de minerar, (11) Ribeirão do Carmo, (12) Senador Antônio Mendes.
Fonte: AHU- Lisboa- CARTm-011. D. 1157 (setas e números, adaptado pela autora).

Na imagem, há um antigo cerco (3) que se encontrava com o serviço de minerar de Antônio Botelho (1). O cerco se estendia da sua cata (8) até o corte próximo ao caminho dos Monsus (9). A Câmara pretendia construir um novo cerco (4), aproveitando-se do antigo (3). Este cerco teria início na casa do senador Antônio Mendes (12), passaria pela ponte dos Monsus (2) e se estenderia para depois do córrego da Cachoeira (7). Seria uma obra monumental, percorreria grande extensão do ribeirão do Carmo nos seus dois sentidos (11). Na planta, percebemos que o novo cerco (4) se dividiria em dois: aproveitando-se do antigo (3) e construindo-se uma nova ramificação para distribuir o volume de água entre eles. Os cortes dos serviços de minerar (10) provocavam o assoreamento do ribeirão e, por consequência, o aumento de sua área superficial. No desenho, o cerco do dito Botelho aparece como uma ameaça à vazão das águas pelo antigo cerco (3), principalmente no período das chuvas. A partir da imagem entendemos que o volume de água que corria pelo cerco do minerador poderia aumentar o fluxo de água do antigo cerco feito pelo Senado, o que poderia arruiná-lo.

Outra hipótese cabível é a de que o próprio cerco do Botelho (1) cortava o antigo cerco da Câmara (3) e impedia o fluxo de água que vinha do cerco novo (4). Esse bloqueio poderia destruir todo o cerco ao interromper o curso da água desviada e provocar uma nova inundação.

A reforma urbana

No momento da elevação à cidade, as águas do Carmo foram, portanto, o tema central das correspondências entre a Câmara e o Conselho Ultramarino. Os cercos e a escolha de um sítio mais apropriado, livre das águas, consistiram nas principais alternativas urbanísticas ao problema.

O processo de concessão do terreno dos pastos à Câmara se estendeu até 1746. Em 1743, as terras haviam sido cedidas ao governo local, mas, como parcela considerável já havia sido aforada pela Fazenda Real e os oficiais locais afirmavam que o tal aforamento feito não "estava conforme como era ordem que devem ter as povoações e nele não se alinhar para Cadeia e Casa de Câmara",[83] a querela se prolongou. Quando já era cidade de Mariana, o Rei exigia que sem demora "se ponham os edifícios [...] com toda a brevidade",[84] em acordo com o "aumento que se espera tenha cidade para o que deveis fazer planta e arruamento das ruas [...] em sítio livre das inundações do Rio". Mas

---

83   APM. CMM. Códice 15. 09/03/1743. fls. 58v-59.

84   APM. CMM. Códice 15. 13/09/1745. fls. 134v-135.

foi apenas em julho de 1746 que a questão foi totalmente resolvida, quando o monarca novamente confirmou a doação dos terrenos e fez recomendações quanto à construção neles.[85] Esta ordem régia, enviada ao governador Gomes Freire, merece ser transcrita, pois é a única que se aproxima do que teriam sido as diretrizes metropolitanas para a reforma urbana de Mariana:

> Aos oficiais da Câmara mando declarar a mercê que eu fiz a Câmara de lhe tornar alargar as terras que seus antecessores tinham oferecido para pastos dos cavalos das tropas, foi completa sem limitar as que estiverem aforadas [...] mas fiquem entendendo que *neste sítio* se devem edificar as casas que de novo se fizerem e para o perfeito se ordena que façam logo *planta da nova povoação*, elegendo sítio para praça espaçosa e demarcando as ruas que fiquem direita e com bastante largura sem atenção a conveniências particulares ou edifícios que contra esta ordem se achem feito no referido sítio dos pastos, porque se deve antepor a *formosura das ruas*, e cordeadas estas se demarquem sítios em que se edifiquem os *edifícios públicos* e depois se aforem as braças de terra que os moradores pedirem [...] Será pelos *rendimentos da Câmara* e primeiro que centre na demarcação da praça, ruas e edifícios públicos se *vos fará a planta presente para com vossa aprovação se praticar o referido* [...] e que em nenhum tempo se poderão dar licença para se tomar parte da praça ou das ruas demarcadas e que todos os edifícios se hão de fazer a face das ruas cordeadas (sic), as paredes em linha reta e havendo comodidade para quintais das casas devem estes ficar pela parte de trás dela e não para aparte das ruas em que as casas tiverem as suas entradas [...].[86]

---

85   O conflito pelos terrenos dos pastos entre a Câmara e a Fazenda Real é discutido pelo historiador Tércio Veloso. VELOSO, Tércio. Olhares sobre o espaço urbano. *Relatório de qualificação de mestrado.* Mariana: PPGHIS/UFOP, 2012.

86   APM. SC. Códice 45. fls. 27v-28. 02/05/1746.(grifos nossos).

O documento acima indica as prioridades da reforma: a Câmara deveria com seus rendimentos executar todas as obras (arruamentos, aforamentos e prédios públicos) com toda a "formosura", e ao governador cabia aprovar a referida planta e fiscalizar a execução do empreendimento. No entanto, restam algumas lacunas sobre os agentes envolvidos e as obras realizadas. Não sabemos quem foi o tal oficial que tirou a planta do povoado. A historiografia tem atribuído ao engenheiro José Fernandes Alpoim, mas como sublinhou Fonseca, "não se tem notícia de nenhuma planta da cidade assinada por ele".[87] Se a autoria das duas plantas é incerta, também o são as obras que deveriam ser executadas no cenário da sede episcopal. Não sabemos se o cerco foi realizado ou se também houve recomendações quanto a outros aspectos do espaço urbano. A ordem régia apresentada anteriormente se refere estritamente ao sítio dos pastos, aos prédios públicos, às casas e ruas que ali seriam construídos. Além da suposta ação de Alpoim, é provável que o bispo D. Manuel tenha interferido na reforma. Quando em 1748 chegou a Mariana, três anos após a elevação à cidade, o religioso, de acordo com Moura Santos, "inspirou e obteve a aprovação do plano de toda a parte urbana da cidade",[88] o que fortalece a hipótese de que o projeto da reforma da cidade ou não estava pronto ou foi fortemente marcado pela flexibilidade e intervenção das várias esferas de poder.

Concordamos com a assertiva de Fonseca de que a execução da reforma teria seguido o "alinhamento, nem sempre total (certamente devido à ocupação já consolidada) das vias longitudinais e de outras pré-existentes e à criação de algumas travessas".[89] Resultado, portanto, de uma prática urbanística flexível em suas aplicações e conveniências. Os mapas produzidos no período constituíram uma imagem projetiva, um ideal de cidade, representações do espaço e não o espaço em si concretizado (FIGURAS 5 e 6).

---

87 Cf. FONSECA. *Op. cit.*, p. 288.

88 SANTOS, Waldemar de Moura. *Lendas Marianenses*. Belo Horizonte: Imprensa Oficial, 1967 *apud* FONSECA. *Op. cit.*, p. 50.

89 FONSECA. *Op. cit.*, p. 48.

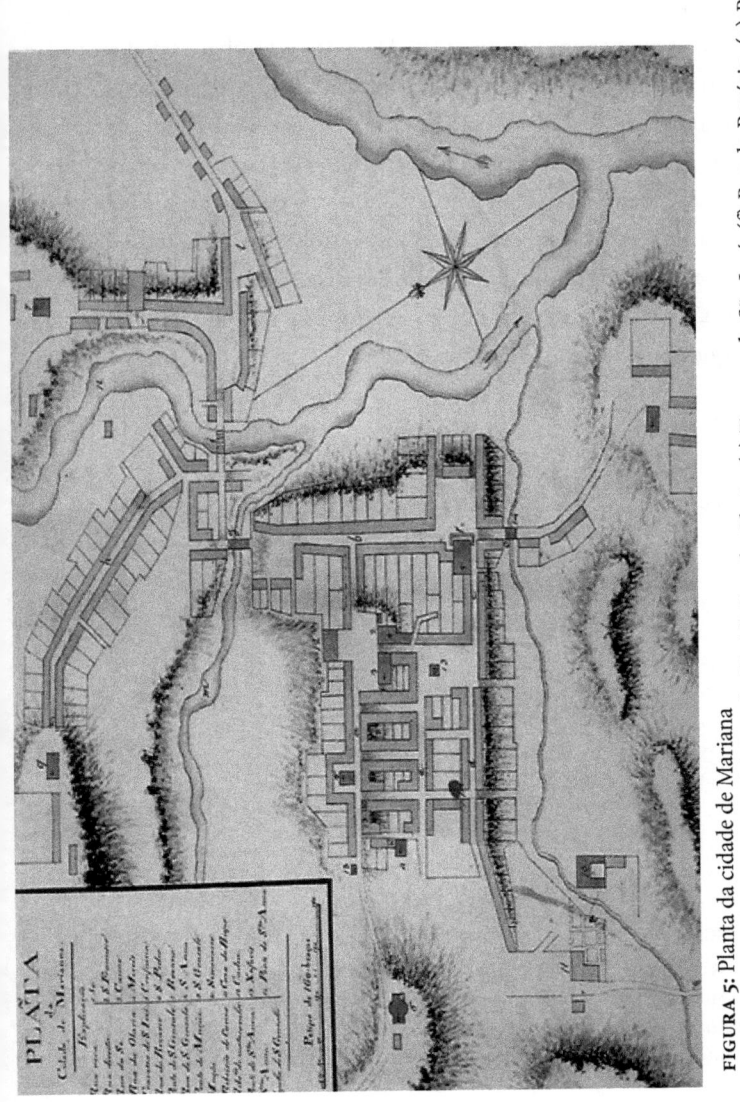

FIGURA 5: Planta da cidade de Mariana

(a) Rua Nova, (b) Rua Direita, (c) Rua da Sé, (d) Rua da Olaria, (e) Travessa de São José, (f) Rua do Rosário, (g) Ponte de São Gonçalo, (h) Rua de São Gonçalo, (i) Ponte dos Monsus, (l) Monsus, (m) Ribeirão do Carmo, (n) Ribeirão de Matacavalos, (o) Ponte de Sant'Anna, (p) Santa Anna, (q) Capela de São Gonçalo, (1) Sé, (2) São Francisco, (3) Carmo, (4) Mercês, (5) Confraria, (6) São Pedro, (7) Rosário, (8) Santana, (9) São Gonçalo, (10) Seminário, (11) Casa do Bispo, (12) Cadeia, (13) Chafariz.

Fonte: "Plãta da Cidade de Mariana". Original do Arquivo Histórico do Exército, Rio de Janeiro. *Apud* REIS FILHO, Nestor. *Imagens de Vilas e cidades do Brasil Colonial*. São Paulo: Edusp, 2001, p. 217. (Autoria e data desconhecidas). O mapa encontra-se colorido no caderno de imagens ao fim deste livro.

A planta acima representa um espaço simétrico, geométrico, tanto das ruas como das construções.[90] Provavelmente, pelos elementos que apresenta, este mapa foi elaborado entre fins do século XVIII e início do XIX.[91] A Igreja de São Francisco (2) e a Casa de Câmara e a Cadeia (12) foram concluídas apenas em fins do XVIII. Além deles, também estão representados quatro chafarizes (13): Chafariz de São Pedro, Chafariz de São Francisco dos Pardos, Chafariz de São Francisco dos Brancos e Chafariz do Rossio.[92] Apesar de desconhecida a autoria do mapa, o erro cometido na posição da rosa dos ventos – como analisou Fonseca – e ainda a inversão de localização do Ribeirão do Carmo (m) e do córrego de Mata Cavalos (n) nos levam a conjeturar a possibilidade de que autor não seja um funcionário local, mas sim um oficial de fora, não tão habituado à cidade, o que justificaria os enganos.

---

90   FONSECA. *Op. cit.*, p. 267-301.

91   VASCONCELLOS, Salomão. *Op. cit.*, p. 29, 48.

92   Sobre os chafarizes de São Pedro, São Francisco dos Brancos e dos Pardos encontramos evidências de suas existências a partir de 1769. AHCMM. Contrato de arrematação. Códice 377. 11/12/1769. fls. 74v-75. O Chafariz do Rossio foi construído por Domingos Rodrigues Torres em 1749. AHCMM. Códice 135. 26/02/1749. fls. 50v-53v.

FIGURA 6: Mapa da cidade de Mariana

Legenda: (A) Sé, (B) Igreja de São Francisco da Ordem Terceira, (C) Igreja do Carmo da Ordem Terceira, (D) Igreja de São Pedro, (E) Igreja do Seminário, (F) Casa de Câmara e Cadeia, (G) Capela de São Gonçalo, (H) Palácio Episcopal, (I) Capela de Santa Ana, (L) Capela Antiga do Rosário, (M) Capela Nova do Rosário, (N) Bairro dos Monsus, (O) Ponte dos Monsus, (P) Ponte da Rua Direita da Sé, (Q) Ponte do Seminário, (R) Praça do Pelourinho, (S) Rua Direita da Sé, (T) Rua Nova, (V) Praça do Chafariz, (X) Casas dos Juízes de Fora, (Z) Ribeirão do Carmo, • Chafariz.

Fonte: "Mapa da cidade Mariana". Original da Mapoteca do Itamarati, Rio de Janeiro. ca. 1798-1801. *Apud.* REIS FILHO, Nestor. *Imagens de Vilas e cidades do Brasil Colonial*. São Paulo: Edusp, 2001, p. 217 (Autoria e data desconhecidas). O mapa encontra-se colorido no caderno de imagens ao fim deste livro.

O mapa da cidade de Mariana, de autoria e data desconhecidas, foi produzido, possivelmente, na segunda metade do século XVIII. Na interpretação de Fonseca, foi confeccionado em duas fases, o que explicaria as diferenças de tonalidade e representação dos elementos da parte antiga e nova da cidade.[93] Apresenta edifícios religiosos como a Igreja do Carmo, São Francisco e também o pelourinho no antigo terreno dos pastos. Contudo, a ausência do prédio da Câmara indicaria que o desenho seria anterior a 1782, data em que se iniciaram as obras deste edifício público.[94] No mapa ainda é possível perceber a expansão da cidade no sentido sul, atrás da Sé, na direção oposta ao ribeirão. Vemos ainda que, próximo ao ribeirão, nas proximidades da Rua do Piolho, na parte inferior do mapa, as casas aparecem imersas nas águas. É mais provável, portanto, que este mapa tenha sido elaborado para a execução da reforma ou concomitante ao início das obras.

Nenhum dos dois mapas apresenta possíveis cercos de contenção. Revelam a dimensão do crescimento urbano de Mariana após 1745 e a presença dos córregos do Catete, Seminário e ribeirão do Carmo como fronteiras naturais da paisagem urbana.[95] Sabemos que as cheias não deixaram de importunar as audiências da Câmara na segunda metade do século XVIII.[96] No entanto, percebemos alguns indicativos de mudança no cenário administrativo. A partir de 1750, cessam as correspondências com o Conselho Ultramarino sobre as inundações na cidade e não são mais

---

93　FONSECA. *Op. cit.*, p. 290.

94　O contrato de arrematação da obra da Casa de Câmara ocorreu em 1782, assinado pelo pedreiro José Pereira Arouca, no valor de 30 mil cruzados. AHCMM. Códice 377. 23/10/1782. fls. 191v-198v. O pelourinho foi arrematado por José Moreira de Matos, pelo valor de 700$000 réis. AHCMM. Códice 135. 30/09/1750. fls. 103v-104v.

95　Os rios serviam como divisores naturais, instrumentos de demarcação dos espaços para a organização territorial da Capitania. Cf VASCONCELOS. *Op. cit.*, p. 87.

96　AHCMM. Correição de 1797. Códice 173. fls. 83v-84. AHCMM. Correição de 1776. Códice 173. fl. 36.

arrematadas obras de contenção do rio até fins do século, o que, por um lado indicaria uma diminuição na ocorrência ou mesmo na amplitude das enchentes. Dessa forma, poderíamos inferir que o redirecionamento do povoado para o sul e os supostos cercos construídos tiveram êxito. No entanto, ao longo do século continuaram a existir frequentes reparos nas pontes da cidade, e foi com este tipo de obra pública que o Senado mais despendeu suas rendas no século XVIII. Neste sentido, é necessário também destacar os aspectos de natureza técnica e material dessas pontes, que interferiram na sua durabilidade e resistência no período das chuvas. Em Mariana, observamos nos contratos de obras do Senado que foi mais comum o uso da madeira nestas edificações, ao contrário de sua vizinha Vila Rica, que já contava com pontes de pedra desde 1744.[97] Cabe ressaltar que foi no ano de 1796 construída a primeira e única ponte de pedra da cidade, a Ponte de Areia, que ligava a Catedral da Sé ao núcleo de São Gonçalo (FIGURA 7). Estes equipamentos urbanos eram elementos importantes na cidade entrecortada por córregos e ribeirões. As pontes permitiam o acesso à cidade, a comunicação entre os seus vários bairros, a locomoção dos habitantes, separados pelas águas do Carmo e afluentes. No início do século XIX, era elemento de destaque na paisagem da cidade, como descreveu o viajante francês Saint-Hilaire:

> *Mariana* está realmente construída em uma *península*. Todavia, fora dessa península, existem ainda dois grupos de casas das quais o principal está situado sobre o morro que se encontra entre o *Ribeirão do Carmo e o de Catete*, e, para estabelecer comunicação entre esse morro e a cidade, construiu-se sobre o último dois regatos uma ponte de pedra de um só arco.[98]

---

97 PEREIRA; LICCARDO; SILVA. *A arte da Cantaria*, p. 83. Cf. também CARVALHO. *Op. cit.*, p. 83.

98 SAINT-HILAIRE. *Viagem pelas Províncias do Rio de Janeiro e Minas Gerais*. Belo Horizonte: Itatiaia, 1975, p. 81.

FIGURA 7: Ponte da Rua Direita ou Ponte de Areia
Fonte: APM. MM 175. Coleção Municípios Mineiros, Ponte na Rua Direita em
Mariana (MM 175). [1890-1900 ?]. Autor: Ferber. Construída em fins do século
XVIII, a única ponte de pedra da cidade, descrita por Saint-Hilaire, ligava o
núcleo de São Gonçalo (à esquerda) à Rua Direita (à direita), que terminava
na Catedral da Sé.

As pontes representavam a sobreposição ao espaço das águas. Uma
resposta da engenharia humana para transpor o espaço natural dentro
da cidade. As reconstruções frequentes, observadas nos livros de arrematação da Câmara de Mariana, mostram, entretanto, que nem sempre
era possível domar o espaço da natureza dentro da cidade. Por vezes, a
solução mais apropriada era se distanciar: a expansão da cidade no sentido do terreno dos pastos foi uma alternativa viável, que garantiria estabilidade física e material necessária à continuidade da povoação. Contudo,
as águas corriam por todos os lados e sem as pontes não era possível a
convivência urbana. Parece-nos que na Mariana Setecentista as políticas

urbanas se alternaram entre conter, desviar-se e sobrepor-se às águas do Carmo. Nem sempre com êxito, pois a face indomável da natureza poderia romper os alicerces e as tentativas de dominá-la.

As águas do Carmo interferiram na trajetória do espaço urbano, alterando a estrutura e a morfologia da cidade. Modelaram espaços, instituíram novos cenários e serviram como limites da geografia urbana. Em 1750, a Câmara determinou que para "maior formosura das ruas todas as casas que se fizeram nesta cidade para dentro das *três pontes públicas* não terão paredes de quintais" e, nos casos que não pudessem deixar de as terem, serão "ornadas de janelas, portas, e beiradas que pareçam frontarias de casas, pena de se demolirem".[99] As três pontes cortavam os córregos do Seminário (Ponte de Sant'Anna), ribeirão do Carmo (Ponte dos Monsus) e córrego do Catete (Ponte de São Gonçalo). Essa preocupação, cinco anos após a elevação à cidade, demonstra que o governo local procurava regular as construções urbanas e que o rio e os córregos assumiam a função de fronteiras do espaço urbanizado.[100] Entre as pontes estava o núcleo principal. Atravessando-as, chegava-se aos arrabaldes, os bairros de Sant'Anna, São Gonçalo e Monsus.

Antes ou depois de "tirar a planta", quem tratou de conduzir as obras urbanas foi o Senado da Câmara. Desde a fundação da Vila de Nossa Senhora do Carmo, os oficiais locais administraram variados aspectos concernentes à ordenação social. No momento da elevação à cidade, outros personagens do poder estiveram envolvidos na questão das águas, na expansão e reforma da cidade, como o governador, o ouvidor, o bispo e o Rei. Parece-nos que a interferência régia serviu para consolidar uma pré-disposição da Câmara em construir uma nova

---

99 AHCMM. Edital. Códice 462. 1750. fl. 65v.

100 Segundo Fonseca, no século XVIII os grandes rios, caudalosos e perenes "eram considerados como os elementos topográficos ideais para servirem de limites" entre Concelhos e Comarcas. FONSECA, Cláudia Damasceno. *Arraiais e vilas d'el rei*: espaço e poder nas Minas Setecentistas. Belo Horizonte: Editora UFMG, 2011, p. 321-322.

cidade livre das águas. Ao mesmo tempo a escolha real enobrecia o povoado com a sua nova função religiosa na Capitania. O Rei surge como soberano que salva a cidade das águas, acolhe as investidas da Câmara, doa os terrenos necessários. A intervenção régia como elemento ordenador, providencial. O prestígio e a distinção do novo título reforçavam a gratidão dos súditos com seu Rei. A "nova" cidade deveria projetar dentro de seu espaço urbano a sua nova função na capitania. Neste sentido, o conjunto de obras realizadas na segunda metade do Setecentos simbolizava a capacidade do governo local de administrar e representar a nova fase espacial e político-religiosa da cidade.

Não se sabe o que de fato constituiu a reforma ordenada pelo Rei. Vimos fragmentos que apresentam diretrizes, mas que ainda deixam várias lacunas (quem confeccionou os mapas, quais as exigências quanto ao mobiliário urbano). Contudo, entre as certezas está a de que a Câmara deveria executar com as suas rendas as obras necessárias. Pontes, chafarizes, ruas, largos e prédios públicos foram construídos durante a segunda metade do século XVIII e a Mariana das águas instáveis cedeu lugar à cidade episcopal das Minas. A expansão no sentido sul, a partir da década de 1740, representou a sedimentação física da cidade, o efetivo processo de consolidação e a (re)organização espacial do povoado. Como consequência, obras de maior apuro técnico com materiais perenes se espalharam pelo espaço urbano. Exemplo disso é o prédio da Casa de Câmara e Cadeia, construído no terreno dos pastos, de pedra e cal, em substituição ao antigo, situado no Largo da Sé, de pau-a-pique, frequentemente invadido pelas enchentes.[101]

De acordo com Marco Antônio Silveira, nas Minas auríferas, a presença de um aparelho administrativo mais definido e o fortalecimento dos vínculos sociais contribuíram para a constituição mais sólida e também mais organizada do espaço a partir de 1735.[102] E acrescentamos, no caso

---

101   APM. SC. Códice 45. 30/04/1745. fls. 59v.

102   SILVEIRA. *Op. cit.*, p. 25

de Mariana, que a sua sólida constituição dependeu de sua estabilidade espacial, conquistada pelos artifícios ou formas de se apropriar do espaço natural. Pontes, cercos e desvios foram estratégias administrativas para burlar o espaço das águas urbanas, tentativas da engenharia humana para lidar com esse agente natural/personagem urbano. As águas do Carmo e seus afluentes integravam, agiam, modelavam e interferiam nas paisagens humanas, muitas vezes de modo imprevisível e incontrolável.

Na Mariana Setecentista, as maneiras de se apropriar destas águas articularam agentes locais, régios e religiosos em um conjunto de tentativas que resultou no que entendemos como um domínio apropriado à convivência com as águas urbanas. Afinal, as tentativas de conter (cercos), fugir (terrenos mais elevados) ou se sobrepor (pontes), investidas pela Câmara no espaço urbano, constituíram formas de dominar e controlar esse bem natural para a continuidade da cidade. Desta forma, procuramos demonstrar ao longo deste capítulo que o espaço urbano foi uma imposição sobre a paisagem natural, e que as águas foram mais um personagem a pulsar neste organismo vivo e dinâmico, onde atores e agentes imprimiram novas cenas e produções no cotidiano. A trajetória desse personagem no espaço, na sua relação com os habitantes também variou ao longo do itinerário urbano de Mariana. Nos primeiros tempos, houve um movimento urbano próximo às águas; em seguida, com a reforma urbana, um movimento de fuga e tentativas de controle: à ocupação cômoda, próxima as águas do ouro, seguiu-se ao incômodo das enchentes urbanas. As tentativas do governo local foram no sentido de permitir o convívio, procurando domar e adequar as águas ao espaço urbano. Mas nem sempre foi possível contê-las, e por isso, um domínio limitado, adaptado às possibilidades urbanas e às contingências naturais acabou por configurar a relação entre as águas e os indivíduos da Mariana Setecentista.

Ademais, um terceiro movimento marcou o convívio entre os habitantes e as águas urbanas por toda a segunda metade do século XVIII:

a canalização e a construção dos chafarizes públicos. A vulnerabilidade às águas do Carmo até meados do século era um entrave a estes tipos de obras públicas. Não era vantajoso investir nesse espaço constantemente arruinado pelas águas. Primeiro, porque as obras de canalização eram onerosas e poderiam ser destruídas na primeira enchente. As águas límpidas trazidas de fora dos limites da cidade poderiam ser corrompidas pelas águas impróprias do Carmo. Além disso, os esforços e recursos da Câmara estavam voltados para resolver as frequentes inundações. Com as estabilidades física, espacial e social conquistadas, o Senado poderia investir nas obras de canalização subterrânea de água para abastecer a população. Afinal, a capital religiosa das Minas não poderia padecer de falta d'água. Uma nova trajetória das águas se desenharia na paisagem; ao lado das águas do Carmo corria um itinerário invisível dos canos secretos: era preciso trazer água à cidade, matar a sede do povo. Tema do nosso próximo capítulo.

Capítulo II

A rede de abastecimento de água

Com a criação da cidade de Mariana em 1745, uma série de obras se espalharam pelo sítio urbano, iniciando-se a constituição de um novo cenário na sede episcopal das Minas Gerais. No capítulo anterior, vimos os desdobramentos da escolha real pelo povoado, a apropriação do terreno dos pastos pela Câmara e as suas tentativas para domar as águas do Carmo. Era preciso, primeiramente, conquistar a estabilidade espacial para se instituir uma organização física mais sólida do centro aurífero ocupado.

Durante a segunda metade do século XVIII, a transformação física do corpo urbano foi dirigida, sobretudo, pelas irmandades e pelo órgão local. As primeiras iniciaram uma série de obras religiosas, entre passos, capelas e novas igrejas que representavam as diversas ordens e congregações leigas em território mineiro.[1] O governo local tratou de investir na infraestrutura urbana e ordenar os espaços já constituídos. Pontes, chafarizes, calçadas, edifícios públicos e novos aforamentos integraram as políticas municipais na reconfiguração da morfologia espacial de Mariana. Conforme sintetizou Rodrigo Bastos acerca da atuação da Câmara nesse instante, os vereadores procuraram melhor acomodar os moradores da cidade, assim como proceder aos preparos e reparos

---

1   BOSCHI, Caio César. *Os Leigos e o Poder: Irmandades leigas e política colonizadora em Minas Gerais*. São Paulo: Ática, 1986. Especificamente sobre os templos construídos na cidade de Mariana nesse período, cf. VASCONCELLOS, Salomão. *Mariana e seus templos*. Belo Horizonte: Graphica Queiroz Breyner, 1938; TRINDADE, Raimundo. *Instituições de igrejas no Bispado de Mariana*. Rio de Janeiro: Mec/SPHAN, 1945.

para que ela estivesse adequadamente digna da instalação do bispado. "A solução mais prudente para Mariana seria mesmo aumentar a cidade em sítio livre das ameaças do rio carmelitano".[2] Desde a instalação da Câmara, com a criação da Vila de Nossa Senhora do Ribeirão do Carmo em 1711, os membros do órgão local financiavam diversos tipos de obras e serviços urbanos na municipalidade. Contudo, foi a partir de 1749, com a reforma ordenada pelo Rei quatro anos antes, em 1745, que o governo local investiu na construção e manutenção de uma rede de abastecimento de água, com a edificação de um aqueduto subterrâneo e o primeiro chafariz de repuxo da capital religiosa.[3]

A única cidade das Minas no Setecentos, até meados do século, não contava com uma rede hídrica que abastecesse de água seu núcleo urbano, conforme pudemos averiguar nos livros de contratos de obras públicas de todo o século XVIII.[4]

Foram encontradas algumas intervenções de caráter pontual, tanto em Mariana, como em Vila Rica, cabeça da Comarca. De acordo com Salomão de Vasconcellos, teria existido, na primeira metade do século XVIII, na então Vila de Nossa Senhora do Carmo, a Fonte dos Quartéis, situada no Largo da Carvalhada.[5] Aventamos a possibilidade de a dita fonte ter sido edificada conjuntamente com o prédio do quartel, construído em

---

2   BASTOS, Rodrigo. *A arte do urbanismo conveniente:* o decoro na implantação de novas povoações em Minas Gerais na primeira metade do século XVIII. Dissertação (Mestrado em Arquitetura e Urbanismo) – Faculdade de Arquitetura, Universidade Federal de Minas Gerais, Belo Horizonte, 2003, p. 130.

3   AHCMM. Auto de arrematação do Aqueduto. Códice 135. 22/02/1749. fls. 42-47. AHCMM. Auto de Arrematação do chafariz e fonte. Códice 135. 26/02/1749. fls. 50v-53v.

4   Foi realizado levantamento nos livros de arrematação de obras públicas do período de 1715 a 1863. TEDESCHI, Denise M. R.; ALFAGALI, C. *Índice de Obras Públicas de Mariana (1715-1863).*

5   VASCONCELLOS, Salomão. *Op. cit.,* p. 38

1720 com as rendas do Senado. A única evidência documental que nos aproxima dessa hipótese e da assertiva de Vasconcellos é a existência de um contrato de obra para o reparo de uma fonte, sem qualquer especificação quanto à sua localização, arrematado por Manoel Francisco Pereira em 1735.[6]

Em Vila Rica, para efeito comparativo, o primeiro chafariz de que se tem notícia foi construído em 1724. O responsável pela obra foi Antônio Silva, que conduziu a água desde um "nascedouro por baixo do chão na profundidade que fosse necessária", devendo desviar um "anel d'água para a Casa da Moeda".[7]

Esses casos foram isolados e, mesmo que relevantes, não representavam a existência de um circuito de abastecimento das águas dentro de seus núcleos urbanos. Especificamente para Vila Rica, Fabiano Gomes da Silva constatou que as obras de canalização e construção de chafarizes concentraram-se entre as décadas de 1740 e 1760, movimentando cerca de 12:376$566 réis dos gastos do Concelho nesse intervalo.[8] Em

---

6   Vale lembrar que as terras do Largo da Cavalhada, juntamente com o terreno dos quartéis e seus pastos, pertenceram à Fazenda Real até 1746, quando passaram às mãos do Senado, conforme mencionamos no primeiro capítulo. A evidência de que a Câmara arcou com a construção do quartel consta na resposta enviada aos oficiais da Vila de Nossa Senhora do Carmo em 1721. APM. Seção Colonial. Códice 18. 28/02/1721. fls. 81-81v. Nos livros de contratos de obras da Câmara encontramos o "Auto de Arrematação da obra que se há de fazer na fonte desta vila", única obra de chafariz da primeira metade do século XVIII. O conserto foi arrematado por Manoel Francisco Pereira, pelo valor de 50$000. O contrato não traz informações acerca da localização da fonte ou dos reparos a serem realizados, mas confirma a existência dessa construção, que acreditamos ser a Fonte dos Quartéis mencionada por Salomão de Vasconcellos. AHCMM. Códice 180. fls. 52-52v. 14/08/1735.

7   O chafariz não existe mais. CVR. Chafariz da Casa da Câmara. Auto de arrematação do Chafariz no largo da Casa da Câmara. Códice 14. 10/07/1724. fls. 41v. *apud* CARVALHO, Feu de. *Pontes e Chafarizes de Vila Rica de Ouro Preto*. Belo Horizonte: Edições Históricas, [s.d.], p. 81-82.

8   SILVA, Fabiano Gomes da. *Pedra e Cal:* os construtores de Vila Rica no século XVIII (1730-1800). Dissertação (Mestrado em História) – Faculdade de Filosofia e Ciências Humanas, Universidade Federal de Minas Gerais, Belo

Mariana, cotejando os contratos de obras com as listas de pagamentos efetuados pelo órgão local, constatamos que os mais altos investimentos no abastecimento de água também estiveram compreendidos nesse intervalo, com especial atenção para o ano de 1749. Essas evidências da instalação de uma rede hídrica em meados do século XVIII nos levam a questionar porque teria sido a partir desse período que as Câmaras Municipais investiram nesse tipo de serviço tanto em Mariana como em Vila Rica.

Um conjunto de fatores e personagens teria interferido e influenciado na promoção de obras públicas dessa natureza. Especificamente no caso de Mariana, chamamos atenção para o próprio processo de estruturação de seu espaço físico. A história urbana dessa localidade na primeira metade do Setecentos, como já demonstramos no primeiro capítulo, foi acompanhada pela instabilidade espacial de seu mobiliário urbano, sobretudo nas décadas de 1730 e 1740, quando as enchentes do Carmo consumiam as rendas e as audiências do Concelho. Dessa forma, a administração local estava voltada para trazer estabilidade espacial, e por consequência, social ao povoado arruinado. Nesta perspectiva, era cogente conter as águas e inviável investir em um sistema de distribuição, onde havia indefinição acerca dos próprios limites ou expansão urbana da cidade. Ainda por questões técnicas e financeiras seria imprudente construir um valo adutor das águas, seja porque as rendas do Concelho estavam comprometidas com os estragos deixados pelas enchentes, seja porque os canos estariam suscetíveis à destruição ou mesmo à infiltração das águas impróprias do ribeirão que tomavam a Vila do Carmo. Fica claro, portanto, que o caso de Mariana foi singular, uma vez que, em virtude das águas impróprias, a criação de um sistema de distribuição do líquido vital teve de esperar. Afinal, era necessário, primeiramente, conquistar certa estabilidade espacial para alcançar a permanência e consolidação

---

Horizonte, 2007, p. 58. Cf. também FONSECA, Alberto de F. C. *Controle e uso da água na Ouro Preto dos séculos XVIII e XIX*. Dissertação (Mestrado em Recursos Hídricos) – Escola de Minas Universidade Federal de Ouro Preto, Ouro Preto, 2004, p. 50.

do convívio social, razão determinante para a constituição da sua infra-estrutura urbana.

Entretanto, essa singularidade espacial, causada pela proximidade ao ribeirão e pelo desfavorecimento da topografia aplainada, cabe apenas para explicar a especificidade da formação urbana da cidade e sua interferência no estabelecimento da rede hídrica. Para Vila Rica, esses argumentos não se aplicavam. Sua topografia íngreme e a abundância de nascentes e rios que percorriam sua paisagem não impossibilitavam a instalação de uma rede hídrica, pelo contrário, deveriam servir de estímulo ao estabelecimento de um sistema condutor. Cláudia Fonseca, neste sentido, argumentou que a inexistência de um circuito de abastecimento até meados do século XVIII, nos povoados auríferos, estaria ligada aos conflitos entre os mineradores e a Câmara pela posse das águas nos centros urbanos e terrenos adjacentes. Os serviços de minerar teriam interferido não apenas na estrutura fundiária das vilas, mas também na utilização dos recursos hídricos da região. Nesta linha, Fonseca aventou a hipótese de que a implantação de um sistema de adução das águas somente se tornou possível nas vilas mineiras quando houve o "esgotamento das jazidas situadas no interior e nas proximidades das povoações", o que teria ocorrido a partir da segunda metade do Setecentos. Esta exaustão permitiria então ao governo local canalizar as nascentes, antes empregadas nos serviços de minerar.[9]

Concordamos com a historiadora quanto à existência de disputas envolvendo a posse das águas. Ainda permanece confusa a imbricação ou mesmo sobreposição de datas minerais à sesmaria da Câmara na constituição dos núcleos auríferos, aspecto que nos possibilitaria entender a natureza e a resolução desses conflitos que envolviam particulares e esferas de poder distintas e autônomas – o Senado e a guardamoria – na repartição das águas urbanas. Entretanto, entendemos que a construção

---

9   FONSECA, Cláudia Damasceno. *Arraiais e vilas d'el rei*: espaço e poder nas Minas Setecentistas. Belo Horizonte: Editora UFMG, 2011, p. 525.

de uma rede hídrica em Mariana e Vila Rica resultou do fortalecimento das estruturas políticas e sociais nesses espaços, e não em virtude da diminuição das disputas pelas águas.

As fontes de água eram empregadas em variadas atividades econômicas. Além da mineração, agricultura, criação de animais, existiam os hábitos de consumo da população (cozinhar, beber e lavar). Essas múltiplas maneiras de se apropriar das águas no terreno urbano tornavam o líquido um bem natural precioso e disputado por diversos indivíduos e instituições. A historiadora Andréa L. Gonçalves argumentou que, em meados do século, quando a decadência da produção aurífera se fazia sentir, "os investimentos em técnicas de minerar se fizeram cada vez mais necessários, bem como se tornaram mais complexas as formas de extração do cascalho aurífero". As buscas pelas pintas de ouro nos morros implicavam a condução de água, às vezes por longas distâncias, consumindo recursos e escravos. Na sua fábrica era preciso "romper penhascos, arrasar montes e mudar rios".[10] Apenas mineradores mais poderosos podiam investir nestes mecanismos mais complexos de extração mineral, como o inconfidente Inácio José de Alvarenga, que poucos meses antes da Conjuração encontrava-se em situação financeira delicada, resultante dos altos investimentos "nas instalações hidráulicas que havia realizado em suas lavras auríferas, situadas na Comarca do Rio das Mortes". A "busca de técnicas mais aprimoradas de mineração ocorreu até mesmo no período de declínio, tendo sido uma alternativa, ainda que infrutífera encontrada no sentido de reverter o já patente esgotamento das lavras de ouro localizadas até então", como afirmou Gonçalves.[11] Na extração do ouro

---

10   LISLY, Andréa. As técnicas de mineração nas Minas Gerais do século XVIII. In: RESENDE; VILLALTA. (org.). *As Minas Setecentistas*. Belo Horizonte: Autêntica/Companhia do Tempo, 2007, vol. 2, p. 198.

11   Traslado do sequestro feito a Inácio José de Alvarenga Peixoto. São João del--Rei, 05 de outubro de 1789. In: *Autos de Devassa da Inconfidência Mineira*. Brasília: Câmara dos Deputados; Belo Horizonte: Imprensa Oficial de Minas Gerais, 1982, vol. 6, p. 165-220 *apud* LISLY, *op. cit.*, p. 202.

dos morros, a condução das águas era condição onerosa à persistência da atividade aurífera. Neste sentido, parece legítimo supor que mineradores poderosos como Alvarenga estavam à procura de propriedades que contavam com o líquido; buscavam prioritariamente as águas nos terrenos adjacentes, mas, se necessário, e em decorrência da ampla demanda, recorriam aos locais onde havia disponível e em volume apropriado, mesmo que próximos aos centros urbanos.

Dentro dos próprios limites urbanos de Mariana, os serviços de minerar próximos ao ribeirão do Carmo ainda perduravam na paisagem em meados do século. Como comprovou o caso ocorrido em 1748 que envolveu o minerador, o Mestre do Campo Agostinho Dias do Santos, possuidor de um serviço mineral perto da Rua do Piolho, o qual, "querendo lavrar as terras" onde estavam a morada de casas de Estevam Leite na mesma rua, requereu-lhe "deixar botar as casas abaixo" com a "condição de lhe mandar fazer outros da mesma forma em outra paragem".[12]

Ao lado dos mineradores, conviviam ainda os proprietários de roças e fazendas na disputa pelo líquido. A existência de regos, córregos ou olhos d'água favorecia essas atividades, além de valorizar os terrenos. Em 1740, o Coronel Caetano Alves Rodrigues, solidário à órfã, filha do Capitão João da Silva Guimarães, concedeu-lhe a utilização dos dois regos de água de sua fazenda. As terras da dita órfã estavam à venda há alguns meses e o Coronel, condoído com a situação, fez um termo de concessão de suas águas, "que sem dúvida aumentaria o valor" da propriedade que contava com uma roda de moer mandioca. Ficou ainda estabelecido que a órfã ou os futuros proprietários poderiam utilizar as águas para "mover a tal roda de mandioca". Neste caso, fica claro que as águas constituíam um elemento de valorização das terras e de fundamental relevância para outras atividades econômicas que conviviam com a

---

12   Entretanto, o minerador não cumprira o acordo e Estevam Leite, insatisfeito, notificava o Mestre de Campo para em tempo de um mês estarem "prontas e acabadas". AHCSM. Notificação. Códice 178. Auto 4406. 2º ofício. 18/01/1748.

mineração nas Minas.[13] A coexistência das atividades agrícolas e minerais desde a primeira metade do século XVIII, conforme observou Ângelo Alves Carrara nos inventários do Termo de Mariana, vem reafirmar o uso contínuo que se fazia do precioso líquido nas áreas auríferas. A fortuna de João Lopes de Camargo é elucidativa neste sentido. Em 1743, deixou, além dos 71 escravos que cultivaram as lavouras de "65 alqueires de milho de planta, restingas de mato virgem, com casas de sobrado e senzala coberta de telha, engenho de moer cana corrente, roda de mandioca, um sítio em Águas claras de 30 alqueires de milho com sete cavalos, sete bois e doze porcos", um "sítio com uma roda de minerar moente e corrente no veio d'água do rio Gualaxo Norte, com água por cima que tem em abundância, e com quarenta datas de terras no mesmo veio d' água do mesmo rio".[14]

Portanto, ao lado desses usos variados e meios empregados para conduzir as águas na primeira metade do Setecentos, em meados do mesmo século, um novo personagem se agregou à disputa, a Câmara Municipal. A inserção deste novo consumidor na trama das águas não surgiu, no entanto, da diminuição dos conflitos pela posse do líquido entre os mineradores, mas sim de um processo de sedimentação e complexificação política e social ocorrido nas vilas do ouro, como Mariana e Ouro Preto,

---

13   AHCSM. Ação Cível. Códice 467. Auto 10352. 1ºofício. 18/10/1740. No termo de conclusão, mesmo com a concessão das águas feita pelo Coronel Caetano Alves Rodrigues, a propriedade não teve "maior lance do que o de quatro mil cruzados" (1:600$000). Outros critérios deveriam pesar na apreciação das propriedades, como a dimensão e o número de escravos, animais e materiais. Seria necessário comparar as várias propriedades agrícolas e também minerais para se compreender a interferência dos vários fatores no preço das referidas terras.

14   CARRARA, Ângelo. Paisagens rurais do Termo de Mariana. In: GONÇALVES, A. L.; OLIVEIRA, R. P. (org.) Termo de Mariana II: História e Documentação. Mariana: Imprensa UFOP, 2004, p. 31-37. Sobre as "águas metidas" para uso dos engenhos e serviços de minerar, ver também a descrição de Luis José Ferreira de Gouveia, que ressaltou o convívio das lavras e lavouras em Guarapiranga, uma das maiores freguesias do Termo de Mariana. GOUVEIA, Luis José Ferreira de. "Informação das antiguidades da freguesia de Guarapiranga" In: FIGUEIREDO; CAMPOS (org.). Op. cit., vol. 1, p. 255-260.

que se refletiu na própria constituição urbana desses núcleos. Como observaram Marcos Magalhães Aguiar e Marco Antônio Silveira, as décadas de 1730 e 1740 foram "os momentos fulcrais de articulação do estado e das estruturas de sociabilidade responsáveis por formas mais estáveis de vida social".[15] Um conjunto de elementos respondia a este movimento de fixação dos centros urbanos: a instalação do Bispado em Mariana marcava a institucionalização do poder eclesiástico na Capitania das Minas, ao mesmo tempo que a estabilidade urbana oferecia um número cada vez maior de mecânicos para atender a crescente demanda por variados serviços urbanos. A estabilidade e o fortalecimento dos vínculos sociais justificavam a constituição mais sólida e organizada do espaço urbanizado. As estruturas urbanas tomavam aspectos mais perenes: as capelas eram substituídas por templos, os prédios públicos esqueciam o pau a pique e transformavam-se em construções de pedra e cal, conforme mencionamos no primeiro capítulo. Do mesmo modo, novos serviços surgiam nesse contexto de estabilização da sociedade aurífera. A implantação de um sistema de adução das águas correspondia a esse novo arranjo. A construção de uma rede de abastecimento dependia, em primeira escala, da existência de seus consumidores, que justificassem e reconhecessem o investimento do órgão concelhio.

A entrada do Senado na disputa pelos recursos hídricos em Mariana levou, assim, à intensificação dos conflitos pela água, sobretudo considerando-se a conjuntura de declínio da mineração, na qual poderosos mineradores não pouparam esforços para conduzir grande volume de

---

15   De acordo com Marcos Magalhães, a fase de 1708 a 1721 foi o período de introdução das estruturas políticas judiciais e administrativas que "delinearam os traços mais gerais da administração portuguesa em Minas". As décadas de 1730 e 1740 foram de estabilização. AGUIAR, Marcos Magalhães. *Negras Minas Gerais*: uma História da Diáspora africana no Brasil Colonial. Tese (Doutorado em História) −FFLCH, Universidade de São Paulo, São Paulo, 1999, p. 50. SILVEIRA, Marco A. *Op. cit.*, p. 25.

água para suas catas.[16] Entrava em cena um novo ator que procurava dirigir as águas para dentro do espaço urbano. A iniciativa do poder local em 1745 esbarrou, logo de início, na posse da nascente localizada na data mineral de Antônio Botelho. Os oficiais camarários, em correspondência enviada ao Conselho Ultramarino, informavam a intenção de dar "princípios a uma fonte necessária para uso do povo e para ela não há outra água tão boa e tão fácil como uma que vem da Serra do Itacolomi", de posse do referido minerador. Segundo os camaristas, o "dito possuidor pela sua utilidade particular" intentava prejudicar ao bem público impedindo a canalização das águas para o abastecimento do povo. Como os camarários não queriam enfrentar "contendas judiciais", solicitavam a Vossa Majestade "passar provisão" para que pudessem tomar e conservar a água "necessária para a dita fonte ficando o mais para o mesmo Antônio Botelho".[17] Supomos que a resolução foi favorável ao órgão local, que em 1749 trouxe as águas da Serra do Itacolomi para a cidade.[18]

---

16   Marcos Magalhães de Aguiar, ao analisar o perfil das ações cíveis no Termo de Mariana, constatou que os conflitos envolvendo propriedades variavam de 30% entre 1730 e 1750 para 42% entre 1750-1769. AGUIAR. *Op. cit.*, p. 77. Dejanira Rezende, ao analisar as ações cíveis relacionadas à mineração na primeira metade do XVIII, percebeu que, de um total de 50, essas se concentraram entre as décadas de 1730-1760, com especial atenção para as décadas de 1750- 1760 (15 ações), portanto, quando a produção aurífera já começava a cair. RESENDE, Dejanira. *Mineração do ouro*: direitos e práticas exploratórias na América Portuguesa. Relatório de Iniciação Científica, Instituto de Ciências Humanas e Sociais, Universidade Federal de Ouro Preto, Mariana, 2010.

17   APM. CMM. Códice 15. 25/09/1745. fls. 128-129.

18   Segundo Kelly Benzoni, em acórdão de 1748 o procurador requereu ao Senado providências quanto à conduta do vereador João Botelho de Carvalho, tutor dos órfãos de seu irmão, o Capitão Antônio Botelho Sampaio, que tinha feito um "cerco de poder absoluto" no rio onde minerava. O procurador requeria vistoria, mas esta foi negada, pois o vereador possuía uma "provisão régia" que proibia qualquer "procedimento que houvesse ditar contra o serviço mineral". Assim, nada pode ser feito a nível local. A querela foi levada ao Tribunal da Relação e não conhecemos o seu desfecho. Por esses dados, podemos apenas supor que o dito Antônio Botelho faleceu antes mesmo

Até o momento, procuramos elencar os diversos interesses que se mesclavam na apropriação das águas em Mariana. As mesmas águas que serviam mineradores, agricultores e animais, a partir de 1745, passaram a ter a atenção dos membros do poder local. As águas que há muito já se infiltravam rotineiramente pelos espaços da cidade, nas casas, nos rios, nos potes e moringas, a partir de meados do século XVIII, ganharam um novo espaço dirigido e produzido pelo Senado. Um lugar construído para correrem desde sua fonte natural até o espaço do homem urbanizado: uma rede de canos, caminhos e trajetos escondidos no solo.

Neste capítulo, nosso objetivo consiste em apresentar a configuração desse cenário das águas no espaço de Mariana: *como* se constituiu, *quem* o construiu e o *quanto* se gastou entre 1745 e 1800 na construção e conservação da rede de abastecimento de água na capital religiosa das Minas. Procuramos identificar como se instituiu uma produção ordenada das águas dirigida pela Câmara, considerando a interdependência que se estabelecia no enredo urbano entre os recursos hídricos disponíveis, as técnicas de adução e a amplitude de ações e atores envolvidos na sua fabricação.

2.1 O Aqueduto de Mariana

Formas naturais

Na implantação da rede de adução das águas interferiram fatores de ordem geográfica e natural. As técnicas de adução se adequavam às potencialidades do sítio urbano e terrenos adjacentes. A topografia, a proximidade das nascentes, a escassez ou abundância das águas na região,

---

de se solucionar a questão da nascente que a Câmara desejava canalizar, o que pode explicar a demora de quatro anos para se iniciar a construção do aqueduto subterrâneo, executado em 1749. AHCMM. Códice 660. fls. 92-93 *apud* BENZONI, Kelly Adriana de Campos. *O poder dos homens bons: a*spectos da administração camarária em Mariana no século XVIII. Monografia (Bacharelado em História) – Instituto de Ciências Humanas e Sociais, Universidade Federal de Ouro Preto, Mariana, 2003, p. 32-34.

bem como o volume necessário para atender ao povoado interferiram nos custos, nas técnicas e na disponibilidade de água no centro urbano. Vejamos as diferenças entre Vila Rica e Mariana.

No caso da sede da comarca, Vila Rica, construída sobre morros por onde escorriam olhos d'água, não faltaram elogios quanto à exuberância do líquido na municipalidade. Foi elemento de destaque entre os olhares observadores dos viajantes no século XIX. Saint-Hilaire afirmou que Vila Rica "gozava de uma vantagem inapreciável": "por todos os lados uma água excelente brota de [seus] morros".[19] John Mawe ressaltou que as fontes foram erguidas "nos lugares mais convenientes e centrais", aproveitando-se, segundo George Gardner, da "excelente qualidade" das águas.[20]

A fartura do líquido, aliada à topografia íngreme do núcleo, propiciou a constituição de uma rede de canalização independente a cada chafariz. Ou seja, ao invés de um canal central, o aqueduto, que em certo ponto se ramificava em vários encanamentos periféricos, rateando o volume de água por várias partes do núcleo urbano, em Vila Rica predominou a composição de várias canalizações isoladas e independentes umas das outras, aproveitando-se da quantidade expressiva de minas d'água dentro de seus limites urbanos.

Essas águas, em muitos casos, situavam-se em propriedades particulares e os seus donos, ao concederem o seu uso ao Senado, acabavam por gozar de privilégios como o fornecimento de água para dentro de suas casas e pequenas pias nos seus quintais. No Chafariz ao pé da Ponte de Antônio Dias, construído por Manoel Francisco Lisboa em 1758, foi necessário "encanar a água da mina de José da Motta" até o local do chafariz "que se havia de construir no fundo do quintal do Alferes

---

19   SAINT-HILAIRE, Auguste de. *Viagem pelas províncias do Rio de Janeiro e Minas Gerais* [1823]. Belo Horizonte: Itatiaia; São Paulo: Edusp, 2000, p. 73.

20   MAWE, John. *Viagens ao Interior do Brasil (1807-1810)*. São Paulo: Edusp; Belo Horizonte: Itatiaia, 1978, p. 128; GARDNER, George. Viagem ao Interior do Brasil (1836-1841). São Paulo: Edusp; Belo Horizonte: Itatiaia, 1975, p. 229.

Manoel Fernandes Carneiro".[21] A água que corria no encanamento deveria alimentar os terrenos de José da Motta e do Alferes Manoel Fernandes Carneiro. Na edificação de outra fonte em Vila Rica, a do Alto do Padre Faria, em 1742, o construtor João Domingues da Veiga canalizou água da mina d'água de Manoel Teixeira Pinto até o quintal do dito proprietário e construiu uma pia ali, onde "corresse um anel de água que tinha um centímetro de diâmetro" para servi-lo. A nova fonte foi edificada encostada ao muro do quintal do dito Teixeira Pinto com pedra do "Itapanhoacanga lavrada" e o mesmo foi nomeado pela Câmara como fiscal destas obras.[22]

Nestes dois exemplos, fica claro que a disposição do terreno e a disponibilidade do recurso hídrico levaram à construção de encanamentos isolados, e não a uma rede interligada que se conectava e interferia em todos os pontos do sistema, comum em outras localidades do Reino e da América Portuguesa. Este sistema de canos isolados deveria trazer certas facilidades. Afinal, qualquer que fosse a intervenção no encanamento, afetaria apenas o chafariz correspondente, ao contrário do que ocorria no sistema em rede, onde todo o fluxo ou parte expressiva dele se comprometeria. Não pudemos definir qual sistema de abastecimento era mais oneroso aos cofres municipais. Todavia, é preciso destacar que o processo de implantação do abastecimento em terreno colonial teve como

---

21   CARVALHO. *Op. cit.*, p. 149-155. No mesmo contrato, Manoel Francisco Lisboa se comprometeu também a fazer um Chafariz dos Cavalos, pelo valor de 1:060$000, no prazo de oito meses, em 1758. Vários outros chafarizes foram construídos, atendidos cada um por uma nascente que brotava dos morros da cidade, como o Chafariz da Praça de Vila Rica (1744), Chafariz da Casa de Câmara (1724), Chafariz do Alto da Cruz do Padre Faria (1757) e Fonte ao Fundo do Padre Faria e do Beco de Antônio Lopes de Matos (1744).

22   A Fonte do Alto do Padre Faria foi arrematada por João Domingues Veiga em 20 de julho de 1742, por 400$000 réis, o qual em três meses também deveria "concertar todos os telhados dos quartéis de maneira que dentro não entrasse água, conservando-os assim por um ano". CARVALHO. *Op. cit.*, p. 89-95. Itapanhoacanga ou canga de aspecto avermelhado é o minério de ferro misturado à argamassa ou à argila presente no terreno da região. BAZIN, Germain. *A Arquitetura Religiosa no Brasil*. Tradução de Glória Lúcia Nunes. Rio de Janeiro: Record, 1956, vol. 1, p. 60.

característica fundamental e possibilitadora a acomodação às proprieda-des naturais do terreno, a adequação ao espaço natural que permeava a vida urbana.

A cidade episcopal de Mariana foi, também, elogiada por José João Teixeira Coelho na sua *Instrução pelo governo da Capitania de Minas Gerais*, a respeito dos "ares puros" e "águas excelentes" do sítio em que estava fundada.[23] A abundância talvez não fosse comparável à quantida-de das nascentes da vizinha Vila Rica, mas o abastecimento de água foi garantido à povoação.[24] Na verdade, as propriedades naturais do sítio levaram à execução de uma rede de distribuição das águas que mesclou o aproveitamento das nascentes que brotavam no espaço urbano (como ocorreu na sede da Comarca) à construção de um cano geral (o aque-duto) que trazia água da Serra do Itacolomi para abastecer os chafarizes da cidade.

Se o tipo de rede de abastecimento respeitava as características natu-rais do terreno, o mesmo ocorreu com as estruturas materiais dos enca-namentos. Na região de Ouro Preto e Mariana, a combinação do quartzo com o esteatito, conhecidos respectivamente por itacolomito e pedra--sabão, abundantes na Serra do Itacolomi,[25] foi empregada nos vários

---

23   COELHO, J. J. Teixeira. *Instrução para o governo da capitania de Minas Gerais* [1780]. Belo Horizonte: Fundação João Pinheiro, 1994, p. 69.(Coleção Mineiriana)

24   No século XIX, John Luccock destacou: "o abastecimento de água é farto, auxiliando grandemente no cultivo de muitos belos jardins, entre-semeados de casas". LUCCOCK, John. *Notas Sobre o Rio de Janeiro e Partes Meridionais do Brasil* (1808-1818). São Paulo: Edusp; Belo Horizonte: Itatiaia, 1975, p. 340.

25   O esteatito e o quartzito são classificados geologicamente como rochas or-namentais. O quartzito, por ser encontrado em abundância na Serra do Itacolomi, ficou conhecido como itacolomito. Diferencia-se do esteatito por ser uma rocha mais resistente e, por isso, empregada nas partes estruturais das construções, como nas colunas de chafarizes, igrejas e prédios públicos. O es-teatito, nome geológico da pedra sabão, também é uma rocha metamórfica. A sua consistência saponácea – daí a origem da nomenclatura pedra-sabão – jus-tificou a sua alta facilidade de modelagem. Foi altamente empregado nas vo-lutas e carrancas dos chafarizes Setecentistas mineiros. Para mais informações quanto ao emprego desses materiais, cf. TEIXEIRA, Wilson. *Decifrando a Terra.*

tipos de construções, sobretudo nos canos de repuxo e na edificação dos chafarizes. No Rio de Janeiro e nos outros núcleos do litoral, foi comum a política de importação de materiais mais refinados para as obras públicas, como o mármore e o lioz, provindos do Reino. Para Noronha Santos, a arquitetura foi demarcada por diferenças regionais, sobretudo se comparados os aspectos artístico-construtivos dos chafarizes cariocas e mineiros. No Rio, preponderou o uso de materiais e plantas trazidas da metrópole. Em alguns casos as peças chegavam prontas, cabendo ao construtor a única função de montá-las.[26] Segundo Fabiano Gomes da Silva, essa prática poderia ser uma resposta à falta de trabalhadores qualificados, à ausência de materiais pétreos, ou mesmo uma preocupação do Reino com as questões estéticas na região. Consideravam o mármore, entre as rochas, "a mais polida e nobre, qualidade que somado à natureza e tonalidade do material conferiam um sinal de distinção e nobreza". Nas Minas, os construtores experimentaram as rochas locais. O quartzito e o esteatito, materiais mais resistentes, exigiram dos próprios construtores portugueses novas habilidades, "levando-os a readaptações e recriações de modelos europeus".[27] Chafarizes, canos, prédios públicos, casas e igrejas, hoje, expressam o uso em larga escala destes materiais.

Na tentativa de uma reconstituição aproximada do que teria sido o sistema de abastecimento financiado pela Câmara na segunda metade do século XVIII, reunimos tipologias documentais variadas, bem como as reminiscências materiais que ainda sobrevivem atualmente no espaço da cidade e os resultados de escavações arqueológicas ocorridas na Rua Nova (Rua D. Silvério) e na Casa Setecentista de Mariana. Os fragmentos materiais e documentais nos permitiram compreender parte expressiva da distribuição subterrânea das águas quando conectados

São Paulo: Oficina de Textos, 2000.; PEREIRA, Carlos A.; LICCARDO, Antônio; SILVA, Fabiano G. *A arte da Cantaria*. Belo Horizonte: C/Arte, 2007.

26 SANTOS, Noronha. Fontes e Chafarizes do Rio de Janeiro. *Revista do Patrimônio Histórico e Artístico Nacional*. n. 10, Rio de Janeiro, 1946, p. 24

27 SILVA. *Op. cit.*, p. 138-140.

aos vários elementos trazidos pela historiografia portuguesa sobre a construção do Aqueduto das Águas Livres em Lisboa, iniciada em 1731 pelo Rei D. João V, e a construção do Aqueduto da Carioca no Rio de Janeiro, também deste período.

O tema do abastecimento das águas na modernidade foi fortemente tratado pela historiografia portuguesa. Sobretudo, condensaram informações de variada natureza acerca dos mecanismos, construtores, incertezas e imprevistos enfrentados durante a edificação e manutenção do Aqueduto das Águas Livres de Lisboa no século XVIII.[28] A trajetória das águas "artificiais" em terras de domínio lusitano se assemelhava em muitos aspectos às estratégias políticas e construtivas do Reino. A transposição das instituições político-administrativas e das formas de organizar a vida urbana levou a novos arranjos, que mesclaram o modelo português às particularidades socioculturais e naturais do outro lado do Atlântico. Na América Portuguesa, o Aqueduto da Carioca alternou os altos suportes de conduta – os Arcos da Carioca – ao sistema de galerias subterrâneas.[29] Prevaleceu na colônia o sistema de distribuição subterrânea que tornava invisível – e talvez fosse essa

---

28   MONTENEGRO, Augusto Pinto de Miranda. *Memória sobre as águas de Lisboa*. Lisboa: Imprensa, 1875.; ANDRADE, José Sérgio Veloso de. *Memória sobre Chafarizes, Bicas, Fontes e Poços Públicos de Lisboa, Belém e Muitos logares do Termo*. Lisboa: Imprensa Silviana, 1851; PINTO, Luís Leite. *Subsídios para a História do Abastecimento de Água da Cidade de Lisboa*. Lisboa: Typographia Universal, 1903; MOITA, Irisalva (org.) *D. João V e o abastecimento de água em Lisboa*. 2 vol. Lisboa: Câmara Municipal de Lisboa, 1990.; MADUREIRA, Nuno Luís. *Lisboa, Luxo e Distinção*. Lisboa: Editorial Fragmentos, 1990.; CONCEIÇÃO, Luis Filipe P. da. *A consagração da água através da Arquitectura*: para uma Arquitectura da água. 1997. Tese (Doutorado em Arquitetura). – Faculdade de Arquitectura, Universidade Técnica de Lisboa, Lisboa, 1997.; FERNANDES, Lídia. *A água na habitação em Lisboa antes e após a construção do Aqueduto das Águas Livres*. Tese (Mestrado em Arquitectura), Univ. Técnica de Lisboa, 2002.; TEIXEIRA, Armando. *Breve notícia sobre abastecimento de água a Lisboa no século XVIII*. Serviço de Museu e Aqueduto Águas Livres, Lisboa: EPAL, 1987.

29   SANTOS, Noronha. Aqueduto da Carioca. *Revista do Serviço do Patrimônio Histórico e Artístico Nacional*, Rio de Janeiro, n. 4, 1940.

a intenção – a distribuição dos canos para os chafarizes, o ponto final do itinerário criado para as águas.

Na reconstituição aproximada do caminho das águas urbanas, o objetivo é compreender a lógica construtiva desta prática urbanística, a forma de conduzir e cuidar das águas servidas pelas mãos do Senado. A conexão com outros caminhos das águas do Setecentos permitiu acrescentar relevantes aspectos à pesquisa, bem como traçar similitudes e particularidades sobre a própria constituição do aqueduto subterrâneo de Mariana, construído em 1749.

O Aqueduto

De acordo com Rafael Bluteau, o aqueduto consiste em "cano feito por arte, para lançar água fora de um lugar para outro".[30] A função desta construção era, portanto, transportar para dentro das vilas e cidades o líquido necessário ao consumo urbano, misturando funcionalismo e arte na sua estrutura. A condução poderia ser acima do solo (aérea) ou subterrânea. Geralmente, mesclavam-se as duas formas, como bem ilustra o Aqueduto da Prata de Évora, Portugal (figura 8):[31]

---

30 BLUTEAU, Raphael. *Vocabulario Portuguez e Latino.* Coimbra, Collegio das Artes da Companhia de Jesus, 1712 (ed. fac-símile, CD-ROM, Rio de Janeiro, UERJ, s.d.).

31 De acordo Luís Filipe Pires da Conceição, a extensão do Aqueduto da Prata é de 18 km, construído no reinado de D. João III em 1532, na altura da Rua dos Canos. Leva uma inscrição com data de 1701, provavelmente fruto de alguma reforma realizada no governo de D. João V. CONCEIÇÃO. *Op. cit.*, p. 297-298.

FIGURA 8: Aqueduto da Água da Prata, Évora, Portugal
Fonte: Acervo da autora, 2009.
As três imagens referem-se ao Aqueduto da Prata de Évora. A entrada do aqueduto, atravessando a muralha que a cerca ainda hoje; os arcos gradativamente diminuindo em solo urbano até o ponto em que a condução se torna totalmente subterrânea na Rua do Cano; e na terceira imagem, a maneira como os habitantes se apropriaram dos arcos do aqueduto na cidade.

No Aqueduto de Lisboa, os altos arcos, quando atravessavam os limites da cidade, dividiam-se em várias galerias subterrâneas, que por sua vez se distribuíam entre canos que desembocavam nos chafarizes públicos. Dos 60 km de extensão da obra das Águas Livres, 4,6 km eram subterrâneos.[32] Acreditamos, seja por questões técnicas e/ou naturais,

32   De acordo com Manuel Maia Ataíde, o Aqueduto Geral soma 18 km até chegar a Lisboa. Se acrescentada toda a rede constituída por ele e por todos os

que fora dos espaços das cidades as partes aéreas facilitariam a conservação e ampliação da rede que alimentava o aqueduto, enquanto as partes subterrâneas seriam mais adequadas aos espaços urbanos já constituídos, arruados e ocupados. Ao fundo da paisagem, nos arrabaldes, como ocorreu em Lisboa e no Rio de Janeiro, destacava-se a obra monumental, com sua arcaria, representação perene da ação da administração e da engenharia humana. O volume de água a ser transportado e a extensão do aqueduto seriam fatores determinantes na escolha das técnicas construtivas. O Rio de Janeiro e Lisboa eram cidades bem maiores, o que, por consequência, exigia uma obra em proporções e capacidade bem superiores.

Em Mariana, o aqueduto foi construído inteiramente abaixo da superfície e, da mesma forma, o canal geral das águas se desdobrava em vários canos secundários que distribuíam o líquido pelos bairros da cidade.

O aqueduto ou canal geral das águas seria como um rio artificial. A fonte principal era uma nascente que marcava sua origem. Ao longo de seu percurso, novos afluentes se uniam a ele. Eram poços, cachoeiras, riachos encontrados nas suas adjacências ou mananciais trazidos de longas distâncias que complementavam seu caudal. O sistema era o mesmo aplicado desde a Antiguidade: as águas corriam entre os canos, apenas guiadas pela força da gravidade. De acordo com Luís Conceição, "a altitude do ponto de chegada condicionava a do ponto de partida":

> [...] havia que encontrar as pendentes adequadas, para que não criassem ponto de estagnação, nem que, pelo contrário, a velocidade da torrente, fosse de tal modo elevada, que excedesse a resistência dos

---

aquedutos seus tributários, chega-se a 48 km de extensão. Ainda integram o conjunto mais 12 km de condutas distribuidoras, elevando-se a 60 km, dos quais 4650 m são inteiramente subterrâneos. ATAÍDE, Manuel Maia. O Aqueduto das Águas Livres: descrição e alguns comentários técnicos a propósito. In: MOITA, Irisalva. *Op. cit.*, vol. 1, p. 101-102.

materiais e processos construtivos então empregues, pondo em causa a estabilidade das estruturas.[33]

A dimensão e sobreposição dos arcos no atravessamento de vales, técnica desenvolvida pelos romanos, permitia à construção suportar grandes alturas e dar continuidade ao caminho das águas artificiais. Para atravessar a Ribeira da Alcântara numa extensão de 941 m, foram edificados os arcos de maior altura do Aqueduto das Águas Livres de Lisboa (figura 9).

FIGURA 9: Aqueduto das Águas Livres no Vale de Alcântara
Fonte: Inv°. 7163/614. Museu da Cidade de Lisboa. No Verso: "The Aqueduct of Alcântara at Lisbon. 17th Decemb, 1797. In: MOITA, Irisalva (org.). Op. cit., vol. 2, p. 195.

---

33   CONCEIÇÃO. Op. cit., p. 286.

FIGURA 10: Reservatório das Amoreiras
Fonte: Coleção de José Edyardi Pisani Burnay. Autoria desconhecida, princípios do século XIX *apud* MOITA, Irisalva (org.) *Op. cit.*, vol. 2, p. 192.

Depois de percorrer o conduto, as águas eram destinadas a um reservatório próximo ou dentro da cidade, que armazenava o líquido e se comunicava a um conjunto de galerias subterrâneas distribuídas pelos bairros da cidade (FIGURA 10). Nessas galerias, o volume de água era repartido entre os canos, conforme o número de chafarizes que alimentavam.

O aqueduto era um dos elementos, se não o principal que compunha a rede de abastecimento de água. O circuito das águas conectava ainda vários ramais e estruturas arquitetônicas adjacentes ao canal principal. Na composição da trama das águas estavam integrados a mãe d'água, os canais periféricos, os reservatórios, as galerias de distribuição e os chafarizes. Entendendo o sistema de abastecimento enquanto um circuito, fica claro que qualquer intervenção ou modificação interferiria em toda a rede. Neste sentido, a construção das redes hídricas exigia em si o frequente reparo e a conservação de toda a sua estrutura. A partir da leitura dos contratos de obras públicas firmados no Concelho de

Mariana, nos foi possível mapear a trajetória construtiva do aqueduto, ou seja, as etapas do seu processo de edificação, bem como perceber os artifícios para sua manutenção.

A medição do caudal e a mãe d'água

Na construção de um aqueduto, a primeira providência consistia em averiguar a viabilidade dos recursos hídricos disponíveis na região. Os oficiais da Câmara, como nos referimos anteriormente, julgavam a nascente da data mineral do minerador Antônio Botelho, na Serra do Itacolomi, a mais capacitada, por "suas qualidades", a atender o chafariz que desejavam construir no Largo da Praça. Como não conhecemos o fim pela disputa pelo líquido, apenas podemos supor que as tais águas canalizadas "do córrego do defunto Bucão", conforme consta no auto de arrematação da obra do aqueduto, seriam as mesmas do defunto Botelho.[34]

Antes mesmo de se proceder a qualquer intervenção, era prática se efetuarem vistorias para medição do caudal. Era preciso confirmar se o volume de água disponível abasteceria o novo chafariz no Largo do Rossio, que a Câmara intencionava construir. No ano de 1746, Antônio Lourenço Pereira foi investido da função de "ver as águas para a fonte"[35] e recebeu, como consta no rol de despesas da Câmara, 18$000 réis. Não dispomos das impressões e informações acerca da profissão do referido Antônio Lourenço, também encarregado três anos depois de dar "vistas com muita frequência por ser pessoa inteligente de boa conferência"[36] na execução do aqueduto subterrâneo.

---

34   AHCMM. Auto de arrematação da condução da água para o chafariz que se há de fazer nesta cidade. Códice 135. 22/02/1749. fls. 42-47.

35   AHCMM. Lista de despesas de 1746. Pagamento a Antônio Lourenço Pereira, "pelo trabalho que teve de ver as águas para fonte". Códice 679. fl. 8ov.

36   Pelo dito serviço que consta no acórdão de 26/02/1749, Antônio Lourenço recebeu do Senado dois pagamentos, um de 96$000 e outro de 96$100, totalizando 192$000 réis pelo referido serviço de administrar a condução das águas. AHCMM. Acórdão. Códice 660. 26/02/1749. fl. 123; AHCMM. Lista de despesas de 1749. Códice 201. fl. 126v.

De acordo com os pesquisadores portugueses Irisalva Moita e Manuel Maia Ataíde, os métodos de medição das águas, os instrumentos e a conversão dos valores resultavam em opiniões diversas. Para o caso do Aqueduto das Águas Livres de Lisboa, o Rei D. João v enviou várias diligências à nascente das Águas Livres, receoso das discrepâncias entre os valores encontrados pelos renomados engenheiros Manuel da Maia e o italiano Canevari, que discordavam quanto ao volume das águas e, portanto, da viabilidade do aqueduto.[37]

Segundo Ataíde, não havia um consenso no valor do anel d' água.[38] A FIGURA 11, desenhada pelo mestre da Aula de Arquitetura, Nicolau Frias, em 1558, ilustra o sistema do anel d'água com suas variantes, a manilha e a pena d' água. O diâmetro e a disposição dos canos permitiam, medir e dividir o volume da vazão das águas para os chafarizes e para os particulares, que conquistavam a concessão do líquido público no Senado.

---

37 De acordo com Ataíde, enquanto Manuel da Maia mediu 240 anéis de água, Canevari chegou a 62 anéis. O último se opunha à execução do aqueduto, argumentando que o volume de água não era suficiente. Já Manuel da Maia afirmava que o fornecimento do líquido à Capital estaria garantido mesmo nos períodos de estiagem. ATAÍDE, Manuel Maia. O Aqueduto das Águas Livres: descrição e alguns comentários técnicos a propósito. In: MOITA, Irisalva (org.). *Op. cit.*, vol. 1, p. 101-102.

38 ATAÍDE. *Op. cit.*, p. 102.

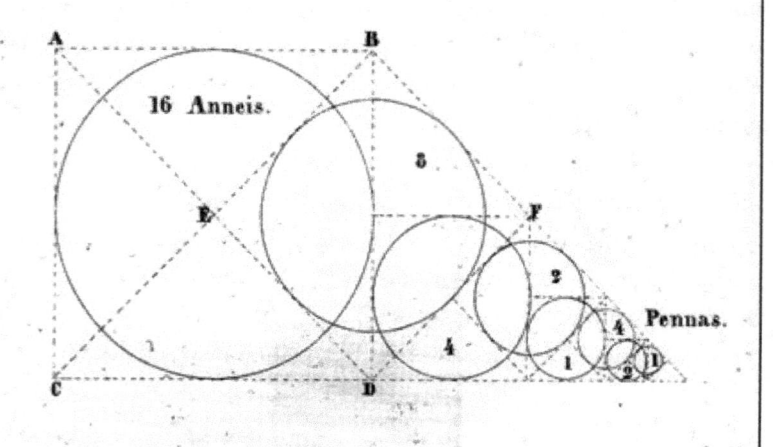

FIGURA 11: "Figura que representa a Manilha d'água dividida em Anéis e Penas"
Fonte: MOITA, Irisalva (org.). *Op. cit.*, p. 372.
Uma pena d'água, veio da grossura de uma pena de pato, corresponde a 3,308 litros; um anel de água equivale a 8 penas ou 26,4644 litros; uma manilha de água equivale a 16 anéis, o que corresponde a 4,234.304 litros.

Após as prospecções das nascentes, procedeu-se ao início do encanamento. O responsável pela obra foi Manuel Cruz de Macedo, que a arrematou nas audiências do Senado pela quantia de 3:200$000 réis em 1749. De acordo com as condições de execução, a primeira providência foi canalizar "a água da mãe abrindosse lhe um valo" por cima da cachoeira "que tem no córrego da roça do defunto Bucão". "Depois da dita água fora do córrego" seria feito "canal para cima da cachoeira". Este canal deveria ser "emparedado de uma e outra parte com paredes de pedra solta [...] para correr a dita água das vertentes". Sobre as tais paredes "se assentarão as lajes bem ajustadas para cobrir o canal". O construtor deveria fazer o canal acima do dito córrego para que toda a "água da maior chuva" não desaguasse "em todo o dito valo, que o arruinaria".[39]

Especial atenção merecia a nascente principal, conhecida como mãe d'água, onde se principiava o encanamento. Para protegê-la, Manuel da Cruz Macedo deveria construir uma "casa fechada e abobada" contendo:

> [...] por dentro oito palmos formada em parede de pedra de cantaria com o lasto (sic) do mesmo ficando mais baixa do canal quatro palmos e subirá a parede de cantaria para cima do dito canal um palmo e da que para cima se fechará com parede de alvenaria obrada com cal e rebocado por fora com reboque que ature ao tempo cuja casa ficará com sua porta fechada para se abrir quando se entender haver na dita casa alguma areia que do canal tenha corrido, e se botar pela dita porta fora entrando uma pessoa dentro.[40]

Era costume resguardar a mãe d'água de qualquer intervenção que pudesse infectar ou desviar as águas do canal. Afinal, era a principal fonte de abastecimento dos chafarizes da cidade. Prática construtiva trazida do

---

39   As águas das chuvas eram aproveitadas através de um sistema de vários canos que as recebiam e não sobrecarregavam o valo e o cano principal. AHCMM. Auto de arrematação da condução da água para o chafariz que se há de fazer nesta cidade. Códice 135. 22/02/1749. fls. 42-47.

40   AHCMM. Auto de arrematação da condução da água para o chafariz que se há de fazer nesta cidade. Códice 135. 22/02/1749. fls. 42-47.

Reino, também se fez presente em outras partes das Minas, como em Vila Rica, que protegia suas nascentes com porta e chave.[41]

O material e o percurso

O aqueduto consistia num grande valo subterrâneo, com três palmos de altura por três palmos e meio de largo,[42] sobre o qual se assentava o canal de telhões de "bom barro e bem cozido que tenham grossura conveniente o vão que receba duas canoas de água".[43] Estes telhões eram vidrados, "exceto no lugar dos rebocos donde hão de levar a algarmassa (sic)", uma mistura de cal e azeite a que chamavam betume.

Além da presença dos recursos naturais, interferia na escolha da matéria-prima dos canos a influência que poderia ter sobre as propriedades das águas. Vitrúvio, na Antiguidade Clássica, recomendava o emprego dos tubos cerâmicos, pois além de serem facilmente consertados "por qualquer pessoa", era o que melhor conservava a água "muito mais saudável e de melhor sabor",[44] prática que se conservou entre os construtores modernos, do reino e ultramar. Em Mariana, o canal de

---

41 Sobre a proteção das minas d' água em Vila Rica, cf. Arrematação da obra do chafariz da Praça de 1744, CARVALHO. *Pontes e Chafarizes de Vila Rica de Ouro Preto...*, p. 70. O Aqueduto das Águas Livres de Lisboa conta com duas nascentes principais: (1) a Mãe d' Água Velha, onde brota a Água Livre. Foi construído um prédio cilíndrico com cerca de 6 m de diâmetro e coberto de abóbada, onde "encerra a grande pia que recebe a água da nascente". (2) A Mãe d' água nova, de autoria de Mardel, interiormente tem forma circular e desce cinco metros no interior do terreno, formando um poço de 5 m de diâmetro, do qual se abre uma pia. A obra é toda de cantaria e possui 8 m de altura. A fusão das duas condutas perfaz 428,8 m, depois de vencer as diferenças de nível entre as duas mães d'água. ATAÍDE. *Op. cit.*, p. 108.

42 Palmo: unidade de medida linear equivalente a 8 polegadas (22 cm). FIGUEIREDO; CAMPOS (org.). *Op. cit.*, vol. 2, p. 112.

43 Canoa: canal retangular cavado na terra de 1 a 1,5 m de comprimento, 0,5 a 0,7 mm de largura e 0,1 a 0,6 m de profundidade, com fundo inclinado no sentido da corrente da água. FIGUEIREDO; CAMPOS (org.). *Op. cit.*, vol. 2, p. 81.

44 VITRÚVIO. *Tratado de arquitectura*. Tradução e notas de M. Justino Maciel; Thomas Noble Howe. Lisboa: IST Press, 2006, p. 312- 315.

telhões de barro, coberto por lajes de pedras era intercalado por caixas de itacolomito.

As pias de pedra, conhecidas por "registros", "arcas" ou "caixas" de quartzito, eram formas construtivas similares aos reservatórios de Lisboa. Em escala e proporção bem menores, distribuídas pelos vários trechos do encanamento, eram imprescindíveis ao funcionamento e à conservação da rede de abastecimento subterrânea. Elas poderiam servir como distribuidoras de anéis d'água do cano geral, pontos de pressão e locais estratégicos para manutenção e limpeza do aqueduto. Para a reforma dos canos na Rua Nova, João Miguel Ferreira teve de deslocar uma pia "na mesma paragem" para cima "quarenta palmos para nela poder resistir e dar correnteza a água da fonte" da Confraria.[45] As caixas também serviam como marcadores do itinerário invisível das águas. Quando houvesse interrupção, diminuição do fluxo ou impurezas nas águas, os construtores recorriam a essas caixas para detectarem em qual intervalo do circuito estaria o desvio e, assim, proceder aos consertos. Vale lembrar que para qualquer intervenção na canalização subterrânea era preciso desfazer o calçamento e os entulhos, realizar o conserto e novamente calçar a parte descoberta. Desse modo, estes registros eram artifícios importantes na manutenção dos canos de toda a rede, pois viabilizavam a detecção e intervenção nos trechos necessários, evitando o dispêndio de tempo e serviço.

O desenho a seguir, do arquiteto romano Vitrúvio, esquematiza o processo de repartição das águas. Processo similar deveria ser seguido na divisão das águas nas caixas de pedra construídas ao longo do encanamento da cidade de Mariana.

---

45 AHCMM. Auto de Arrematação da fatura da ponte do Vamos-Vamos conserto do caminho e calçada necessária na Rua dos Monsus entre as casas de Thomas da Roxa e as de Paulo Queirós. Códice 377. 31/10/1798. fls. 281-282v.

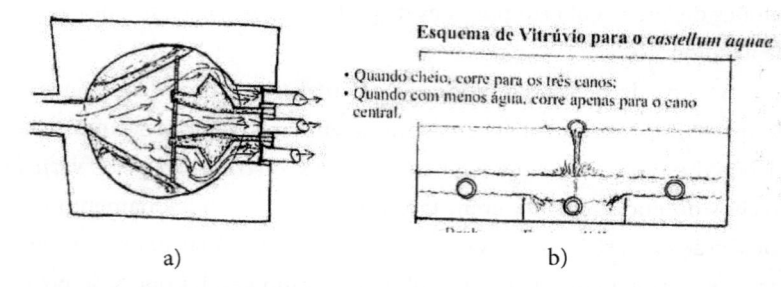

a)   b)

FIGURA 12: Sistema de distribuição das águas
Fonte: VITRÚVIO. *Op. cit.*, p. 320.

FIGURA 13: Caixa de pedra da Rua Nova (Mariana)
Fonte: BAETA, Alenice; PILÓ, H.; TEDESCHI, D. M. R. *Monitoramento do Patrimônio Arqueológico Rua Dom Silvério e Adjacências.* Mariana: Prefeitura Municipal de Mariana: ENCEL, 2008, p. 40.

Na caixa de pedra, a corrente das águas seguia da esquerda para a direita. Na parte inferior, há um corte de diâmetro menor e acima do corte central. Quando a caixa transbordava, procedimento similar ao indicado por Vitrúvio devia acontecer: o líquido corria para o círculo menor, provavelmente levando água ao chafariz mais próximo.

FIGURA 14: Canaletas de cerâmica do Aqueduto de Mariana
Fonte: BAETA *et al. Op. cit.*, p. 42.

O construtor deveria estar atento ao caminho subterrâneo e proceder às medições adequadas para o assentamento dos canos pertinentes aos declives do solo. Tudo deveria ser feito com bastante zelo e cuidado. As lajes que cobriam o valo do aqueduto deveriam estar bem assentadas e ajustadas, sem tocar nos telhões "para se não quebrarem" e "entupir o valo com a terra [que] se tirou". "Por cima tudo [deveria] estar raso ou natural como estava". O caminho das águas seguia do "pé da Casa do defunto Bucão e da dita porteira pela parte do córrego de São Gonçalo até ganhar o espigão da Rua de São João cuja Rua seguirá também até o fim do largo dos quartéis". No percurso, o construtor deveria estar atento à segurança do encanamento, sobretudo se cortasse estradas ou "quebradas" de terreno, e "saídas de águas" para não arruinar o valo condutor. Quando adentrasse a cidade, se cruzasse ruas, deveria se encostá-lo "a um lado dela salvando a paragem por donde costumam andar carros". Essas soluções construtivas visavam proteger e conservar parte do aqueduto escondido na área urbana.[46]

Em síntese, a trajetória invisível das águas iniciava na mãe d' água do Bucão e, a princípio, alimentaria apenas o Chafariz da Praça e a nova Fonte no Largo dos Quartéis.[47] Interessante observar que as duas fontes foram arrematadas por Domingos Rodrigues quatro dias depois que Manoel Gomes Cruz havia firmado o contrato do aqueduto na Câmara. Enquanto Manoel Gomes Cruz construía o aqueduto, Domingos Torres procedia à edificação dos chafarizes. Os dois, de acordo com os contratos de obras, tinham exatos seis meses para executá-las. Ao tempo que

---

46 AHCMM. Auto de arrematação da condução da água para o chafariz que se há de fazer nesta cidade. Códice 135. 22/02/1749. fls. 42-47.

47 Entendemos que a Fonte dos Quartéis, construída em 1749, teria sido outra obra pública e não a mesma mencionada por Salomão de Vasconcellos no Largo da Carvalhada, também chamada de Fonte dos Quartéis, a qual encontramos obras de reparo realizadas pelo governo local em 1735. A segunda Fonte dos Quartéis de 1749 foi construída nas imediações do Quartel e alimentada pelo aqueduto subterrâneo.

o aqueduto estivesse concluído, o chafariz e fonte estariam prontos para receber suas águas.[48]

A obra do aqueduto deveria estar concluída ou quase em tempo de ser finalizada em agosto de 1749, pois neste mesmo mês Domingos Rodrigues Torres procedia ao assentamento dos alcatruzes de pedra para repuxar a água para a nova fonte e o novo chafariz da cidade.[49] Para elevar a água ao chafariz, o construtor deveria "embocar" alcatruzes em "grossura suficiente que leve broca para levar três bicas de água" desde a "pia do Registro" até a fonte em distância de cinquenta palmos.[50] Os alcatruzes ou manilhas eram canos de repuxo de quartzito, que, devido à sua maior resistência, transportavam água sob maior pressão desde as pias até o chafariz que se desejava alimentar.

Como última etapa desse percurso, estava a edificação do chafariz e de um canal para expedição das águas. Era imprescindível criar um destino ao líquido que corria continuamente pelas bicas. A fim de evitar a estagnação das águas provindas dos usos dos largos e dar vazão aos sobejos (sobras) d' água, foram construídas valas que desembocavam, provavelmente, no rio ou córrego mais perto.[51] Na obra do aqueduto, o pedreiro Manoel Gomes Cruz de Macedo ficou encarregado de proceder, próximo

---

48   As duas obras foram arrematadas nas audiências da Câmara no mesmo mês. AHCMM. Auto de arrematação da condução da água para o chafariz que se há de fazer nesta cidade. Valor: 8 mil cruzados (3:200$000). Arrematante Manoel Gomes Cruz de Macedo. Códice 135. 22/02/1749. fls. 42-47. AHCMM. Auto de Arrematação do Chafariz e fonte que se há de fazer nesta cidade. Arrematante: Domingos Rodrigues Torres. Valor: 1: 090$000 réis. Códice 135. 26/02/1749. fls. 50v-53v.

49   AHCMM. Auto de Arrematação dos alcatruzes de pedra e mais obras para a fonte digo mais obra para repuxar água na fonte que se há de fazer nesta cidade para as obras. Arrematante: Domingo Rodrigues Torres. Valor: 120 oitavas (180$000 réis). Códice 135. 20/08/1749. fls. 70v-72v.

50   Os alcatruzes eram canos encaixados uns aos outros, como diziam "macho e fêmea", betumados com cal e azeite.

51   Em 1751, Sebastião Pereira Leite deveria, próximo a Rua da Intendência, "encanar a água que vem do chafariz com cano de pedra que passará debaixo da rua com toda a segurança e fundo em termo que dê vazão a todas águas que

ao Chafariz da Praça, à construção de "sumidouros com ralo para nele receber todo o acréscimo da água" do aqueduto que "soterraneamente (sic) será conduzida para a parte mais conveniente".[52]

Em 1749 estavam construídos o canal geral das águas, o Chafariz do Rossio e a Fonte dos Quartéis, alimentados pela nascente do Bucão na cidade episcopal. Estava formada a estrutura inicial do circuito das águas, o que não garantia o sucesso do empreendimento: obras de reparo, ampliação e limpeza passaram a fazer parte das listas de atribuições do governo local.

Na administração destas águas invisíveis, percebemos que as intervenções e ampliações da rede procuravam sanar três grandes conjuntos de problemas que interferiam no fluxo das águas. O primeiro resultava da demanda populacional e, por consequência, do número de chafarizes e do volume necessário para abastecer o centro urbano. Seria preciso ampliar o caudal do aqueduto, que inicialmente alimentava apenas duas fontes.

Geralmente, os aquedutos monumentais, como o da capital da metrópole, eram abastecidos por uma rede de nascentes, poços, cisternas e mananciais que se uniam a ele durante o seu percurso. O encanamento iniciava na "mãe d'água" e conforme o Rei ordenou em 1731, a condução contava com a nascente da Água Livre e com outras que se podiam recolher, e por isso, concedeu ao Senado da Câmara a prerrogativa de "tomar todas as fontes que se puderem ajuntar e agregar as ditas águas, assim as que estão descobertas ou declaradas nas traças, como por descobrir [...] pagando a seus donos pelos justos preços".[53] Assim,

---

estão empossadas no largo do dito chafariz". AHCMM. Códice 135. 21/07/1751. fls. 127-128; Condições de obra, fls. 130-130v.

52 AHCMM. Auto de arrematação da condução da água para o chafariz que se há de fazer nesta cidade. Valor: 8 mil cruzados (3:200$000). Arrematante: Manoel Gomes Cruz de Macedo. Códice 135. 22/02/1749. fls. 42-47.

53 "Alvará Régio de D. João V ordenando que se dê início à obra do Aqueduto das Águas Livres e que esta se faça através das terras, fazendas, moinhos, etc., sem qualquer impedimento e independente da condição dos seus

o monarca resguardava a precedência do bem comum, mas também não feria de todo os interesses dos particulares. Talvez o mesmo possa ter ocorrido na desavença da Câmara de Mariana com o minerador Botelho, que detinha a posse da nascente, com a diferença que para tal obra não foi criado nenhum imposto à população.[54]

A grande intervenção dirigida pelo arrematante José Soares Monteiro em 1754, em Mariana, visava – além de reconstruir parte do aqueduto, que estaria sendo corrompido pelas águas "infectas do córrego" – adicionar água de uma cachoeira próxima ao aqueduto, por não "dar por sua corrente a precisa água" que vinha do Bucão. Neste caso, vemos que o crescimento da demanda e/ou esgotamento da nascente levaram ao acrescentamento do caudal da água que se dirigia à cidade.[55] No final do século XVIII e início do XIX, o mesmo aqueduto abastecia, além da Fonte dos Quartéis, outros Chafarizes na Praça, o Chafariz de São Pedro, São Francisco dos Pardos, São Francisco dos Brancos e dos Cortes.[56]

---

proprietários." AHCML. Livro VII de Registro de Consultas e Decretos de D. João V do Senado Ocidental, 1682-1731, fls. 67-68, cota 137. 12/05/1731. In: MOITA, Irisalva (org). *Op. cit.*, p. 213-214.

54   Na construção do Aqueduto das Águas Livres e do Aqueduto do Rio de Janeiro foi estipulado o real d'água, imposto destinado a custear as obras de condução das águas durante a sua execução.

55   AHCMM. Auto de Arrematação do conserto do Aqueduto das águas do Chafariz e fonte desta cidade. Valor: 790$000 réis. Códice 135. 23/10/1754. fls. 200-204v.

56   Em 1797, João Álvares Valente foi encarregado da "fatura da mina por baixo da Igreja de São Pedro para descobrir água". Bem próximo à Igreja, já existia, desde meados do Setecentos, o chafariz que levava seu nome, alimentado, provavelmente, pelo aqueduto subterrâneo. Não encontramos mais informações acerca dos resultados das prospecções, mas certamente a intenção da Câmara seria conduzir a água para o aqueduto subterrâneo ou construir um novo chafariz próximo à mina d'água. AHCMM. Auto de Arrematação da fatura da mina de água na forma das condições no caminho de Cônego Jacinto Ferreira dos Santos. Arrematante: João Álvares Valente. Valor: 225$040. Códice 377. 30/12/1797. fls. 275. Cf. também. AHCMM. Lista de despesas de 1797, que comprova o pagamento deste serviço. Códice 124. fl. 35.

O segundo conjunto de problemas esteve ligado às interferências do espaço natural nesse ambiente artificial criado abaixo da terra. As "águas das enxurradas" eram os grandes obstáculos à manutenção dos condutos subterrâneos. Elas podiam efetivamente "inundar a água limpa que se espera[va]" nas bicas, como arruinar a própria estrutura do aqueduto. Dentre os artifícios construídos para impedir a infiltração das águas indesejáveis, estavam a edificação de paredões de pedra, que protegia a canalização das águas do córrego, e a cobertura com lajes bem grossas "para que não passe abaixo água da chuva e suje o que vai limpo", sobretudo, nos trechos mais suscetíveis, como os declives e ilhargas do encanamento. Na reforma de 1754 supracitada, José Soares Monteiro, para facilitar a limpeza dos canos, teve de assentar, ainda, a cada 50 braças pias para "servir de vigiar a água". E para identificá-las:

> [...] se lhe porão sinais na parte mais perto de sua linha reta ao pé da parede de cada casa sendo em rua ou de ribanceira sendo caminho para a parte superior esta será uma laje acomodada e afeiçoada para o intento em a qual se gravará a letra de forma A.[57]

Em 1758, para ajudar a demarcar por onde passava o aqueduto subterrâneo, o pedreiro João de Caldas Bacelar, depois de esgotar toda a "arca de água ficando limpa até o fundo", deveria a cada vinte passos colocar sobre a calçada "uma pedra da parte de cima do cano que servirá de demarcação e certeza do lugar onde existe o dito cano".[58]

---

57 No contrato, ficava determinado que as pias tivessem fundo mais baixo palmo e meio, dois palmos a mais de largura do que a canalização e que fossem cobertas com laje, meio palmo acima do cano geral (aqueduto). Em cada caixa seria "chumbado dois cachimbos de ferro pequenos e lhe porão suas portinhas de tábua de braúna com suas dobradiças e fechaduras em as quais [servirá] uma só chave" para evitar o furto das águas. AHCMM. Auto de Arrematação do conserto do Aqueduto das águas do Chafariz e fonte desta cidade. Valor: 790$000 réis. Códice 135. 23/10/1754. fls. 200-204v.

58 AHCMM. Condições para o conserto que se há de fazer no aqueduto em que vem a água para o chafariz e fonte desta cidade que arrematou João de Caldas

Em 1750, ano seguinte à construção do aqueduto, Domingos Rodrigues Torres foi responsável por fazer duas "arcas ou pias no Rego da água que se meteu nesta cidade para o chafariz e fonte para ter mãos nas areias que vão aos repuxos, e também para servirem de divisão das águas que se repartirem para as fontes e chafariz".[59] Era natural que as areias, trazidas pela correnteza das águas, se acumulassem nos canos e nas caixas de pedra, impedindo o fluxo, situação que se agravava nos tempos de estiagem. As areias acabavam por entupir o caminho das águas, que, sem terem para onde ir, infiltravam-se pela terra, causando poças d'água no largo dos chafarizes e adjacências.

Além dos agentes naturais (folhas, bichos, areias, enxurradas, entulhos etc.) que podiam obstruir a passagem ou corromper a pureza das águas trazidas pelo Senado, ainda havia um terceiro entrave na conservação da rede de abastecimento das águas: os habitantes, que comprometiam os canos das mais variadas formas no solo urbano. O Senado agia punindo os desvios, fiscalizando o uso do espaço urbano e administrando o fluxo subterrâneo das águas.

Em termos gerais, o sistema de aquedutos, herdado da tradição romana clássica,[60] foi a forma comumente empregada pelas instituições modernas para fornecer água a *civitates*. Com toda certeza, não constituiu o único ou exclusivo meio de se apropriar das águas nos centros urbanos. Para Mariana não encontramos referências sobre o uso de cisternas ou poços de água particulares ou públicos, ao contrário do que ocorreu em outras localidades, como em Belém, Rio de Janeiro e Lisboa,

---

Bacelar. Códice 220. 22/02/1758. fl. 43v.

59   AHCMM. Auto de Arremataçção dos consertos do Palácio Casa da Câmara e audiência, cadeia e duas pias ou caixas para ter mão nas areais do rego da água que vem para o chafariz e fonte desta cidade, que rematou Domingos Rodrigues Torres. Códice 135. 08/04/1750. fl. 89v.

60   CONCEIÇÃO. *Op. cit.,* p. 284.

cidades onde a disposição dos recursos hídricos possibilitava o emprego desses métodos paralelos de abastecimento.[61]

Nem sempre o alto investimento garantia o êxito pretendido. O crescimento populacional, a transformação dos hábitos e as disputas de consumo acabavam por transformar a falta d'água em rotina da vida urbana. Como ocorreu com o Aqueduto das Águas Livres de Lisboa, iniciado em 1731, no reinado de D. João V, e que chegou à cidade em meados da década de 1740. Quase quinze anos depois, ao ser inaugurado, "trouxe um acréscimo de apenas 8 litros por habitante à cidade".[62] Nos anos subsequentes, novas prospecções foram realizadas por engenheiros e mestres de obras, a fim de canalizar mais água ao Aqueduto Geral.[63] Se o volume já não era suficiente, a situação se agravava com os furtos de água, os canos particulares, os desvios e as depredações.

Assim, a rede de abastecimento de água era sempre uma obra inacabável. A construção do aqueduto era apenas o início do percurso, em que se depositavam esperanças, de governantes e habitantes. Todavia, quando chegava ao seu destino, sem apresentar os efeitos satisfatórios, transformava-se em símbolo material, produzido à custa do povo e que o governo não soube administrar. Ao fim, obras tão extraordinárias como

---

61 ANDRADE, José Sérgio V. *Op. cit.*; SANTOS, Noronha. *Op. cit.*; SILVA, Ivo Pereira da. Em busca das boas águas: os aguadeiros de Belém e a Companhia das Águas do Gram-Pará. (1855-1885). *Anais da ANPUH*, Minas Gerais. Encontro Regional de História, Belo Horizonte, FAFICH, UFMG, 2008.

62 CONCEIÇÃO. *Op. cit.*, p. 318. Sobre a falta d'água no Setecentos, cf. MONTENEGRO, Augusto Pinto de Miranda. *Memória sobre as Águas de Lisboa*. Lisboa: Imprensa, 1875.

63 A exemplo disso, no ano de 1781, os engenheiros e arquitetos administradores das Águas Livres apresentavam a medição de novos caudais de águas para o aqueduto. AHCML. Águas-Livres, Cx. 95. "Representação do segundo Arquitecto da obra das águas Livres, do primeiro mestre da mesma, juntamente com o Sargento-Mor Francisco Rodrigues em virtude de um aviso da Junta, apresentando o levantamento das nascentes que poderão ser canalizadas para o Aqueduto Geral, especificando as suas medições em anéis". 05/04/1781 *apud* MOITA, Irisalva (org.). *Op. cit.*, p. 313-314.

o Aqueduto de Lisboa e o do Rio de Janeiro, grandiosas nos custos, na arte e no apuro técnico, poderiam se transformar em símbolo material da própria incapacidade dos gestores urbanos. Neste sentido, os verdadeiros obstáculos não estiveram em iniciar ou terminar o aqueduto, mas justificar cotidianamente a sua existência e os investimentos nele despendidos. As águas, quando adentravam a *civitates,* não saíam mais das audiências dos oficiais municipais. O aqueduto precisava estar adequada e convenientemente ajustado e apto a executar a sua função. Os investimentos não cessavam e a manutenção era cotidiana. Dessa forma, a existência do aqueduto subterrâneo de Mariana fundava um novo e insistente assunto da administração urbana: era preciso fazer valer a sua função, levar água em abundância às bicas e chafarizes da cidade.

Na FIGURA 15, ilustramos o quadro geral do abastecimento de água, consolidado no intervalo de 1749 a 1802. Reunimos as informações trazidas pelos contratos de execução das obras públicas da Câmara, arrematadas na segunda metade do século XVIII, aos vestígios remanescentes dos chafarizes da cidade e das prospecções arqueológicas para reproduzir o sistema de abastecimento da cidade. Acreditamos que em 1749 – 4 anos após a elevação à cidade e um ano após a chegada do Bispo – o alinhamento e os calçamentos da parte nova, ao sul, não estavam concretizados. Todavia, nesta reconstituição aproximada, optamos por seguir a trajetória das ruas, a partir do mapa-síntese de Mariana, produzido pela historiadora Cláudia Damasceno Fonseca.[64]

---

64   Em anexo, ver mapa completo de Fonseca.

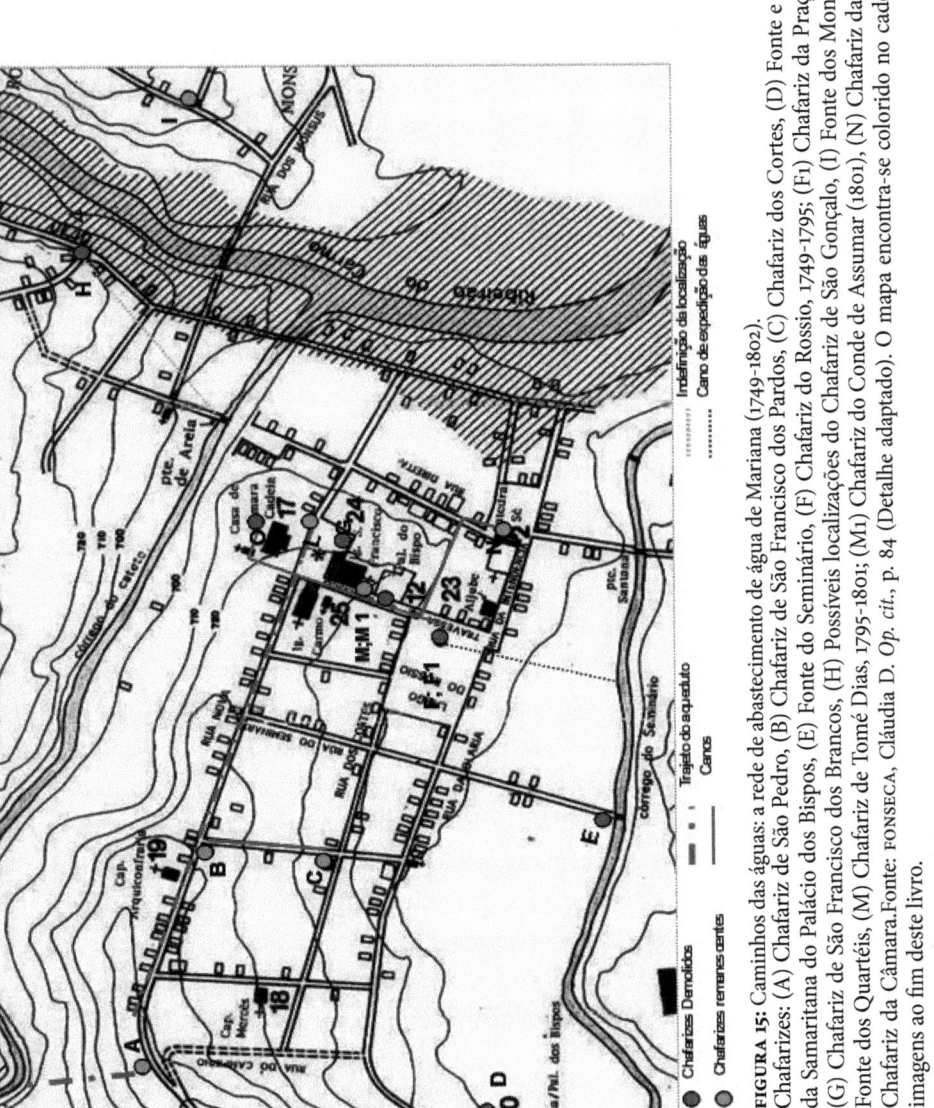

FIGURA 15: Caminhos das águas: a rede de abastecimento de água de Mariana (1749-1802). Chafarizes: (A) Chafariz de São Pedro, (B) Chafariz de São Francisco dos Pardos, (C) Chafariz dos Cortes, (D) Fonte e Tanque da Samaritana do Palácio dos Bispos, (E) Fonte do Seminário, (F) Chafariz do Rossio, 1749-1795; (F1) Chafariz da Praça, 1795; (G) Chafariz de São Francisco dos Brancos, (H) Possíveis localizações do Chafariz de São Gonçalo, (I) Fonte dos Monsus, (L) Fonte dos Quartéis, (M) Chafariz de Tomé Dias, 1795-1801; (M1) Chafariz do Conde de Assumar (1801), (N) Chafariz da Sé, (O) Chafariz da Câmara.Fonte: FONSECA, Cláudia D. *Op. cit*, p. 84 (Detalhe adaptado). O mapa encontra-se colorido no caderno de imagens ao fim deste livro.

O mapa apresentado trata-se do recorte ampliado do desenho urbano da cidade entre 1745-1800, sobre o qual acrescentamos o percurso da rede de abastecimento no intervalo de 1749 a 1802. Os marcos inicial e final referem-se ao conjunto de dados inventariados, desde a construção do aqueduto subterrâneo em 1749 até a edificação do Chafariz dos Cortes (1802), último chafariz identificado na documentação camarária, próximo ao recorte proposto para esta pesquisa.

Na reprodução colorida da figura 15, presente no caderno de imagens ao fim, é possível notar que a linha recortada em vermelho indica a possível trajetória do aqueduto desde a paragem do Bucão; os riscos em vermelho representam os canos emissários que distribuíam a água do caudal principal para os chafarizes; os pontos amarelos, a possível localização dos chafarizes edificados no período; os pontos em azul a localização dos chafarizes remanescentes no atual centro histórico de Mariana. Ainda são representados dois tracejados: a linha pontilhada lilás refere-se aos locais indicados pela documentação do Chafariz de São Gonçalo, enquanto a linha esverdeada, um suposto trajeto para o sobejo dos chafarizes.

Este quadro geral da rede de abastecimento ilustra uma imagem aproximada do circuito das águas, em que pesa a incerteza das paragens, roças e moradas referenciadas nos contratos de obras. Temos, portanto, uma reconstituição a partir dos vestígios materiais das sobreposições dos canos e registros encontrados na antiga Rua Nova,[65] de certos pontos indicados pela historiografia urbana, unidos às indicações nem sempre claras dos autos de arrematação e à presença dos poucos chafarizes que sobreviveram ao tempo. A paragem Bucão (11), onde se iniciava a canalização, é desconhecida e optamos por considerar a indicação deixada por Fonseca e Salomão de Vasconcellos. O cano geral das águas, de acordo com o contrato de obra, seguia próximo ao córrego de São Gonçalo até

---

65   BAETA *et al. Op. cit.,* p. 34-74.

ganhar o espigão da Rua São João;[66] seguia na direção do largo dos quartéis e do novo Chafariz do Rossio.

Inicialmente, o aqueduto abastecia o Chafariz da Praça (F) e a Fonte dos Quartéis (L), ambos de 1749, e ao longo da segunda metade do século XVIII novos ramais foram sendo construídos, rateando água para atender aos novos pontos de fornecimento à população. Ao longo do caminho das águas, o aqueduto abasteceu os Chafarizes de São Pedro (A) e São Francisco dos Pardos (B); o largo dos quartéis, onde abastecia além da Fonte dos Quartéis (L), o Chafariz de São Francisco dos Brancos (G) e o Chafariz e registros da Casa de Câmara e Cadeia (O). Provavelmente, pela Travessa de São Francisco um cano subsidiário alimentaria o Chafariz do Rossio no Largo da Praça (F e F1).[67]

Os Chafarizes de São Pedro (A), São Francisco dos Brancos (B) e São Francisco dos Pardos (G) já estavam edificados em 1769, data em que encontramos o primeiro reparo nestas obras públicas. Em 1802 foi edificado o Chafariz dos Cortes (C); em 1801 um novo Chafariz foi construído nas imediações da Estalagem de Tomé Dias, o Chafariz do Conde de Assumar (M1), o qual veio substituir a Fonte de Tomé Dias (M) que havia ali desde 1795. Também foram edificados o Chafariz da Sé (N), do século XIX, de data desconhecida, no largo da Matriz; a Fonte de São Gonçalo (H) em 1759,[68] a Fonte dos Monsus (I) em 1768 e a Fonte do Seminário (E) em 1757, alimentados por nascentes próximas a eles. No Palácio dos

---

66   Em alguns contratos de obras a Rua de São João é chamada Rua Nova de São João. Cf AHCMM. Códice 377. 31/05/1756. fl. 26.

67   Foram construídos dois Chafarizes no Rossio. O Chafariz de Repuxo (F) de 1749 foi demolido em 1795. Seu massame foi utilizando na edificação de um novo chafariz em lugar diferente, mas no mesmo largo, em razão da reforma da praça no mesmo ano.

68   A localização do Chafariz de São Gonçalo é incerta. Estaria ou no princípio da ponte de São Gonçalo, como indicam alguns contratos do período ou no antigo Largo da Quitanda, no caminho para Vila Rica. Optamos por demonstrar os lugares indicados através do pontilhado lilás. Cf. AHCMM. Códice 135. 01/08/1750. Auto de Arrematação do Chafariz que se há de fazer nesta cidade na Rua Direita junto a ponte de São Gonçalo. fls. 96-97.

Bispos (10), entre fins do século XVIII e início do século XIX, foi edificada a Fonte da Samaritana e um tanque no jardim (D). O tracejado esverdeado representa o suposto caminho para expedição dos sobejos de água no córrego do Seminário.[69] Ainda resta identificar vários elementos da trajetória e da localização dessas obras. Apresentamos uma imagem aproximada do quadro de abastecimento das águas, a qual nos permite compreender a dinâmica desse sistema no contexto urbano. A política de distribuição e o consumo das águas serão abordados no terceiro capítulo. Veremos agora como a Câmara administrou a construção dessa rede e os indivíduos responsáveis por executá-la.

2.2 Oficiais construtores: a arte de conduzir e conservar as águas

Os oficiais mecânicos nas Minas Gerais, assim como em outras partes do Reino português, ao fazerem "o uso das mãos", proviam os serviços banais dentro dos centros urbanos, conforme ressaltou José Newton Meneses. A banalidade a que o autor se referiu associava-se à "essencialidade que passa despercebida por ser comum e corriqueira" no cotidiano

---

69 Foram consultados as listas de despesas (AHCMM. Códices 679, 201, 176, 151, 649, 701, 382, 141, 277, 124) e os livros de arrematação de obras públicas (AHCMM. Códices 160, 180, 122, 135, 220, 377, 210). Utilizamos ainda os relatórios do IPHAN/Mariana acerca dos vestígios remanescentes da canalização encontrados na Rua Nova, Travessa de São Francisco e na Casa Setecentista de Mariana. (BAETA, Alenice; PILÓ, H.; TEDESCHI, D. M. R. *Monitoramento do Patrimônio Arqueológico Rua Dom Silvério e Adjacências*. Mariana: Prefeitura Municipal de Mariana: ENCEL, 2008: BAETA, A. *et al. Evidenciação e Resgate do Patrimônio do quintal do imóvel identificado como Casa Setecentista município de Mariana- MG*. Relatório Final. Mariana, 13ª SR/IPHAN, Novelis, 2006.) O suporte historiográfico principal pesquisado: FONSECA. *Op. cit.*; VASCONCELLOS, Salomão. *Op. cit.*; VASCONCELLOS, S. *Op. cit.;* MAIA, Moacir R. de Castro. Uma quinta portuguesa no interior do Brasil ou A saga do ilustrado dom Frei Cipriano e jardim do antigo Palácio Episcopal no final do século XVIII. *História, Ciências, Saúde – Manguinhos*, vol. 16, n, 14, out-dez. Rio de Janeiro, 2009.

urbano.[70] Assim, alfaiates, sapateiros, oleiros, barbeiros, entre outros, viveram do exercício de sua especialidade servindo aos habitantes. Dentro do conjunto desses oficiais, uma parcela específica esteve envolvida no fornecimento das águas na cidade de Mariana. Pedreiros, carpinteiros, canteiros e calceteiros promoveram no espaço urbano uma variedade de obras, atendendo às irmandades, aos particulares e ao Senado. Cada um desses ofícios apresenta particularidades quanto à formação e ao tipo de execução de seus trabalhos, que estavam diretamente ligados à produção da arquitetura no espaço urbano colonial.[71] Todavia, agruparemos esses oficiais pelo aspecto em comum, o exercício na atividade construtiva, denominando-os como *oficiais mecânicos construtores*.

As obras para o abastecimento público de água eram de responsabilidade do governo local, que por meio de prática administrativa – a arrematação – contratava o serviço desses construtores. Cabe, entretanto, estabelecer duas ressalvas. Primeiramente, os oficiais construtores ofereciam seus préstimos também aos particulares e às irmandades, clientes que contratavam esses oficiais para conduzirem água até suas residências ou templos religiosos. O círculo de atuação desses construtores no abastecimento de água, portanto, difundiu-se por outros espaços da cidade que não serão nosso foco de análise. Neste sentido, nossa segunda

70 MENESES, José. N. C. *Artes Fabris e Serviços Banais*: ofícios e as Câmaras no final do Antigo Regime. Minas Gerais e Lisboa (1750-1808). Tese (Doutorado em História) – Instituto em Ciências Humanas e Filosofia, Universidade Federal Fluminense, Niterói, 2003, p. 173.

71 A respeito das atividades que competiam a cada um desses ofícios construtores e outros ofícios mecânicos nas cidades da América Portuguesa e do Reino, cf: LANGHANS, Franz-Paul de Almeida. *As Corporações dos Ofícios Mecânicos*: subsídios para sua história. Lisboa: Imprensa Nacional de Lisboa, 1943. 2 vol.; LIMA, Carlos A. M. *Artífices do Rio de Janeiro* (1790-1808). Rio de Janeiro: Apicuri, 2008, p. 53-92.; VASCONCELLOS, Salomão de. Ofícios Mecânicos em Vila Rica durante o século XVIII. *Revista do Patrimônio Histórico e Artístico Nacional,* Rio de Janeiro, n. 4, 1940; GODOY, Marcelo Magalhães; SILVA, Leonardo Viana da. As artes manuais e mecânicas na província de Minas Gerais: um perfil demográfico de artífices e oficiais. *LPH: Revista de História,* Universidade Federal de Ouro Preto, Mariana, n. 9, 1999.

ressalva condiz com o eixo de abordagem que priorizaremos: como os oficiais construtores foram fundamentais ao Senado de Mariana na empreitada de fornecer água aos habitantes da capital religiosa das Minas.

Arrematações e construtores

A Câmara Municipal, para executar qualquer obra pública, deveria obedecer aos trâmites da arrematação. Conforme ditavam as Ordenações do Reino, "não se fará obra alguma, sem primeiro andar em pregão para se dar de empreitada a quem a houver de fazer melhor e por menor preço". Apenas as obras inferiores à quantia de mil réis poderiam ser feitas a jornal, mas todas deveriam ser lançadas em livro, "em que se declare a forma de cada uma, lugar em que se há de fazer, preço e condições do contrato".[72] Dessa forma, o processo de arrematação visava resguardar, entre aqueles que oferecessem seus lances, a melhor oferta para executar obra pública indicada pelos membros do Senado. O auto de arrematação era presidido por um juiz (ordinário ou de fora) com seu corpo de Câmara. Ao lado das obras públicas, cargos anuais também eram arrematados nas audiências da Câmara, devendo ambos seguir os mesmos procedimentos.[73]

Em 1754, por ordem do ouvidor Francisco Ângelo Leitão, em virtude da frequente falta d'água e reclamação dos habitantes de Mariana, foi criado o cargo de "conservador das águas". O cargo, de duração anual, "que se costuma em muitas partes do Reino", seria arrematado por aquele

---

72   *Ordenações Filipinas*. Livro 1. Título Lxvi. Dos Vereadores. Lisboa: Fundação Calouste Gulbenkian. Edição de Cândido Mendes de Almeida, 1985, p. 151. Disponível em: http://www1.ci.uc.pt/ihti/proj/filipinas/ordenacoes.htm. Acesso em: 10 out. 2010

73   A arrematação de cargos na Câmara Municipal visava atender as demandas do órgão para melhor administrar as povoações. Russell-Wood denominou esse conjunto de arrendatários como delegados da autoridade municipal, que incluíam os arrematantes dos contratos de pesos e medidas, de inspeção, meias patacas e cadeia. RUSSELL-WOOD, A. J. R. O Governo local na América Portuguesa: um estudo de divergência cultural. *Revista de História*, São Paulo, n. 109, vol. LV, 1977.

que menor oferecesse na "empresa da dita conservação com as condições que parecerem mais convenientes", com a função de administrar a "água que sair da arca principal", limpando e conservando os canos do sistema subterrâneo.[74]

Dessa forma, para garantir o contínuo abastecimento das águas na cidade de Mariana, o Senado procedia à promoção de dois tipos de arrematação durante as suas audiências: a arrematação das obras públicas para a construção e ampliação da rede adutora das águas e a arrematação do cargo de conservador das águas. Cada auto de arrematação era registrado nos livros da Câmara e correspondia a um contrato firmado entre o arrematante e o órgão local. Nos livros de arrematação que compreendem o período de 1745 a 1800, não encontramos nenhum contrato para o cargo de conservador das águas, ao contrário do que ocorreu com as obras públicas. Voltaremos a este ponto mais adiante, mas foi com base no cruzamento das informações trazidas pelos autos de arrematação das obras públicas, acórdãos, editais e listas de despesas, encontrados no arquivo da Câmara de Mariana, que conseguimos mapear e reconstituir as etapas que envolviam a execução de uma obra pública no espaço urbano de Mariana, conforme apresentamos na FIGURA 16:

---

74 AHCMM. Correição das contas de 1753. Códice 176. fl. 55. De acordo com Fabiano Gomes da Silva, a partir de 1730, a Câmara de Vila Rica passou a fazer a arrematação anual das "conservações das calçadas, fontes e pontes". Inferimos a possibilidade de que a conservação do mobiliário urbano tenha sido uma prática político-administrativa do governo local comum a outras localidades do Reino e ultramar, em que pesaram as necessidades e especificidades presentes em cada sítio urbano. SILVA. *Op. cit.*, p. 52, 103.

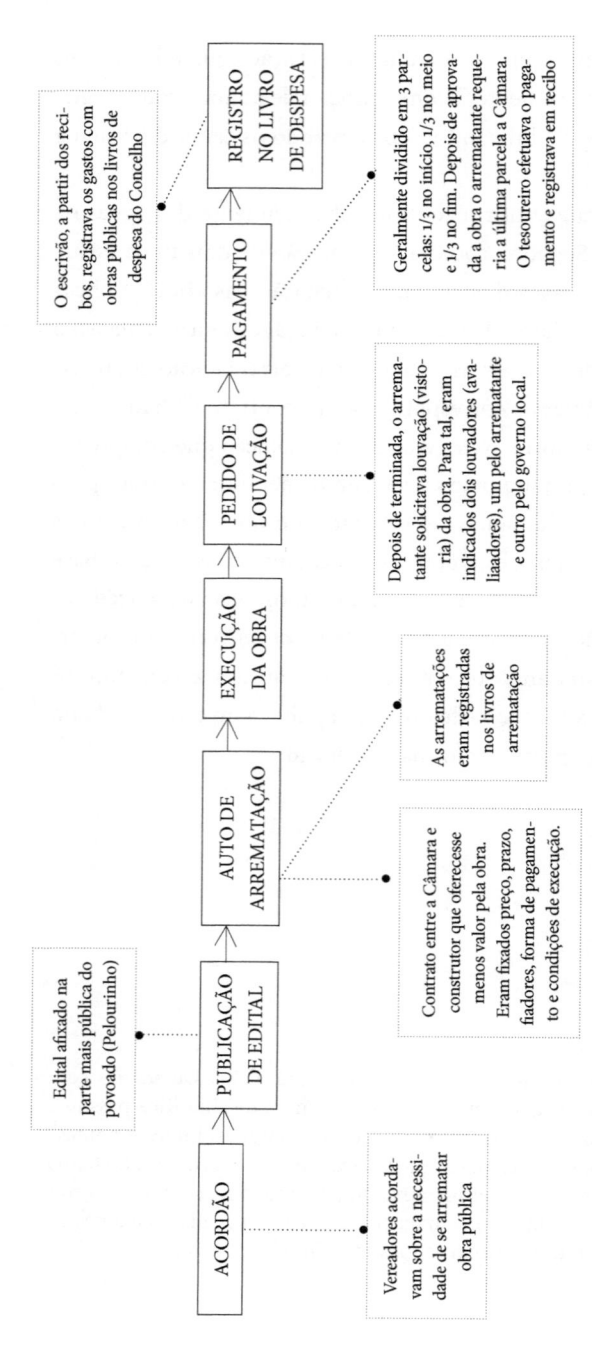

FIGURA 16: Procedimentos para Arrematação de Obras Públicas na Câmara de Mariana (1745-1800). Fonte: Para elaboração deste quadro cruzamos espécies e tipologias documentais: acórdãos, autos de arrematação, recibos, petições de pagamento, juramento de louvados, listas de receitas e despesas, que nos permitiu reconstituir todo o trâmite da arrematação de obra pública. AHCMM: Acórdãos (Códices 209, 660, 705, 674). Editais (Códices 462, 554, 660). Petições (Códices 740, 703, 682). Recibos (Códice 687). Livros de Arrematação (122, 135, 220, 377). Receitas e despesas: Cód. 572 (1745); Cód. 679 (1746, 1747, 1750); Cód. 201 (1748-1749); Cód. 660 (1751); Cód. 176 (1752, 1753, 1754, 1755, 1756, 1757, 1758, 1759, 1760, 1761, 1762,); Cód. 151 (1766, 1767, 1768); Cód. 649 (1769); Cód. 73 (1770); Cód. 75 (1771); Cód. 384 (1774); Cód. 701(1775); Cód. 382(1776); Cód. 141 (1777, 1778, 1779, 1780, 1781, 1782, 1783); Cód. 202 (1784, 1785, 1786, 1787, 1788); Cód. 277 (1789, 1790, 1791, 1792, 1793, 1794, 1795); Cód. 124 (1796, 1797, 1798, 199, 1800).

O *acórdão* antecedia ao próprio pregão. Nos livros dos acórdãos eram registradas todas as ações dos oficiais camarários ocorridas nas vereações. Entre os aspectos acordados estava a necessidade de novas obras públicas, bem como o reparo das existentes. Em 1749, os membros do Senado "acordaram mandar por em praça a fonte que se há de fazer nesta cidade".[75] Como etapa seguinte, ocorria a publicação do *Edital*, "na parte mais pública de Mariana", colocando a obra em pregão e convocando "a toda pessoa que quer ir lançar nas ditas obras" para "ver as condições que se acham em poder do escrivão deste Senado e dar seu lanço". O porteiro da Câmara era encarregado de ouvir os lances da obra, como ocorreu no processo do novo Chafariz da Praça: depois de ouvir a oferta de Domingos Rodrigues Torres "em preço e quantia de um conto e noventa mil réis" e se dirigir à praça "passando de baixo para cima e de uma banda para outra dizendo em voz alta e inteligível" se havia quem oferecia menos, "e por não haver quem menos lançasse" entregou um ramo verde nas mãos de Domingos Torres, confirmando o arremate.

O *auto de arrematação* no qual está descrito todo o ritual constituía uma espécie de peça jurídica, firmada entre o arrematante e a municipalidade. No contrato, o construtor se obrigava a cumprir a obra de acordo com as "condições de execução" e prazo estabelecidos; constavam ainda fiadores, valor, formas de pagamento, apontamentos de medidas, materiais e natureza da obra. Na arrematação supracitada o prazo de execução era de seis meses, com a fiação de Manoel de Oliveira e Antônio Rodrigues Mendes.[76] Apesar das expressões "a imitação deste modelo", "apontamentos" e "riscos" indicarem a entrega de desenhos das obras no instante da arrematação, não foram encontrados nos documentos rascunhos ou imagens, que possivelmente se perderam nos canteiros de obras.[77]

75 AHCMM. Acórdão. Códice 660. 20/01/1749. fl. 120v.

76 AHCMM. Auto de Arrematação do chafariz e fonte que se há de fazer nesta cidade. Códice 135. 26/02/1749. fls 50v-53v.

77 Cf. LEAL, Daniela V. A análise e o estudo histórico das técnicas construtivas do século XVIII – A cantaria na Arquitetura mineira. In: *Atas do IV Encontro*

No contrato da nova fonte da cidade, o arrematante Domingos Torres deveria cumprir uma lista de apontamentos construtivos, as "condições de execução". No extenso conjunto de determinações técnicas, destacam-se:

> [...] tanque em vazio treze palmos e de alto quatro e meio, e as mais peças se acomodarão todas em suas medidas, a taça terá de vão em quadra seis palmos e [ilegível] fazendo nela as guarnições e moldura da arte [...] há de deitar água a bola pequena e na grande, a bola grande levará quatro bocais de bronze para que estes deite água na taça e a taça levar um em cada canto [...].[78]

Era comum a divisão do *pagamento* em três parcelas: a primeira no momento da arrematação, o segundo terço durante a execução da obra e, por fim, a última parte após a *louvação* (vistoria) da obra. A louvação ocorria por requerimento do arrematante, que solicitava à Câmara a avaliação do produto final. Geralmente, um dos louvados era indicado pelo arrematante e outro pelo Senado. Não localizamos o processo de louvação do chafariz construído por Domingos Rodrigues Torres, entretanto, a petição do construtor Francisco Álvares Quinta para o conserto da calçada na Rua Nova da Confraria até o Chafariz de São Pedro, em 1796, é elucidativa desta prática:[79]

---

de *História da Arte*: entre a produção e a reflexão. Campinas: Unicamp, 2008; COSTA, Lúcio. Risco Original de Antônio Francisco Lisboa. *Revista do Patrimônio Histórico e Artístico Nacional*, n. 17, Rio de Janeiro, 1969.

78   AHCMM. Auto de Arrematação do chafariz e fonte. Códice 135. 26/02/1749. fls. 50v-53v.

79   AHCMM. Auto de Arrematação dos consertos da calçada da Rua Nova da Confraria até o chafariz de São Pedro, na Cadeia Velha e na Ponte do Seminário por cada braça do paredão 3 oitavas e ¾ e 1 oitava cada braça. Códice 377. 27/08/1796. fls. 268-269v.

Diz Francisco Álvares Quinta que ele tem feito os consertos da calçada da rua da Confraria até o chafariz de São Pedro que arrematou neste Senado e como o quer entregar nomeia a João Miguel Ferreira e Francisco Ferreira dos Santos para vm[es] aprovarem um e nomearem outro para a examinarem a dita obra a vista das condições.[80]

No mesmo dia, os oficiais da Câmara aprovaram os dois louvados indicados pelo construtor. Os mesmos juraram examinar diante do Santo Evangelho a obra "para darem suas determinações de baixo de suas consciências".[81] Na louvação, ocorrida no dia seguinte:

[...] foi dito que medindo a dita calçada acharam ter trinta e seis braças e meia de calçada e o paredão encostado à dita calçada vinte e sete braças tudo feito na forma das condições e em termo do arrematante receber o seu pagamento a que tudo afirmavam debaixo do juramento que haviam recebido, e em suas consciências e de como assim o disseram, e afirmaram, e assinaram sua determinação.[82]

O oficial construtor Francisco Álvares Quinta então solicitou aos vereadores, no dia 31 de dezembro de 1797, a quantia de trezentas e trinta e sete oitavas e três quartos de ouro (337/8 e ¾ de ouro), visto que a obra se

---

80 AHCMM. Termo de Juramento dos Louvados. Códice 740. 30/12/1797. fls. 112-113v. Em 1767, para a louvação das obras nas calçadas e saída das águas na Baixa da Olaria junto ao Palácio, o arrematante João de Caldas Bacelar indicou João Esteves e Bento Marinho. O Senado escolheu Bento Marinho e nomeou João Afonso, como consta no Termo de Juramento dos Louvados. AHCMM. Códice 73. fls. 33-33v

81 AHCMM. Termo de Juramento dos louvados. Códice 740. fls. 112-113.

82 AHCMM. Determinação dos Louvados. Códice 740. fls. 112-113.

achava já "louvada e examinada" pelo Senado.[83] No mesmo dia, o suplicante foi atendido.[84]

Os *pagamentos* eram registrados em recibos, em poder do tesoureiro, que no fim do ano delegava ao escrivão transcrever para *as listas de despesas* os gastos do Concelho. Dessa forma, fechava-se o ciclo da arrematação de uma obra pública. De um lado estavam os administradores que indicavam as obras necessárias ao cenário urbano e, de outro, os oficiais construtores interessados em arrematá-las. O processo de arrematação regulamentava a atuação dos funcionários locais em benefício da melhor oferta. No entanto, não faltaram tentativas de burlá-lo, tanto para a execução das obras públicas como para a função de conservador das águas.

Nas correições das contas do Concelho realizadas anualmente pelo ouvidor, não faltaram repreensões quanto à execução de obras públicas que não passaram pela arrematação. Em 1754, o ouvidor Francisco Ângelo Leitão observou que os pagamentos das obras públicas foram incorporados às listas das despesas miúdas para encobrir a ausência do procedimento. As despesas miúdas eram pequenos gastos cometidos pelo procurador diante das cotidianas contingências administrativas do Senado. Os pequenos gastos eram descritos como "miúdos" sem que fosse apresentada qualquer especificação ou descrição da natureza dos dispêndios. Por observar que entravam "nelas várias obras de carpinteiro e pedreiro que juntas se deviam arrematar a quem menos lançasse pondo-se em praça na forma da lei"[85] em 1757, o mesmo corregedor, que novamente vinha repreender a "grande quantia" declarada como miúda, determinou que pagamentos acima de quatro oitavas de ouro (4$800) não mais seriam realizados diretamente e ao arbítrio do procurador e, sim, por carta ou

---

83   AHCMM. Códice 740. fls. 111-111v.

84   AHCMM. Códice 740. fls. 111-111v.

85   AHCMM. Correição das contas de 1754. Códice 176. fl. 73.

petição do requerente, e mesmo as despesas inferiores ao valor deveriam ser especificadas quanto à sua necessidade pelo funcionário municipal.[86] A imposição de novas exigências não impediu que irregularidades continuassem a ocorrer no sistema das arrematações. Em 1762, as obras aparecem nas listas de despesas do Senado como pagas a jornal sem "haver arrematação como devia haver" e, conforme afirmou o ouvidor "não [era] lícito fazer obras a jornal".[87] Apenas obras de valor inferiores a mil réis, como previam as Ordenações, poderiam ser excluídas do procedimento de arrematação. Em 1764, João de Caldas Bacelar recebeu 77$362 réis e meia oitava de ouro por "conta das várias obras que fez por ordem do Senado no aqueduto das fontes desta cidade", sem o devido procedimento de arrematação pública.[88]

Quanto ao cargo de "conservador das águas", o mesmo construtor João de Caldas Bacelar solicitou o pagamento de 10 oitavas e ½ e 7 vinténs por conservar "água no Chafariz e fonte desta cidade em cujo exercício trabalhou com os seus escravos" "por ordem do procurador deste nobre Senado". O cargo que deveria ser arrematado anualmente, na prática, acabou por ser indicado pelo procurador do Concelho.[89]

---

86 AHCMM. Correição das contas de 1757. Códice 176. fl. 116.

87 Na correição das contas de 1762, o ouvidor José Pio Ferreira Souto glosou os pagamentos de obras públicas não arrematadas nas audiências da Câmara. Nas glosas, o funcionário régio exigia o retorno das quantias irregulares aos cofres do Concelho. Foram glosados os gastos de João de Caldas Bacelar "das varias obras que fez pertinentes ao Senado no valor de 154$050 réis" e a quantia de 15$525 réis do pagamento a Cosme Fernandes Guimarães pelo conserto da Ponte dos Monsus. AHCMM. Correição de 1762. Códice 176 e 151. fls. 180-180v.

88 AHCMM. Glosa das contas do Concelho do ano de 1764. Códice 151. fl. 202.

89 AHCMM. Códice 703. fls. 25-26. Em 1771, João Caldas Bacelar recebeu 9 oitavas e dois vinténs de ouro por conservar o aqueduto de Mariana. AHCMM. Códice 703. 31/12/1771. fl. 28. Em 1793, José Pereira Arouca também foi indicado para conservar os canos da cidade. AHCMM. Códice 736. fl. 17. "Conta dos consertos que fiz na ponte dos Monsus pinguela de Mata Cavalos canos das águas desta Cidade e no caminho do Itacolomi e na

As infrações e negligências cometidas pelos membros da Câmara indicam o descumprimento das normas que regulavam o provimento dos serviços urbanos na municipalidade. Nos arranjos cometidos, os maiores beneficiados eram os construtores, que alcançavam as obras públicas sem concorrer à arrematação. Ao contabilizarmos o conjunto das arrematações firmadas e os construtores que as conquistaram, percebemos que os nomes que frequentemente apareceram nas glosas do ouvidor foram os mesmos que arremataram quantidade expressiva de obras públicas nas audiências do poder local. Ou seja, estes homens conseguiram monopolizar os contratos lícitos e ilícitos no cenário local, dado que nos leva a um duplo questionamento: quem eram estes homens e por que conquistaram tais privilégios no Senado.

De acordo com os livros de arrematação do período de 1745 a 1800, nas 240 obras públicas arrematadas (canos, chafarizes, calçadas, prédios públicos, pontes, caminhos, entre outros), atuaram 85 oficiais diferentes. Entretanto, um conjunto de 95 obras (35%) se concentrou nas mãos de um grupo restrito de sete oficiais mecânicos construtores reinóis. Entre os nomes, José Pereira Arouca e João de Caldas Bacelar aparecem, respectivamente, como os maiores arrematadores. No intervalo de 1768-1794, datas da sua primeira e última obra financiada pelo Senado, Arouca arrematou 25 obras, enquanto Bacelar, entre 1758-1773, firmou 15 obras públicas com o Senado.[90]

---

calçada de Domingos Velho e por Ordem do procurador desta cidade o corrente ano de 1793".

90 Danielle de Fátima Eugênio analisou o perfil destes sete construtores: Sebastião Pereira Leite, que arrematou 14 obras entre 1746-1756; Sebastião Martins da Costa, 6 obras entre 1746-1753; Francisco Álvares Quinta, 14 obras entre 1790-1806; Bento Marinho de Araújo, 7 obras entre 1755 e 1769; João de Caldas Bacelar, 15 obras entre 1758-1773; Cosme Fernandes Guimarães, 14 arremates entre 1753 e 1778; e José Pereira Arouca, 25 obras entre 1768-1794. EUGÊNIO, Danielle de Fátima. *Arrematantes de obras públicas:* oficialato mecânico na cidade de Mariana (1745-1800). Monografia (Bacharelado em História) – Instituto de Ciências Humanas e Sociais, Universidade Federal de Ouro Preto, Mariana, 2010, p. 42.

Nas listas de despesa, em que consta o gasto de 74:585$978 réis com obras públicas (1745-1800), 19:756$214 réis (26%) foram pagos a José Pereira Arouca e 7:225$052 (10%) a João de Caldas Bacelar pela execução das construções urbanas.[91] Estes dados – os contratos de arrematação e as listas de despesas – vêm confirmar o que Silva observou para Vila Rica: a existência de uma prática monopolista dos contratos de obras, dirigida por um grupo de renomados construtores reinóis.[92] De acordo com o historiador, enquanto esses oficiais assumiam a maioria das obras públicas no Senado, outros mecânicos optaram estrategicamente por servi--los, trabalhando a jornal, "circulando ao sabor das oportunidades" nos canteiros das construções.[93]

As trajetórias de Arouca e Bacelar são bastante significativas neste sentido. Estes construtores, ao mesmo tempo em que monopolizaram as obras públicas e os serviços de conservadores das águas, atendiam simultaneamente às irmandades e aos particulares na cidade.[94] Para o convívio dessas atividades, dois fatores foram fundamentais a esses indivíduos: as redes de sociabilidade e a constituição de uma fábrica construtiva capacitada. Tanto as estratégias sociais quanto as habilidades construtivas lhes conferiam credibilidade e os consagravam como homens renomados no seu ofício.

---

91 Foram consultados os livros de receita e despesa da Câmara no intervalo de 1745 e 1800, com exceção dos anos de 1751, 1772, 1773, não encontrados no Arquivo Histórico da Câmara Municipal de Mariana.

92 SILVA. *Op. cit.*, p. 82. A respeito da inserção social e atuação profissional de homens livres, libertos e pardos nos ofícios mecânicos, cf. PRECIOSO, Daniel. "Artes mecânicas" em Vila Rica Setecentista: os pardos, forros e livres. *Histórica – Revista do Arquivo Público do Estado de São Paulo*, São Paulo, n. 32, 2008.

93 SILVA. *Op. cit.*, p. 82.

94 Para conhecer as obras destes construtores cf. MARTINS, Judith. *Op. cit.*; MENEZES, Ivo Porto de. "José Pereira Arouca". In: *Anuário do Museu da Inconfidência*, Ouro Preto, vol. 5, 1978, p. 59-95.

Cabe lembrar que o exercício dos ofícios mecânicos não foi regulado pelas corporações ou foi amparado dentro das Câmaras Municipais mineiras, tal como a Casa dos Vinte e Quatro em Lisboa.[95] Restaram nas Minas os cargos de juiz e escrivão de cada ofício, os quais expediam as cartas de exame e as licenças semestrais para o exercício dos diversos ofícios mecânicos na municipalidade. Sem a presença dessas instituições, indivíduos como Arouca e Bacelar trataram de se estabelecerem no ramo construtivo, tecendo laços de apoio dentro e fora do poder local.[96]

José Pereira Arouca nasceu em 1731, na freguesia de São Bartolomeu da Vila de Arouca, Bispado de Lamego, comarca do Porto.[97] Atravessou o Atlântico e chegou às Minas por volta de 1753, quando atuou como fiador do construtor José Pereira dos Santos na edificação da Capela de São Pedro de Mariana.[98] Desconhecemos o momento em que João de Caldas

---

95   Cf. BOXER, Charles R. *O Império Marítimo Português: 1415-1825*. São Paulo: Companhia das Letras, 2002, p. 287-288.; FLEXOR, Maria Helena O. *Oficiais Mecânicos da cidade de Salvador*. Salvador: Prefeitura Municipal de Salvador, 1974.

96   Os juízes e os escrivães de ofício, eleitos entre os oficiais mecânicos que compareciam à Câmara, examinavam e certificavam a aprendizagem do ofício através da concessão das cartas de licença ou exame. cf. MENESES, José Newton C. Homens que não mineram: oficiais mecânicos nas Minas Gerais Setecentistas. In: RESENDE; VILLALTA (org.). *História de Minas Gerais*: as Minas Setecentistas, Belo Horizonte: Autêntica; Companhia do Tempo, 2007, vol. 1, p. 379-384.

97   No testamento de 1793, Arouca instituiu a "alma por herdeira". Em 1805, o testamento foi julgado nulo e foi realizado inventário da testamentária. Agradeço à historiadora Kelly Eleutério Oliveira, que cedeu gentilmente a transcrição do inventário de José Pereira Arouca. AHCSM. Livro e Registro de testamentos, Livro 44, fls. 74v-75. O testamento de Arouca, de 1793, foi transcrito por Ivo Menezes. MENEZES, Ivo Porto de. *Op. cit.*, p. 81-95.

98   Cf. "Testamento de José Pereira dos Santos (1762)". *Anuário do Museu da Inconfidência*, ano III, p. 140-148, 1954.; OLIVEIRA. *Op. cit*, 2008.; VEIGA, Afonso Costa Santos. *José Pereira Arouca, mestre pedreiro e carpinteiro: Mariana – Minas Gerais séc. XVIII*. Arouca: Real Irmandade da Rainha Santa Mafalda, 1999.

Bacelar – nascido na freguesia de São Pedro de Cima, Termo de Valadares, Arcebispado de Braga – chegou às Minas, mas sabemos que atuou ao lado de Arouca.[99] Em 1770, em parceria com José Pereira Arouca, construiu a Casa Capitular de Mariana pela quantia de 16.000 cruzados e 150$000 réis.[100] A sociedade e a fiação nos contratos de obras consistiam em práticas de apoio comum entre os renomados construtores. Estes artifícios, por um lado, mantinham o circuito de arrematações das obras urbanas restrito a um limitado número de construtores e, por outro, reforçavam a própria credibilidade do grupo, já que contavam uns com os outros nas atribuições financeiras e profissionais para o cumprimento das obras.[101]

Além de reforçar vínculos de solidariedade dentro do grupo, estes indivíduos trataram de se envolver dentro dos espaços de poder onde atuavam. Tanto José Pereira Arouca como João de Caldas Bacelar ocuparam postos e cargos importantes nas irmandades, na esfera militar e no Senado, seus principais clientes. Na Câmara, Arouca, com cerca de 31 anos, ocupou os cargos de juiz de ofício de pedreiro e carpinteiro nos anos de 1762, 1772 e 1774; tesoureiro da Câmara em 1780; e arrendatário das aferições e meias patacas nos anos de 1787 e 1788. Durante a década de 1780, portanto, Arouca esteve envolvido nas redes do poder local, e foi neste período, por coincidência, que arrematou a obra pública mais cara ao Senado, a nova Casa de Câmara e Cadeia (14:800$000).[102] João de Caldas Bacelar atuou como juiz de ofício de pedreiro em 1778 e

99   AHCSM. Inventário de João de Caldas Bacelar. Códice 92. Auto 1928, 1º ofício.

100 VEIGA. *Op. cit.*, p. 41

101 O historiador Fabiano Gomes da Silva encontrou para Vila Rica o estabelecimento de fiação e sociedade nos contratos de arrematação em que os próprios membros da Câmara estiveram envolvidos. Cf. SILVA. *Op. cit.*, p. 100-102.

102 AHCMM. Auto de Arrematação da fatura da nova da Cadeia e Casa da Câmara que determinou fazer no lugar dos quartéis. Códice 377. 23/10/1782. fls. 191v-198v.

procurador nos anos de 1778 e 1783.[103] Esses oficiais mecânicos ocuparam cargos da vereação importantes e diretamente relacionados ao provimento de obras públicas. O procurador era responsável por requerer todos os reparos e consertos das "casas, fontes, pontes, chafarizes, poços, calçadas, caminhos, e todos os outros bens do Concelho", bem como levar aos camaristas as demandas dos moradores da localidade. De acordo com Maria do Carmo Pires, era eleito segundo o mesmo sistema de pelouro dos vereadores e "colocava-se no patamar desses".[104] O tesoureiro administrava o cofre do Concelho e registrava as entradas e gastos, efetuando os pagamentos e contabilizando as receitas. Arouca e Bacelar, oficiais mecânicos que, em tese, não deveriam ocupar cargos nas vereações, estiveram diretamente envolvidos na promoção e no pagamento de obras que eles mesmos executaram para o Concelho.[105]

Não desconsideramos que a ocupação desses cargos camarários, bem como nas ordens terceiras e na esfera militar, serviram a esses homens, acompanhados pelo estigma mecânico, para ascender socialmente na sociedade mineradora. Entretanto, não compete a este trabalho

---

103 Vereanças do Século XVIII (1711-1800). In: CHAVES, C.; PIRES, M. do; MAGALHÃES, S. *Casa de Vereança de Mariana: 300 anos de História da Câmara Municipal*. Ouro Preto: UFOP, 2008, p. 209, 211.

104 PIRES, Maria do Carmo. Câmara Municipal de Mariana no século XVIII: formação, cargos e funções. In: CHAVES; PIRES; MAGALHÃES. *Op. cit.*, p. 52.

105 *Ordenações Filipinas*, livro I. Títulos LXVII, LXIX, LXX, p. 152-163. Segundo Pires, algumas vezes o cargo de tesoureiro era preenchido rotativamente pelos vereadores. Em outros casos, ou foi eleito juntamente com os vereadores no momento da abertura do pelouro ou o cargo foi preenchido pelo procurador da Câmara. PIRES. *Op. cit.*, p. 47. Para uma discussão sobre a elegibilidade dos cargos camarários no Reino e ultramar, cf. GODINHO, Vitorino Magalhães. *Estrutura da antiga sociedade portuguesa*. 3. ed. Lisboa: Editora Arcádia, 1977.; RUSSELL-WOOD. *Op. cit.*; RUSSEL-WOOD, A. J. R. Centro e Periferias no Mundo Luso-Brasileiro, 1500-1808. Tradução de Maria de Fátima Gouveia. *Revista de História*, São Paulo, vol. 18, n. 36, 1998.; BICALHO, Maria Fernanda B. As Câmaras Ultramarinas e o governo do Império. In. FRAGOSO, João; BICALHO, Maria Fernanda B.; GOUVEIA, Maria de Fátima S. *O Antigo Regime nos Trópicos*: a dinâmica imperial portuguesa. Rio de Janeiro: Civilização Brasileira, 2001, p. 213-217.

aprofundar sobre esta temática. Abordamos apenas um fragmento do universo relacional desses indivíduos. Homens como Arouca e Bacelar trataram de estender suas redes de relação social e profissional para além do mundo mecânico. A diversidade de atividades econômicas em que estiveram envolvidos é um indicativo neste sentido. Arouca foi proprietário de várias moradas de casas na cidade e de lavras minerais;[106] Bacelar estabeleceu uma ampla rede de créditos, contava ainda com uma sesmaria, casas de vivenda, moinhos e um engenho de moer cana.[107] É evidente que estes elementos se entrecruzavam e influenciaram no próprio espaço de atuação de seu ofício mecânico nas esferas pública, particular e religiosa da cidade. Entretanto, nosso foco é particularmente a função que desempenharam e o espaço que conquistaram como construtores da rede de abastecimento de água a serviço da Câmara em Mariana.

Enquanto oficiais construtores, além das estratégias de sociabilidade, as condições para executar as obras constituíam o outro requisito fundamental para alcançarem prestígio e privilégios no órgão local. Neste sentido, os renomados construtores deveriam contar com uma fábrica construtiva capacitada. A fábrica englobava o espaço físico, casa ou oficina, as ferramentas, a matéria-prima e a mão de obra necessárias. Como informou Silva, ela poderia ser deslocada ou dividida

---

106 Arouca deixou uma morada de casas, uma roça que vendeu na freguesia do Pomba a Francisco Antunes Moreira, serviços de minerar, casas com seu quintal e bananal em sociedade com o Sargento-mor Lizado Coelho e com Manoel Jorge de Carvalho, várias datas de terras, uma rocinha com terras minerais e uma lavra na Vargem em sociedade com o Guardamor José Correa e o Tenente Antônio Mendes da Fonseca. AHCSM. Livro e Registro de testamentos, Livro 44, fls. 74v-75; MENEZES. *Op. cit.*, p. 82-83.

107 No caso de João de Caldas Bacelar, a rede de crédito deixou uma dívida ativa de 3:595$059 e ½. Entre as propriedades constam uma sesmaria de terras brutas no valor de 800$000, um canavial, uma fazenda com terras de cultura, capoeiras e matos virgens, casas de vivenda, moinhos, um engenho de moer cana em Boa Vista do Turvo Sujo, no valor de 2:300$000, em sociedade com João Rodrigues de Carvalho Domingos Ferreira. Depois de quitadas as dívidas e a sociedade, Bacelar deixou ao seu sobrinho a quantia de 12:505$074 réis. AHCS. 1º ofício. Código 92. Auto 1928.

entre os canteiros de obras.[108] Nos inventários de Arouca e Bacelar, constam martelos, enxadas, alavancas, serras, bigornas, pregos, caixões de pedra e carros de boi, que serviam ao transporte de madeira e pedras extraídas próximo à cidade.[109]

No exercício do ofício, Arouca e Bacelar deveriam contar com o emprego de seus cativos nas construções. No seu testamento, o primeiro declarou possuir para mais de cinquenta escravos. Entretanto, no inventário da testamentária constam 26 cativos, dos quais 25 homens e uma mulher. Ao todo, 20 escravos foram declarados especializados em algum ofício mecânico (3 oficiais de carpinteiro, 2 oficiais de pedreiro, 8 serradores, 1 oficial de ferreiro, 3 cabouqueiros, 2 carreiros, 1 capineiro e 1 servente), mas apenas 16 foram avaliados, totalizando 1:735$000.[110] O mais valioso era Miguel Angola Candimba, de 45 anos,

---

108 SILVA. *Op. cit.*, p. 91.

109 A respeito da extração dos materiais de construção, indicamos o capítulo 8 do estudo de Carlos Caetano, que abordou também o consumo, armazenamento e produção da cal, madeira e telhas nas construções portuguesas dos séculos xv a xviii. caetano, Carlos. *A Ribeira de Lisboa na época da Expansão Portuguesa* (Séculos xv a xviii). Lisboa: Pandora, 2004.

110 João Caetano Crioulo, 30 anos, Oficial de Carpinteiro, 160$000; João Angola, 40 anos, Oficial de Carpinteiro, 150$000; Matheus Cabinda, 45 anos, Oficial de Pedreiro, 140$000; Antônio Carioca, 65 anos, Pedreiro, 70$000; Antônio Grande Angola, 50 anos, Serrador, 160$000; Domingos Angola, 58 anos, Serrador, 80$000; Domingos Angola, 60 anos, Serrador, 75$000; Caetano Angola, 35 anos, Carreiro, 140$000, Miguel Angola Candimba, 45 anos, Oficial Ferreiro, 200$000; Joaquim Angola, 42 anos, Cabouqueiro, 130$000; André Angola, 45 anos, Cabouqueiro, 150$000; Pedro Angola, 65 anos, Capineiro, 30$000; Antônia Mulata, 56 anos, 50$000; Lourenço Angola, 55 anos, sem ofício declarado, 80$000. Os demais escravos não foram avaliados: Antônio Cabinda, Joaquim Bitanemt (Servente); Damião Angola (Cabouqueiro); João Angola Velho (Carpinteiro); Miguel Angola (Companheiro do Carreiro); Antônio Carioca Crioulo (Carreiro), Jacinto Cabinda (Serrador), Domingos Angola Velho, Pedro Angola (Serrador); José [Guipamá] (Serrador). AHCSM. Livro e Registro de testamentos, Livro 44, fl. 52v.

oficial ferreiro avaliado em 200$000 réis.[111] No inventário de Bacelar, a nenhum de seus 30 escravos (19 homens e 11 mulheres) arrolados foi atribuída qualquer especialização mecânica. No entanto, a julgar pelos altos valores de seus cativos, não descartamos que alguns deles fossem conhecedores das atividades construtivas.[112]

Outrossim, o uso de cativos e jornaleiros a serviço dos renomados construtores apareceu explícito nos requerimentos de pagamento dos serviços de conservação das águas, como em 1792, quando José Pereira Arouca solicitou ao órgão local a quantia de 37 oitavas ¼ de ouro e 7 vinténs:

---

111 Sobre a importância e valorização do ferreiro nas Minas, cf. ALFAGALI, Crislayne G. M. *Ferro em obras*: oficiais do Ferro. Vila Rica (1750-1795). Monografia (Bacharelado em História) – Instituto de Ciências Humanas e Sociais, Universidade Federal de Ouro Preto, Mariana, 2009.

112 Silverio Cabra, 36 anos, 180$000; Felisberto Cabra, 25 anos, 200$000; Antônio Crioulo, 30 anos, 100$000; Joaquim Cabra, 40 anos, 100$000; Luciana Crioula, 28 anos, 120$000; Maria Crioula filha da anterior, 18 anos, 80$000; Claudina também filha daquela, 3 anos, 50$000; Joana Crioula, 40 anos 105$000; Romana Crioula também filha, 4 anos, 60$000; Emerenciana crioula filha também, 7 anos 70$000; Leonor crioula filha também, 12 anos, 100$000; Pedro [congo] 55 anos doente de gota sem valor; José Mina, 45 anos, 100$000; João Carapina Benguela, 42 anos, 130$000; Fulgêncio Crioulo, 23 anos, 140$000; Joaquim Bunba Benguela, 60 anos, 10$000; Domingos Crioulo, 31 anos, 120$00; Andre Benguela, 50 anos, 70$000; Bento Crioulo, 60 anos, 12$000; Manoel Crioulo, 32 anos, 130$000; Clemente Benguela, 70 anos, 12$000; João Rebolo, 20 anos, 180$000; Maria Monjolo, 50 anos, 70$000; Paula Crioula, 36 anos, 130$000; Luciano Crioulo filho da dita, 5 anos, 70$000; Joaquina Crioula filha da dita, 20 anos, 135$000; Maria Crioula, 16 anos, 95$000; Sebastião Benguela, 45 anos 70$000; Pedro Crioulo, 26 anos, 180$000; Domingos Crioulo, tropeiro, 30 anos, 110$000.

Conta dos consertos que fez por ordem do Procurador do Senado desta Cidade deste presente ano de 1792 o Alferes José Pereira Arouca que é o seguinte.[113]

Em fevereiro de 92	*No conserto do cano de água junto a São Pedro*		
	Para 4 dias de pedreiro negro a ¼	1 – -	
	Para 4 dias de serventes a 4vinténs	- ½ -	
	Para 8 telhões (sic) a 3 vinténs	- ¾ -	
	Para cal azeite para betume (sic)	- ½ -	
	Para 1 carrada (sic) de Lages	- ¾ -	
			3 – ½ -
Em Março 23 de 92	*No cano dos Monsus*		
	Para 8 dias de Pedreiro	2 – -	
	Para 8 dias de servente	1- -	
	Para 1 dia de carro [acariar] pedra	1- -	
	Para 2 caradas (sic) de Lages	1 ¼ -	
	Para 3 caradas(sic) de Lages do Marinho	1 ¾ 4	
			7 – 4
Maio do dito ano	No conserto da ponte dos Monsus		
	Para 3 tabões de braúna (sic) a 1/8 e ¼ (sic)	3 ¾ -	
	Para 2 dias de carapina	1- -	
	Para 2 dias servente	- ¼ -	
	P. 3 pregos grandes	- ¼ – 4	
	P. 8 mesmo dita a consertar calçada	- ¼ 4	
			5 ¾ -
Outubro do dito ano	*No cano das águas da Rua nova*		
	Para dois de pedreiro branco a ½	1- -	
	Para 3 dias de pedreiro negro	- ¾ -	
	Para 13 dias de servente a 4 vinténs	1 ½ 4	
	P. 10 telhões a 2 vinténs	- ¾ 6	
	Para 1 carrada (sic) de pedra	- ¼ 3	

---

113 AHCMM. Miscelâneas. Códice 687. fl. 1792. (Grifo nosso). Os dados foram apresentados em tabela para melhor visualização do conteúdo.

Para cal e azeite para betume	- ¼ 4	
Para 2 dias de pedreiro negro	- ½ -	
Para 2 dias de serventes	- ¼ -	
	[5] ¾	
	[-]	
Outubro do dito ano	*No conserto da ponte dos Monsus*	
Para 1 travessão de braúna (sic)	3- -	
P. 5 tabuas de braúna (sic) de 24 pª	4- -	
P. 4 dias de capinas a ½	2- -	
Para 4 corrimões novos de 20 pª	2- -	
P. 50 pregos pau a pique	- ¼ 2	
	11 ¼ 2	
Na [chácara] do Bucão		
Para 32 dias de negros para várias vezes a limpar o rego da água do chafariz a 4 vinténs	4--	
Soma	37 ¼ 7	

Na relação da "conta dos consertos" apresentada ao procurador, o jornal do serviço de pedreiro negro custou ¼ de oitava de ouro ($300), enquanto o do pedreiro branco, ½ oitava de ouro ($600). Portanto, a cor (branco ou negro) e/ou a condição (cativo ou liberto) interferiam no valor de seus jornais. O nível de aprendizagem também era outro fator determinante: o servente, que não foi caracterizado como branco ou negro, recebia 4 vinténs ($80) pelo dia de trabalho.

Quando cativos, suas jornadas alimentavam os cofres de seus próprios senhores/construtores. Ademais, nos canteiros de obras foram recorrentes o emprego de homens livres e/ou o aluguel de escravos. No rol de dívidas de José Pereira Arouca, sobressaem as jornadas de mestres carpinteiros, pedreiros e canteiros, como o caso de João Moreira, para o qual o construtor devia a quantia de noventa e nove oitavas, três quartos e um tostão, "procedidas de jornais de seu ofício de carpinteiro e de um seu escravo".[114]

Ao compararmos o número de dias trabalhados, vemos que enquanto pedreiros negros atuaram durante 17 dias, pedreiros brancos trabalharam 2 dias e os serventes, 29 dias. No mês de outubro, no serviço "para limpar o rego da água do chafariz", foram empregados "32 dias de negros", que não tiveram sua especialização definida, mas que supomos integrarem o grupo de serventes, já que o serviço da jornada cobrada era o mesmo ($80). Desta forma, o trabalho de serventes na conservação das águas chegaria a 61 dias. Diante de tais números, conjeturamos que o pedreiro branco, que atuou durante 2 dias, teria sido o próprio Arouca, que assumia a função de gerir seus escravos e outros jornaleiros nesse serviço.

Em virtude das inúmeras obras que arrematavam pelo Termo de Mariana, acreditamos que esses construtores renomados agiam como fiscalizadores. No serviço de conservação das águas, assim como na construção dos chafarizes e canos pela cidade, os oficiais construtores administravam os serviços de seus cativos e dos jornaleiros que contratavam.

Na lista supracitada, além da mão de obra empregada, merece destaque a natureza dos serviços prestados para conservar as águas da cidade. Primeiramente, vemos que as intervenções no sistema adutor das águas eram praticamente mensais, com o objetivo de manter o fluxo do líquido pelos canos subterrâneos. Dessa forma, conservar designava cuidar das estruturas construtivas de abastecimento de água, tarefa que variava entre pequenos reparos, consertos e limpeza dos condutos e chafarizes. No mês de março, por exemplo, pedreiros negros e serventes realizaram consertos no cano próximo à Igreja de São Pedro. Foram colocados telhões, betumes e lajes. Já na chácara do Bucão, durante o mês de outubro, 32 negros foram "várias vezes limpar o rego d'água" que corria para o chafariz.

Na Capitania das Minas, os oficiais construtores desempenharam, com o auxílio de seus cativos e jornaleiros, todas as funções do setor

---

114 MENEZES. *Op. cit.*, p. 82-83.

construtivo, desde a elaboração dos riscos à execução dos diversos tipos de obras ligadas ao abastecimento de água e ao mobiliário urbano. Mas além dos oficiais mecânicos, cabe lembrar que, em outras localidades da América Portuguesa, a figura do engenheiro militar também contribuiu para o estabelecimento de um sistema de distribuição das águas. Concomitantemente à sua função militar, esta "elite técnica" do setor construtivo confeccionou mapas, elaborou plantas e riscos para centros urbanos coloniais.[115] Conforme vimos no primeiro capítulo, foram raras as passagens destes funcionários régios na Capitania de Minas Gerais, o que levou à concentração de todas as atividades construtivas nas mãos dos renomados mecânicos.[116] José Fernandes Alpoim,[117] a quem foi atri-

115 De acordo com Roberta Delson, por "terem recebido uma distinção acadêmica de nível superior, também constituíam automaticamente uma elite intelectual dentro da colônia". A respeito da formação, prática e aulas militares na colônia, cf. ARAUJO, Renata Malcher. *As cidades da Amazônia no Século XVIII*: Belém, Macapá e Mazagão. 2. ed. Porto: FAUP Publicações, 1998.; BUENO, Beatriz P. S. O Engenheiro artista: as aquarelas e as tintas nos mapas do Novo Mundo. In: FURTADO, Júnia F. *Sons, Formas, Cores e Movimentos na Modernidade Atlântica*: Europa, América e África. São Paulo: Annablume, 2008. Outra figura importante, mas que perde espaço com o triunfo da Engenharia em fins do século XVI, foi o arquiteto. Segundo Menezes, o engenheiro invadiu as competências dos arquitetos e assumiu as obras "hidráulicas, a arte dos jardins e arquitetura efêmera". Cf. MENEZES, José Luís M. Instrumentos para a percepção do espaço da "Escola portuguesa de urbanismo". Geometria prática. In: ARAUJO; CARITA; ROSSA. (coord.). *Op. cit.*, p. 359-368. Sobre a formação e atuação dos arquitetos portugueses, cf. TEIXEIRA, Manuel. C.; VALLA, Margarida. *O urbanismo português*. Séculos XIII-XVIII. Portugal – Brasil. Lisboa: Livros Horizonte, 1999; BERGER, Francisco José G. *Lisboa e os arquitectos de D. João V*: Manuel da Costa Negreiros no estudo sistemático do barroco joanino na região de Lisboa. Lisboa: Edições Cosmos, 1994.

116 FONSECA. *Op. cit.*, p. 286.

117 O engenheiro José Fernandes Alpoim (1700-1765) chegou ao Rio de Janeiro em 1739, para dirigir o 3º Batalhão de Artilheiro e a Aula de Fortificação e Artilharia da cidade. Português, proveniente de uma família de reconhecidos engenheiros militares, o funcionário régio se dividiu entre a prática e o ensino, movimentando-se pela colônia, "projetando, ampliando, reformando, inspecionando obras urbanas de caráter civil e militar". PEREIRA, Margareth

buído o projeto de reforma urbana de Mariana em meados do século XVIII, é um dos poucos nomes que estiveram em terreno mineiro. Nas várias obras em que atuou, interessa-nos, particularmente, as intervenções no Aqueduto da Carioca e no Chafariz do Largo do Carmo, no Rio de Janeiro, bem como sua passagem pelas Minas, quando participou das obras no Palácio dos Governadores e na Casa de Câmara e Cadeia de Vila Rica.[118] Pelo fato de ter se dedicado a estes dois últimos projetos na Capitania, entre os anos de 1740-1745, os historiadores acabaram por lhe conferir a autoria do plano urbano de Mariana.

Nas obras ligadas ao abastecimento de água, Alpoim teria participado nos reparos e acrescentamento dos Arcos da Lapa, atuando como fiscal das obras arrematadas por Luis dos Santos. Já na edificação da obra

da S. Visão da cidade e do território no período joanino: a ação do brigadeiro Alpoim. In: ARAUJO; CARITA; ROSSA. *Op. cit.*, p. 377. De acordo com Paulo Pardal, entre 1752 e 1759, o engenheiro esteve na campanha do Sul e, em sua volta, com 59 anos, continuou como chefe do regimento até sua morte em 1765. Alpoim escreveu o "Exame de Artilheiros" em 1744, o qual teve sua circulação embargada, "sob alegação de não respeitar os devidos tratamentos às personalidades citadas no texto". ALPOIM, José Fernandes Pinto. *Exame de artilheiros*. 2. ed. Nota biográfica e análise crítica de Paulo Pardal. Prefácio de Lygia Fonseca Fernandes da Cunha. Rio de Janeiro: Xérox do Brasil, 1987. Edição fac-similar, p. 11. ANTT. Registro Geral de Mercês. D. João V. Livro 29. fls. 358 ou 457 (duas numerações).

118 De acordo com Francisco Antônio Lopes, o governador Gomes Freire de Andrade incumbiu o Sargento-mor de "organizar o projeto e os Apontamentos para a obra que se pretende fazer por conta da Real Fazenda em Vila Rica no Palácio dos governadores". Para a obra da nova Cadeia de Vila Rica, Alpoim recebeu 150$000 pelo risco e mais 96$000 pelo recalco (cópia) do mesmo, apontamentos e condições da obra e o risco da fonte junto a Santa Ana. A obra, conforme informou Lopes, foi arrematada pelo valor de sessenta mil cruzados por Manuel Francisco Lisboa. A Câmara se comprometia a dar "vinte negros aos arrematantes durante a obra", cabendo aos mestres o "mantimento necessário a sua sustentação", como ainda se comprometia "a dar guardas que andem com os negros, e os façam trabalhar, e juntamente as correntes de ferro" na obra. A arrematação do que viria a ser o novo prédio, de acordo com Francisco Lopes, ficou sem nenhum efeito e não foi levada adiante. LOPES, Francisco A. *Os Palácios de Vila Rica*: Ouro Preto no ciclo do ouro. Belo Horizonte, 1955, p. 15-36; 113-114.

do Chafariz do Carmo, o engenheiro enfrentou uma situação embaraço-sa. O risco por ele elaborado foi recusado pelo Conselho Ultramarino, pois "além de não ser de tão bom gosto, como se poderá fazer nesta Corte, é de obra muito mais miúda do que convém para uso dos negros, que brevemente a destruirão". De acordo com Maria Fernanda Bicalho, o Concelho ainda determinou que do "Reino deve ir lavrada a pedraria das duas fontes e das pias dos registros, por não haver no Rio de Janeiro oficiais com bastante perícia, nem pedra suficiente para esta obra se fazer com a devida perfeição".[119]

Nos dois exemplos citados, o engenheiro agiu como planejador e administrador das obras. Nestas localidades, deveria se estabelecer uma hierarquia entre este funcionário do Rei e os mecânicos construtores. Neste sentido, a construção do Aqueduto das Águas Livres de Lisboa, analisada pelos historiadores portugueses, trouxe aspectos relevantes acerca das práticas e conflitos que se estabeleciam nesse universo laboral. Não compete ao nosso estudo tratar das relações e hierarquias de trabalho, tampouco confrontar estas práticas do Reino com as de ultramar. Apenas buscamos salientar que os canteiros de obras eram palco de disputas e conflitos de poder e que esse tema ainda está por ser devidamente investigado em relação ao processo de formação urbana do território colonial. Entre as discórdias citadas por Irisalva Moita, destaca-se o conflito que envolveu o engenheiro Manuel da Maia e o arquiteto italiano Canevari no início das obras do aqueduto em 1732. Anterior à própria inauguração das obras pelo Rei D. João v, Maia e Canevari já se desentendiam acerca de vários aspectos e pareceres para a edificação do aqueduto. No ano de 1732, o Rei D. João v nomeou o arquiteto como diretor geral das obras, cargo em que permaneceu por sete meses. No decorrer da evolução das obras, Canevari foi acusado de cometer erros graves de medição. Por sua vez, o

---

119 AHU, RJ, Avulsos, Cx. 42, Doc. 44; Cx. 45, Doc. 80 *apud* BICALHO, Maria Fernanda B. *A Cidade e o Império*: o Rio de Janeiro na dinâmica Colonial Portuguesa. Século XVII e XVIII. Tese (Doutorado em História) – FFLCH, Universidade de São Paulo, São Paulo, 1997, p. 417.

italiano acusava os mestres de obras de não cumprirem o que lhes era designado e, por isso, as falhas encontradas. Descontente com os atrasos, D. João V ordenou que uma comissão de peritos, formada pelo engenheiro Manuel de Azevedo Fortes, o Coronel José da Silva Paes e o Sargento-mor Custódio Vieira, desse o parecer.[120] Os engenheiros entenderam que os oficiais construtores apenas cumpriam as ordens de Canevari, situação que terminou com o afastamento do italiano e a nomeação de Manuel da Maia, seu principal oponente.

Estes conflitos acabavam sempre por respingar nos oficiais mecânicos, subordinados aos engenheiros nos canteiros de obras.[121] As frequentes alterações nas plantas, a mudança dos traçados ou mesmo a morte ou designação de outros engenheiros colocavam os construtores em situação desvantajosa. De acordo com Joaquim Oliveira Caetano, após a morte do diretor geral das obras Custódia Vieira, em 1746, a sociedade de mestres pedreiros foi à Junta das Águas Livres solicitar o pagamento, após cumprirem "os vãos dos arcos cheios, devido à grande altura da arcaria de Alcântara", ordenada pelo falecido engenheiro. Com a recusa da Junta, os mestres recorreram ao Rei. No parecer, foram descritos aspectos do cotidiano dos jornaleiros na construção do extenso aqueduto:[122]

> Senhor, dizem os mestres empreiteiros da Obra das
> Águas Livres que se mandão vir a esta cidade, que eles

---

120 MOITA. *Op. cit.*, p. 28-32.

121 Enquanto uma comissão engenheiros militares discutia os pareceres técnicos, o percurso, as possibilidades e material mais apropriado para a obra, uma sociedade de mestres construtores se encarregava da execução. Segundo Francisco José Gentil Berger, um grupo de 20 mestres se reuniu e formou uma sociedade em escritura notarial. Cada um deles deveria contribuir com 400$000 réis para um fundo comum, administrado por um mestre de obra sócio indicado dentro do grupo. Os mestres pedreiros somente receberiam pelas obras executadas após a vistoria dos engenheiros, fator que justificava a formação de um fundo para o investimento nas construções. BERGER. *Op. cit.*, p. 24.

122 CAETANO, Joaquim O. Arquitectos, Engenheiros e Mestres de Obras do Aqueduto das Águas Livres. In: MOITA. *Op. cit.*, p. 100.

suplicantes tem em trabalho atualmente na obra, mil e trezentas pessoas, a que se devem mais de trinta semanas, em que importa a folha de cada uma, de um até dois contos de réis, não tendo os oficiais, e trabalhadores para o seu sustento, de suas mulheres, e filhos mais que seus jornais, por cuja falta se acham endividados, alguns em prisão, e todos em penúria extrema, com o perigo de a deixarem, com escândalo do Povo, e ser a fome, e necessidade causa de algum motim.[123]

Diante de tais exemplos, fica claro que os espaços de produção do abastecimento eram lócus de conflitos de poder. Na edificação desta obra monumental, que levou cerca de 15 anos, o cotidiano dos oficiais e funcionários régios esteve marcado pela insegurança e trabalho árduo dos primeiros e reafirmação das hierarquias e do conhecimento técnico dos últimos. As disputas e desentendimentos permearam a construção dos vários canos, arcos e chafarizes. Na constituição do caminho das águas, a construção de seus alicerces materiais foi caracterizada pelo estabelecimento de relações sociais, laços de cumplicidade, apoio e solidariedade. Nos canteiros das obras ou nos gabinetes da elite técnica, os conflitos, hierarquias e ordens foram tecidos no cotidiano, a partir de um objetivo central: trazer água para a capital do Reino. As águas dos chafarizes estavam imersas de significados daqueles que produziram seu caminho; o trajeto das águas foi marcado pelo estabelecimento de interesses, de conflitos e desordens, provocados pelos vários indivíduos que nela atuaram.

Quando atravessamos o Atlântico, constatamos na cidade de Mariana um cenário aproximado, no qual um grupo de indivíduos tratou de tecer dentro e fora de seu círculo um conjunto de estratégias e artifícios que os

---

123 Biblioteca Nacional de Lisboa. Memórias Históricas relativas ao Magnífico Aqueduto das Agoas Livres. Seção Reservada, cx. 189, nº 13, fls. 8-11v. Parecer resultante da uma conferência feita para exame da pretensão dos mestres empreiteiros da obra das Águas Livres, em que requererem os pagamentos dos "vão cheios" dos arcos de Alcântara e outras regalias na medição e pagamento das obras. *Apud*: MOITA. *Op. cit.*, p. 266-268.

levou à monopolização, tanto dos contratos lícitos e quanto dos contratos ilícitos das obras e conservação das águas.

Conforme demonstramos, o Senado se apoiava em duas medidas para fornecer o líquido à cidade: a arrematação das obras públicas e o serviço de conservação das águas. Mesmo que essas práticas administrativas tenham sido permeadas por irregularidades cometidas pelos governantes locais e os construtores/arrematadores, foi por meio delas que se instituiu na cidade o abastecimento de água. Através da promoção desse serviço urbano, membros do Concelho e arrematadores firmaram um campo estratégico de relações que permitiu, especialmente ao segundo grupo, conquistar prestígio e privilégios no cenário local. Homens como Arouca e Bacelar se infiltravam pela fabricação de um espaço ordenado das águas em Mariana e tornaram-se os personagens fundamentais da sua constituição. Na arquitetura das águas, portanto, estava o Senado, instituição político-administrativa local que deveria fornecer o líquido ao povo, mas que na prática era formado pelos interesses dos diversos indivíduos que o compunham, por vezes os próprios mecânicos, que davam forma aos (des) usos que faziam de suas normas. Nem sempre nas audiências os interesses convergiam, como ocorreu no caso envolvendo um arrematante e o procurador da Câmara de Vila Rica, citado por Marcos Magalhães Aguiar.[124]

O espaço de produção das águas abrigava, outrossim, os canteiros das obras. Desconhecemos vários dos aspectos que minaram as relações de trabalho entre os oficiais mecânicos e seus subordinados nas Minas.[125] Ainda restam várias interrogações acerca desse cotidiano laboral, como o sistema de aprendizagem dos cativos especializados e a oferta dos liber-

---

124   AGUIAR. *Op. cit.*, p. 61.

125   As competências de cada ofício construtor não eram seguidas de forma rígida nas Minas. SILVA. *Op. cit.*, p. 136-137. Para o Rio de Janeiro cf. SANTOS, Noronha. Um litígio entre marceneiros e entalhadores no Rio de Janeiro. Autos de Execução de 1759-1761. *Revista do Serviço do Patrimônio Histórico Artístico e Nacional*, Rio de Janeiros, vol. 6, 1942, p. 295-317.

tos, pardos e brancos.[126] O uso dos cativos (oferta, compra e aluguel), a relação com seus senhores/arrematadores e a distinção que alcançavam, se especializados, configuraram essa relação laboral. O próprio José Pereira Arouca, em seu testamento, deixou coartados quatro escravos – Joaquim Minas, Bernardo Mina, Tomás Mina e Sebastião Mina –, libertados após cumprirem quatro anos de trabalho em suas obras depois de seu falecimento[127] e uma lista extensa de jornaleiros a quem devia.[128]

No seio do fornecimento das águas na cidade, especificamente na fabricação e conservação de um espaço financiado pela ordem local para o consumo do líquido, estiveram envolvidos diversos interesses de diferentes indivíduos e grupos sociais. As águas que ocupavam as audiências

---

126 Sobre a questão do sistema de aprendizagem regulado pelas corporações de ofício em Portugal, cf. MENESES, José Newton C. Ensinar com Amor uma geometria prática, despida de toda a teoria da ciência e castigar com caridade: aprendizagem do artesão no mundo português, no final do século XVIII. *Varia História*, Belo Horizonte, vol. 23, n. 37, jan./jun., 2007, p. 167-183. Numa outra perspectiva, sustentada por Jaelson B. Trindade, os escravos não tiveram participação expressiva, exercendo trabalhos mais simples, como serventes. Cf. TRINDADE, Jaelson B. *A produção da Arquitetura nas Minas Gerais na província do Brasil.* 2002. Tese (Doutorado em História) – Faculdade de Filosofia, Letras e Ciências Humanas, Universidade de São Paulo, São Paulo, 2002, p. 39. RIOS, Wilson de Oliveira. *A lei e o Estilo*: a inserção dos ofícios mecânicos na sociedade colonial brasileira. Salvador e Vila Rica (1690-1790). Tese (Doutorado em História) – Instituto de Ciências Humanas e Filosofia, Universidade Federal Fluminense, Niterói, 2000. SILVA FILHO, Geraldo. *O oficialato mecânico em Vila rica no século XVIII e a participação do escravo e do negro.* Dissertação (Mestrado em História) – Faculdade de Filosofia, Letras e Ciências Humanas, Universidade de São Paulo, São Paulo, 1996.

127 MENESES. *Op. cit.*, p. 83.

128 A João Moreira pelas suas jornadas de carpinteiro e de seu escravo, 99 ¾ e 1 tostão; a Francisco Ferreira dos Santos dos trabalhos no ofício de canteiro 1$000 réis; a Hilário José da Fonseca Cabeça, oficial de pedreiro, 21 oitavas e 3 vinténs; a Manoel Dias da Silva e Souza do ofício de entalhador, 22 oitavas e 2 vinténs; a José Esteves do Santos, ofício de pedreiro, 58 oitavas e 4 vinténs; Francisco Machado da Luz, ofício de carpinteiro, 154 oitavas e 6 vinténs; Manoel Barbosa da Cruz pelos jornais de seu ofício de Carapinas, 38 oitavas, ¼ e 1 vintém; José Pereira da Silva pelos serviços de ferreiro, 6 oitavas e ½ e 7 vinténs. MENESES. *Ibidem*, p. 87-92.

da Câmara se tornaram um instrumento poderoso para aqueles que sabiam fabricar seu caminho pelo sítio urbano. A arte de saber manejá-las e conduzi-las foi mais um elemento que possibilitou aos construtores se infiltrarem nas redes do poder local. O processo de tornar as águas apropriadas ao consumo urbano deu aos engenhosos arrematantes que as dirigiam um espaço de ação nas tramas dessa instituição de poder.

2.3 O custo das águas: as despesas com a rede de abastecimento

Em Mariana, o sistema de abastecimento de água foi construído, ampliado e conservado com as rendas municipais. No Rio de Janeiro, houve a imposição de um tributo especificamente destinado à construção de seu aqueduto, administrado pela Fazenda Real. No Reino, a cobrança do imposto real d'água foi autorizada em 1729 pelo Rei D. João v, que nomeou a Junta das Águas Livres para administrar as arrecadações e os gastos na construção ao Aqueduto e dos chafarizes de Lisboa.[129] No Rio de Janeiro, o tributo cobrado desde o governo de Miranda Henriques (1633-37) incidia sobre o vinho: cada canada correspondia a 160 réis.[130]

---

129 A primeira imposição do real d'água veio no reinado de Felipe II, desejoso de construir o aqueduto para Lisboa. Mas as rendas foram desviadas para outras obras e finalidades. O projeto do Aqueduto das Águas Livres, assim como a cobrança do real d'água, foi retomado pelos vários monarcas no Seiscentos, até que no governo de D. João v a obra foi executada. No decreto do Rei de 1729, o imposto, que deveria ser exclusivamente para a condução das águas e construção das fontes e chafarizes em Lisboa, era cobrado da seguinte forma: 6 réis por canada de vinho; 5 réis no arrátel da carne; 10 réis na canada do azeite; 3 réis em cada alqueire de sal e meio tostão em cada pano de palha. No ano seguinte, 1730, foi extinto o imposto sobre o sal. E em 1734, o imposto sobre a palha. AHU- Reino. Caixa 31, Pasta 17. O documento sem assinatura e data retoma toda a trajetória da implantação do real d' água desde a primeira cobrança, estabelecida por Felipe II, em 1589.

130 O imposto arrecadado pela Câmara era administrado pela Fazenda Real para a execução das obras. SANTOS, Noronha. Aqueduto da Carioca. *Revista do Serviço do Patrimônio Histórico e Artístico Nacional*, Rio de Janeiro, n. 4, 1940, p. 8.

Não descartamos a hipótese de que outras esferas do poder e os próprios habitantes da cidade tenham contribuído para as obras de abastecimento público da água em Mariana. Particulares podiam, por iniciativa, com autorização do Senado, edificar pontes, chafarizes ou qualquer outro tipo de equipamento urbano. Em 1749, a Provedoria da Fazenda Real gastou 1:630$312 réis com serviços de pedreiro e carpinteiro na Capitania.[131] Em 1778, a Câmara de Mariana esclarecia aos habitantes as diminutas rendas que a impossibilitava de "consignar alguma parte dos ditos rendimentos para a fatura de cadeia tão precisa como necessária" e "as mais despesas para conservar pontes, fontes e calçadas que se compreendem nesta cidade e seus subúrbios". Os camarários informavam aos moradores para:

> (...) ocorrerem prontamente a sua custa qualquer ruína que ameaçarem as pontes públicas edificadas no âmbito da mesma, para que a despesa de conservação e que lhes seja mais crescida certificando se que pelo diminutos em diminutos do Concelho não podem ser socorrido na forma que antecedentemente se praticava.[132]

Em 1745, os moradores do Rosário solicitavam ao procurador da Câmara de Vila Rica que, por "grave detrimento na falta de água" e por "ser preciso conduzi-la de longe", desejavam "remediar tão urgente necessidade determinando fazer uma fonte à sua custa, de trás do quintal da Igreja do Rosário por ser cômodo para toda a vizinhança sem prejuízo de algum, nem deste Senado".[133]

---

131 Relação do rendimento que teve a Fazenda Real das Minas Gerais no ano de 1749. In: FIGUEIREDO; CAMPOS (org.). *Op. cit.*, vol. 1, p. 427.

132 AHCMM. Códice 554. fl. 41v. 1778 *apud* BORSOI, Diogo. *Por dentro de mapas e planos*: práticas, cotidiano e dinâmica urbana em Mariana, MG (1740-1800). Monografia (Bacharelado em História) – Instituto de Ciências Humanas e Sociais, Universidade Federal de Ouro Preto, Mariana, 2008, p. 58.

133 CMOP-DNE, Caixa 16; doc. 44 *apud* SILVA, *op. cit.*, p. 59.

Também vale ressaltar que o sistema de abastecimento das vilas do ouro eram bem mais modestos que os dos Arcos da Lapa, no Rio de Janeiro, e do Aqueduto das Águas Livres de Lisboa. Estas obras de caráter monumental transportavam um volume de água bastante superior à rede de adução das águas de Mariana. De acordo com Francisco José Gentil Berger, entre 1736 e 1752, quando o Aqueduto de Lisboa havia chegado ao Rato, já tinham sido gastos cerca de 1.580:450$562 réis. Enquanto Noronha Santos encontrou cerca de 24:000$000 réis despendidos até 1731, no primeiro trecho do Aqueduto da Carioca.[134]

Aliadas à dimensão das obras pretendidas, estiveram as diminutas arrecadações municipais, fator que pesava na imposição do real d'água nestas localidades. Nuno Gonçalo Monteiro constatou, para os municípios sedes de comarcas de Portugal, como Barcelos, Bragança, Miranda, Viana, Vila Real e Viseu, que até o fim do século XVIII as receitas municipais não chegavam a dois contos de réis.[135] De acordo com Teresa Fonseca, as despesas com obras públicas "não passaram de 4% nas Vilas e Cidades do Minho, 6,5% na Câmara de Montemo-o-Novo e 2,2% na cidade de Évora".[136]

Em Mariana encontramos um cenário diverso, sobretudo em meados do Setecentos, que levou à configuração de um sistema de provimento das águas a partir dos cofres municipais. As obras eram de bem menor

---

134 BERGER. *Op. cit.*, p. 102. Em um primeiro momento o Aqueduto do Rio de Janeiro atingia o Morro de Nossa Senhora da Ajuda. Posteriormente, no governo de Gomes Freire de Andrada, foram realizadas reformas e a ampliação do canal até o morro de Santo Antônio, finalizadas em 1744. SANTOS. *Op. cit.*, p. 21-23.

135 Nas vilas do norte de Portugal os rendimentos eram inferiores a 30$000 réis. MONTEIRO, Nuno G. Os Concelhos e as comunidades. In: HESPANHA, A. M. (coord.). *História de Portugal*: Antigo Regime (1620-1807). Lisboa: Estampa, 1993, p. 322-323.

136 FONSECA, Teresa. *Absolutismo e Municipalismo*: Évora, 1750/1820. Lisboa: Edições Colibri, 2002, p. 390 *apud* SILVA, Fabiano G. da. A construção da urbe. *Revista do Arquivo Público Mineiro*, vol. XLV, 2009.

amplitude, seja em extensão seja pelos objetivos, e a cidade ainda contava com consideráveis receitas.

Nos livros de receitas e despesas das Câmaras Municipais, deveriam ser declarados todos os gastos e arrecadações do órgão local ao longo do ano. O tesoureiro era responsável por receber os pagamentos e controlar as saídas dos cofres do Senado. Ao fim de cada ano, entregava os recibos ao escrivão, que transcrevia a natureza e o valor das entradas e gastos em livro próprio. Em meados do ano seguinte, o ouvidor fiscalizava a contabilidade, requerendo a apresentação de recibos, avaliando os estipêndios e, caso "julgasse alguma despesa desnecessária excessiva ou não condizente com as funções do Senado, glosava-a requisitando [o valor] dos oficiais da Câmara".[137]

A partir desse conjunto documental, inventariamos as receitas e despesas anuais para compreendermos a variação das rendas municipais ao longo da segunda metade do século XVIII. Das extensas listas de despesas, levantamos os dados referentes às obras públicas, ou seja, os pagamentos pelos serviços de construção e manutenção de pontes, chafarizes, caminhos, calçadas, prédios públicos, louvações, entre outros. Em seguida, analisamos os exames de contas anuais (autos de contas) realizados pelo ouvidor, a fim de apurar se as repreensões do funcionário régio estiveram associadas ao investimento inadequado de obras públicas, sobretudo àquelas associadas às águas. O objetivo central, ao inventariar o rol de arrecadações e despesas da Câmara no intervalo de 1745-1800, foi observar o quanto foi gasto na construção e manutenção da rede de abastecimento das águas, privilegiando, sobretudo, três aspectos: a relação das arrecadações e dispêndios em conexão com a trajetória dos investimentos no mobiliário urbano ao longo da segunda metade do século XVIII, a distribuição dos gastos entre os diversos tipos

---

137 SANTIAGO, Camila F. G. *A Vila em Ricas Festas*: celebrações promovidas pela Câmara de Vila Rica, 1711-1744. Belo horizonte: Editora C/ Arte, 2003, p. 89.

de obras públicas e, por último, o perfil e a dinâmica da administração do circuito das águas na cidade.

As receitas e despesas

Somadas todas as receitas anuais, correspondentes ao período de 1745 a 1800, o volume total arrecadado nestes 53 anos[138] chegou a 325:320$479 réis, com uma receita média anual de 6:246$163 réis. O menor valor encontrado foi em 1788 (2:946$442) e o máximo em 1745 (15:257$958 réis).[139] As fontes de renda provinham dos foros cobrados no terreno de sua sesmaria, dos tributos das licenças dos oficiais mecânicos e das lojas, das multas e dos arrendamentos dos contratos de aferição, rendeiro do ver, meias patacas e carceragem.[140] Um terço pertencia ao soberano e o restante era aplicado na administração da municipalidade.[141]

A Câmara despendia com obras públicas, expostos, diligências, emolumentos (aposentadorias e ordenados) e festividades (propinas, músicos, ornamentos, festejos, ceras, sermões etc.).[142] O volume de despesas

---

138 Cabe lembrar que, para contabilização da média anual, não foram considerados os anos de 1751, 1772 e 1773, cujos documentos não foram encontrados.

139 AHCMM. Miscelâneas. Cód. 572 (1745); Cód. 679 (1746, 1747, 1750); Cód. 201(1748-1749); Cód. 660 (1751, incompleto); Cód. 176 (1752-1762); Cód. 151(1766-1768); Cód. 649 (1769); Cód. 73 (1770); Cód. 75 (1771); Cód. 384 (1774); Cód. 701 (1775); Cód. 382 (1776); Cód. 141 (1777-1783); Cód. 202 (1784-1788); Cód. 277 (1789-1795); Cód. 124 (1796-1800). Não foram encontrados os dados para os anos de 1751, 1772 e 1773. A respeito da conversão de valores, ver tabela em anexo.

140 SILVA, Fabiano G. da. A construção da urbe. *Revista do Arquivo Público Mineiro*, Belo Horizonte, vol. XLV, 2009.

141 FAORO, Raimundo. *Os donos do poder:* formação do patronato político brasileiro. 5 ed. Porto Alegre: Globo, 1979, p. 186.

142 O historiador Fabiano Gomes da Silva recolheu para Vila Rica, entre os anos de 1726 e 1760, as receitas e despesas da Câmara. Nestes 34 anos a receita total chegou a 312:960$000, dos quais 87:958$719 foram investidos em obras públicas. A Câmara de Vila Rica arrecadou em 30 anos quase o valor que o Senado de Mariana (325:320$479 réis) levou 53 anos para arrecadar. O valor

anuais somados chegou a 293:123$132 réis, com os valores mínimo e máximo, respectivamente, nos anos de 1781 (2:823$961) e 1749 (13:850$048), e uma média anual de despesa de 5:636$983 réis.[143] No GRÁFICO 1, apresentamos a trajetória anual das contas da Câmara de Mariana durante toda a segunda metade do XVIII.

empregado no mobiliário urbano vilarriquenho foi superior ao de Mariana em 13:532$869 réis. Há que se considerar que falamos de períodos e contextos urbanos diferenciados. A primeira metade do século XVIII foi marcada pelo auge minerador, enquanto a segunda já apontava o declínio na produção do ouro. O historiador também constatou que, a partir de 1751, as arrecadações do Concelho diminuíram significativamente.

143 Os valores encontrados por Michelle Brandão divergem dos nossos em virtude do número de anos analisados. Ao todo, consultou 21 anos que se distribuem entre a primeira e a segunda metade do século XVIII, ao passo que consultamos toda a segunda metade do Setecentos. BRANDÃO, Michelle C. *Estado e quadro fiscal na Era Moderna*: Portugal e Brasil. Monografia (Bacharelado em História) – Instituto de Ciências Humanas e Sociais, Universidade Federal de Ouro Preto, Mariana, 2005, p. 46-49.

GRÁFICO 1: Receitas e despesas da Câmara de Mariana (1745-1800)

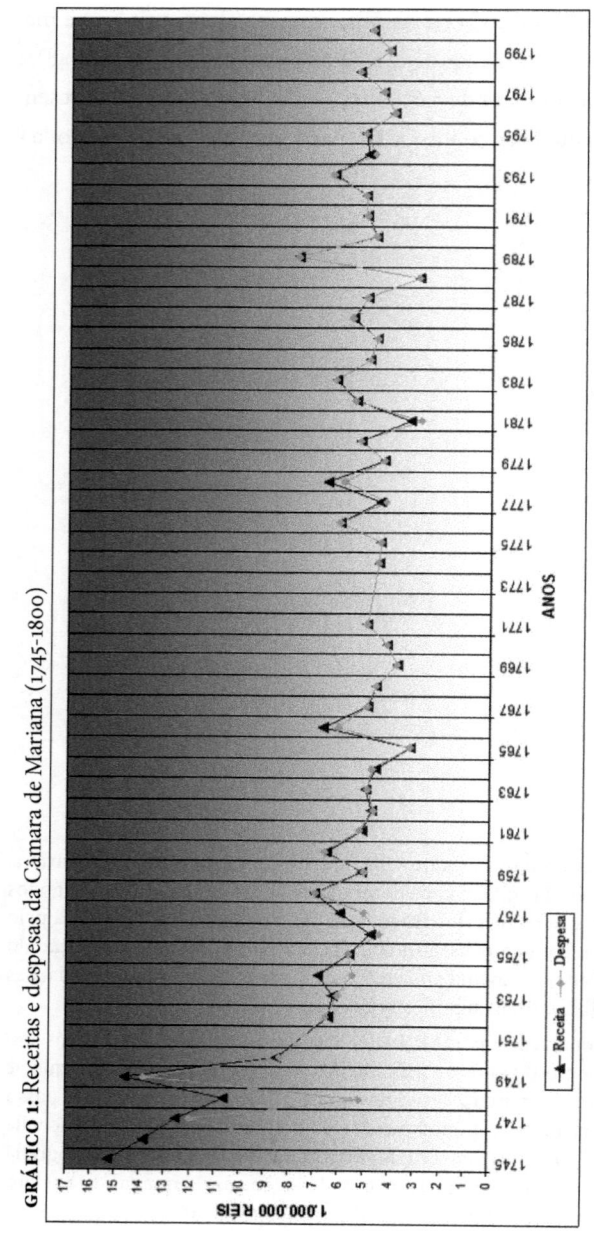

Fonte: AHCMM. Miscelâneas. Cód. 572 (1745); Cód. 679 (1746, 1747, 1750); Cód. 201 (1748-1749); Cód. 660 (1751, incompleto); Cód. 176 (1752-1762); Cód. 151 (1766-1768); Cód. 649 (1769); Cód. 73 (1770); Cód. 75 (1771); Cód. 384 (1774); Cód. 701 (1775); Cód. 382 (1776); Cód. 141 (1777-1783); Cód. 202 (1784-, 1788); Cód. 277 (1789-1795); Cód. 124 (1796-1800). Não foram encontrados os dados para os anos de 1751, 1772 e 1773. Tabela em anexo. O gráfico encontra-se colorido no caderno de imagens ao fim deste livro.

Conforme ilustra o GRÁFICO 1, entre os anos de 1745 e 1750, houve as maiores arrecadações da Câmara, período marcado pela implantação do Bispado e início das reformas da cidade. A partir de 1750 houve um declínio substancial, com uma diminuição abrupta de 6:112$622 réis na arrecadação. Entre os anos de 1750 e 1788 as rendas variaram de 3:194$473 réis (1765) a 7:009$766 réis (1758), prevalecendo no intervalo entre 4:000$000 e 6:000$000 réis. Em 1788 (2:946$442) houve uma nova diminuição das rendas, seguida por uma nova ascensão no ano seguinte, 1789 (7:809$877), e retornando à variação anterior entre 4:000$000 e 6:000$000 réis, entre 1790 e 1800.

Nos anos 1747, 1749 e 1750 houve as maiores despesas, acompanhadas das altas arrecadações marcantes deste período. A partir de 1759, vemos uma maior equidade entre o que foi arrecadado e gasto, prevalecendo os saldos nulos. Nos anos de 1752, 1755, 1760, 1761, 1762, 1765, 1782, 1783, 1786, 1792, 1793, 1794 e 1795, ao todo 17 anos, ocorreram déficits nas contas da Câmara, ou seja, o governo local gastou mais do que arrecadou durante o ano. Todavia, esses valores não foram significativos, conforme demonstra a TABELA 1:

TABELA 1: Superávits e déficits nas contas da Câmara de Mariana (1745-1800)

Ano	Saldos negativos	Ano	Saldos nulos	Ano	Saldos Positivos
1752	(119$690,00)	1769	-	1745	6:826$399,00
1755	(9$638,00)	1770	-	1746	5:341$224,00
1760	(94$433,00)	1771	-	1747	573$509,00
1761	(123$256,00)	1772	-	1748	5:463$499,00
1764	(174$571,00)	1773	-	1749	743$018,00
1765	(36$053,00)	1774	-	1750	123$637,00
1767	(66$012,00)	1775	-	1753	218$467,00
1768	($800,00)	1776	-	1754	1:420$416,00
1782	(98$966,00)	1779	-	1756	362$958,00
1783	(2$406,00)	1780	-	1757	987$801,00
1786	(17$137,00)	1784	-	1758	36$273,00
1790	(30$000,00)	1785	-	1759	78$689,00

1792	(8$031,00)	1788	-	1762	66$537,00
1793	(23$484,00)	1789	-	1763	76$241,00
1795	(7$215,00)	1791	-	1766	596$717,00
		1796	-	1777	234$044,00
		1797	-	1778	651$542,00
		1798	-	1781	427$252,00
		1799	-	1787	5$425,00
		1800	-	1794	263$642,00
Saldo total acumulado					32:164$347,00

Fonte: AHCMM. Miscelâneas. Cód. 572 (1745); Cód. 679 (1746, 1747, 1750); Cód. 201 (1748-1749); Cód. 660 (1751, incompleto); Cód. 176 (1752-1762); Cód. 151 (1766- 1768); Cód. 649 (1769); Cód. 73 (1770); Cód. 75 (1771); Cód. 384 (1774); Cód. 701(1775); Cód. 382 (1776); Cód. 141 (1777-1783); Cód. 202 (1784-, 1788); Cód. 277(1789- 1795); Cód. 124 (1796-1800). Não foram encontrados os dados para os anos de 1751, 1772 e 1773.

Prevaleceram, portanto, os saldos nulos e os superávits. O maior saldo negativo chegou a -174$571 réis em 1764 e os maiores saldos positivos se concentraram entre 1745-1749, período das maiores arrecadações do Concelho. O superávit acumulado chegou a 32:164$347 réis em fins do século.

As obras públicas

Do conjunto da despesa total da Câmara (293:123$132) ao longo da segunda metade do Setecentos, 74:585$978 réis foram investidos no mobiliário urbano da cidade, o que representou 25% dos gastos da municipalidade. No GRÁFICO 2, apresentamos a distribuição dos gastos entre as diversas obras públicas promovidas pelo Senado.

GRÁFICO 2: Percentual de despesas por tipos de obras públicas no Termo de Mariana (1745-1800)

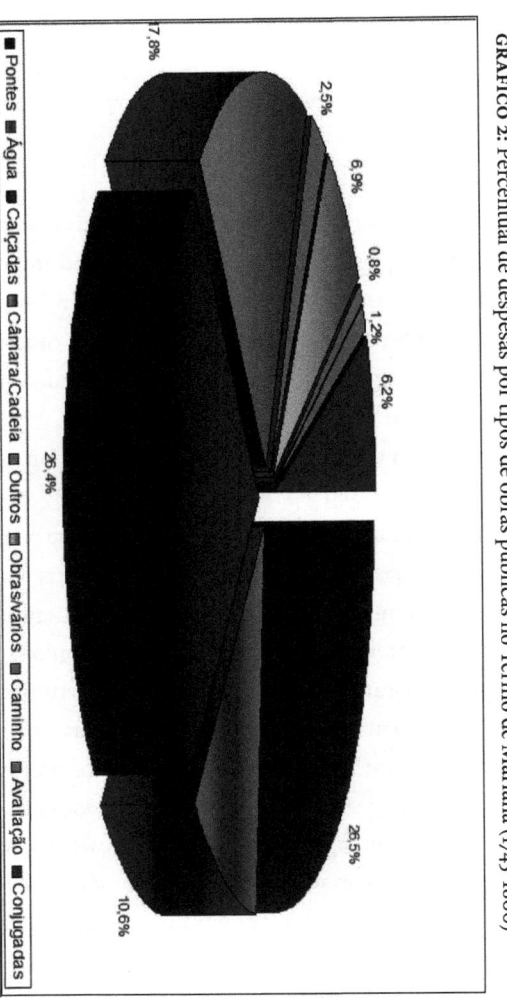

Legenda: ■ Pontes ■ Água ■ Calçadas ■ Câmara/Cadeia ■ Outros ■ Obras/vários ■ Caminho ■ Avaliação ■ Conjugadas

Valores: 17,8% 2,5% 6,9% 0,8% 1,2% 6,2% 26,4% 26,5% 10,6%

Fonte: AHCMM. Miscelâneas. Cód. 572 (1745); Cód. 679 (1746, 1747, 1750); Cód. 201 (1748-1749); Cód. 660 (1751, incompleto); Cód. 176 (1752-1762); Cód. 151 (1766-1768); Cód. 649 (1769); Cód. 73 (1770); Cód. 75 (1771); Cód. 384 (1774); Cód. 382 (1776); Cód. 141 (1777-1783); Cód. 202 (1784-1788); Cód. 277 (1789-1795); Cód. 124 (1796-1800). Não foram encontrados os dados para os anos de 1751, 1772 e 1773. Foram criadas as seguintes categorias de acordo com os tipos de obras descritas nas listas de despesas: Pontes (construções e reparos); Águas (construções e reparos na rede de abastecimento); Calçadas; Câmara e Cadeia; Outros (obras que raramente apareceram nas listas, como: palácios, paredão, risco e pelourinho); Obras/vários (descrição que não especifica a natureza da obra); Caminho; Avaliação (pagamentos pelos serviços de exame das obras e bens do Concelho); Conjugadas (obras de natureza diferente, arrematadas em conjunto). Tabela em anexo. O gráfico encontra-se colorido no caderno de imagens ao fim deste livro.

Em primeiro lugar estiveram as pontes com 19:749$498 réis, em seguida as calçadas, 19:663$831 réis, Casa de Câmara e Cadeia (13:270$828), e em quarto lugar as obras públicas relativas ao abastecimento de água, com 7:907$049 réis. As pontes do Termo de Mariana foram os equipamentos urbanos que mais necessitaram de reparos e construções. Na sede do Concelho, foram edificadas utilizando a madeira Braúna, comum na região, mas também mais vulnerável à fúria das águas do Carmo e afluentes. Foram edificadas no cenário urbano a Ponte do Seminário, Ponte de Santa Ana, Ponte de São Gonçalo e Ponte dos Monsus. A Ponte de São Gonçalo também conhecida como Ponte da Rua Direita, foi a única construída toda em pedra, somente em 1796, por João Miguel Ferreira, no valor de 2:599$000 réis, a mais onerosa aos cofres da municipalidade na segunda metade do Setecentos.[144] Há que se considerar sobre este tipo de equipamento, que o montante investido refere-se ao conjunto edificado em toda a circunscrição territorial da municipalidade. Ou seja, foram edificadas pontes na cidade e em outras localidades como Bento Rodrigues, Mainarde, São Sebastião, Catas Altas, São José da Barra, Passagem de Mariana, Guarapiranga, no Rio Perapetinga, Belchior, São Caetano e no Rio Gualaxo do Norte.[145]

O mesmo ocorreu com as obras de calçada, que perfizeram 26,4% (19:663$831). O calçamento também foi executado em alguns povoados do termo, entretanto, em menor escala do que dentro da cidade de Mariana. Essas obras eram pagas conforme o número de braças executadas no terreno. O valor mínimo investido foi de 61$200 em 1767 e o

---

144 Segundo Silva, em Vila Rica todas as pontes anteriores a 1740 foram de madeira. Somente a partir desta década começaram a ser utilizadas "rochas dos morros da Vila". Durante todo o século XVIII foram erguidas 18 pontes. SILVA. *Op. cit.*, p. 56.

145 Como exemplo, citamos a Ponte de São José da Barra, arrematada por José Crasto Ribeiro em 1754 pelo valor 1:530$000. AHCMM. Códice 135. 06/11/1754. fls. 204v-206v.

máximo de 2:834$108 réis em 1747.[146] Em Mariana, toda a parte ao sul, atrás da Sé, que compunha os novos terrenos da municipalidade, teria sido calçada na segunda metade do Setecentos, acompanhando o movimento de reforma e expansão do sítio urbano. Como ressaltou Silva, esse tipo de obra era fundamental ao cenário urbano: facilitava a circulação de pessoas, carroças, mercadorias e animais, "concorrendo para o aumento do comércio e para a comodidade e a conveniência dos moradores". O calçamento dispunha o espaço público de forma decente às comemorações festivas, além de contribuir para a salubridade, "auxiliando no escoamento das águas pluviais e dos dejetos".[147]

Nem toda obra arrematada nas audiências da Câmara chegou a ser executada. Neste sentido, as listas de despesas, onde estão descritos os pagamentos realizados pelos camarários, constituem um valioso indicativo da efetiva construção das obras. Como ocorreu no caso da nova Casa de Câmara e Cadeia, construída no antigo terreno dos pastos. Até 1763 a Câmara continuava a investir na manutenção do antigo edifício, até que Valentim de Sá Torres arrematou a obra pelo valor de 12:000$000 réis. No entanto, o prédio não foi construído. Além de não constar na lista de gastos da Câmara, novo arremate ocorreu em 1782, desta vez por José Pereira Arouca, no valor de 14:800$000 réis.[148]

No caso das obras de abastecimento de água, foram gastos 7:907$049 réis (10,6%) da despesa total com os equipamentos urbanos na municipalidade. Quanto ao uso das rendas municipais com as águas, devem ser feitas três ressalvas. Em primeiro lugar, se considerarmos que os investimentos nas pontes da cidade e seu termo respondiam à sobreposição

---

146 AHCMM. Lista de despesas de 1767. Códice151. fl. 231; AHCMM. Lista de despesas de 1747. Códice 679. fl. 93v.

147 SILVA. *Op. cit.*, p. 55.

148 AHCMM. Auto de Arrematação da Nova Cadeia. Códice 220. 17/09/1763. fls. 129-129v.; AHCMM. Auto de Arrematação da fatura da nova obra da Cadeia e Casa de Câmara que determinou fazer no lugar dos Quartéis. Códice 377. 23/10/1782. fls. 191v-198v. A obra foi finalizada em 1798, como informa a correição geral. AHCMM. Correição de 1798. Códice 173. fls. 84v-86

das águas e que, especificamente, dentro de Mariana as enchentes eram comuns, os gastos com sua administração ganham uma nova representatividade. Somadas as despesas com o abastecimento de água e manutenção das pontes, chegamos ao valor de 27:656$546 réis (37,1%), destinados à ordenação das águas em Mariana e seu termo.

Em segundo lugar, as obras de abastecimento financiadas pelo poder local se restringiram aos limites urbanos da cidade episcopal. Enquanto o circuito de fornecimento das águas ficou restrito à sede,[149] enorme quantia foi consumida em pontes e calçadas em outras localidades do termo. A última ressalva refere-se às despesas inventariadas como conjugadas, em que coexistiram no mesmo pagamento obras de natureza distinta, sendo impossível determinar o valor correspondente a cada uma. Como, por exemplo, o pagamento a José Moreira de Matos de 19$500 "para betumar o tanque do chafariz e o conserto da Cadeia" em 1751[150] ou "o conserto nas fontes e canos de água, cadeia, ponte e Câmara dessa cidade" em 1786 por José Pereira Arouca.[151] Na TABELA 2, apresentamos o pagamento de obras conjugadas ao serviço de abastecimento.

---

149 Nas listas de despesa do Arquivo Histórico da Câmara Municipal de Mariana, não encontramos nenhum pagamento referente às obras relativas ao abastecimento de água fora da sede administrativa do Termo. No terceiro capítulo trataremos deste aspecto.

150 AHCMM. Lista de despesas de 1751. Códice 660. fl. 58v.

151 AHCMM. Lista de despesas de 1786. Códice 202. fl. 91.

TABELA 2: Obras conjugadas à rede de abastecimento das águas (1745-1800)

Ano	Tipo de Obra	Arrematante	Valor (réis)
1749	Administração da ponte e água	Antônio Lourenço Pereira	96$000
1749	Calçada e cano	Manoel da Silva de Queirós	126$000
1751	Betumar o tanque do Chafariz e conserto da Cadeia	José Moreira de Matos	19$500
1778	Vários consertos que fez no Aqueduto da água dos chafarizes e fontes, conserto na ponte de São Gonçalo	José Pereira Arouca	18$637
1784	A fatura do girão (sic) do rego do Tenente Coronel Bernardo Vasco Cardozo e o pontilhão no córrego do alto da passagem	José Pereira Arouca	100$200
1786	Conserto nas fontes e canos de água, cadeia, ponte e Câmara dessa cidade	José Pereira Arouca	36$675
1787	Consertos que fez nas pontes, fontes e aquedutos e casa de Câmara e Cadeia	José Pereira Arouca	28$650
1793	Arrematação do conserto da ponte do [Bucão] [agoeiros] conserto do chafariz na praça e outras obras	José Pereira Arouca	470$600
1797	Arrematação dos bueiros e sangradores no caminho da passagem	Manoel [Fernandes] Machado	62$212
1800	Conserto do encanamento das águas dos chafarizes desta cidade conserto da ponte dos Monsus e calçada nova de frente da Porta da Cadeia e Casa da Câmara	João Miguel Ferreira	38$850
Total			997$324

Fonte: AHCMM. Miscelâneas. Cód. 572 (1745); Cód. 679 (1746, 1747, 1750); Cód. 201 (1748-1749); Cód. 660 (1751, incompleto); Cód. 176 (1752-1762); Cód. 151 (1766-1768); Cód. 649 (1769); Cód. 73 (1770); Cód. 75(1771); Cód. 384 (1774); Cód. 701 (1775); Cód. 382 (1776); Cód. 141 (1777-1783); Cód. 202 (1784-1788); Cód. 277 (1789- 1795); Cód. 124 (1796-1800). Não foram encontrados os dados para os anos de 1751, 1772 e 1773.

Dessa forma, o montante das obras conjugadas às águas chegou a 997$324, o que amplia ainda mais o valor direcionado ao abastecimento público, variando do intervalo de 7:907$049 réis a 8:904$373 réis (7:907$049 +997$324).

Até o momento, apresentamos um quadro geral do investimento em obras públicas. Por um lado, demonstramos como se distribuíram os gastos com os equipamentos urbanos de forma geral, revelando qual obra pública exigiu, em um longo intervalo de 53 anos, maior investimento da administração local. Por outro lado, esse panorama genérico exclui as particularidades inerentes à gestão de cada tipo de obra pública, bem como a relação com as oscilações das receitas municipais. Neste sentido, avaliamos o perfil dos gastos com as águas em dois níveis: a dinâmica dos investimentos com o abastecimento na sua relação com as rendas municipais e o que a trajetória desses custos pode informar acerca da forma de administrar esse serviço urbano. No GRÁFICO 3, ilustramos a relação entre a despesa geral, a despesa com obras e a despesa com a rede de abastecimento:

GRÁFICO 3: Relação da Despesa geral x Despesa com obras públicas x Despesa com obras relativas à rede de abastecimento (1745-1800)

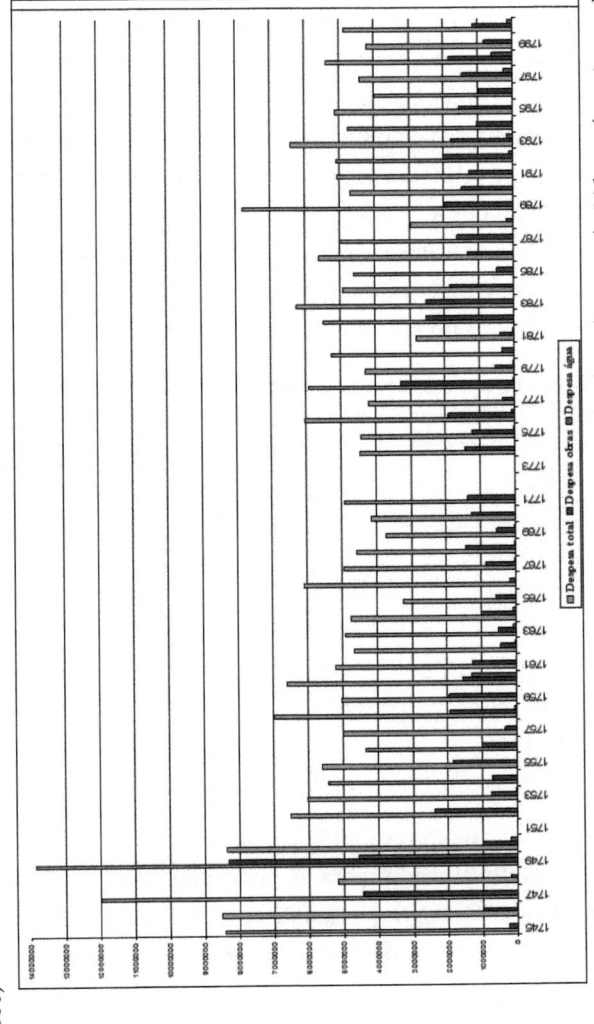

Fonte: AHCMM. Miscelâneas. Cód. 572 (1745); Cód. 679 (1746, 1747, 1750); Cód. 201 (1748-1749); Cód. 660 (1751, incompleto); Cód. 176 (1752-1762); Cód. 151 (1766- 1768); Cód. 649 (1769); Cód. 73 (1770); Cód. 75 (1771); Cód. 384 (1774); Cód. 701 (1775); Cód. 382 (1776); Cód. 141 (1777-1783); Cód. 202 (1784-1788); Cód. 277 (1789-1795); Cód. 124 (1796-1800). Não foram encontrados os dados para os anos de 1751, 1772 e 1773. O gráfico encontra-se colorido no caderno de imagens ao fim deste livro.

Entre os anos de 1745 e 1750, como pode ser observado no GRÁ-FICO 3, estiveram os gastos mais elevados do governo local, dado que também se confirma para as receitas neste período (GRÁFICO 1). Em 1749, quando a Câmara arrecadou 14:593$066 réis, a segunda maior renda – a maior arrecadação foi em 1745 (15:257$958) –, teve também a maior despesa de toda a segunda metade do Setecentos, 13:850$048 réis. Deste montante, 8:312$608 réis (60%) foram empregados em obras públicas, dos quais 4:581$110 (55%) em obras relativas às águas. Estes dados demonstram que a fundação da cidade levou à concentração dos investimentos do Concelho na reforma do espaço urbano, sobretudo em 1749. Na TABELA 3, a seguir, especificamos detalhadamente como se distribuíram os gastos no referido quinquênio (1745-1750).

TABELA 3: Despesa geral x Despesa com obras públicas x Despesa com obras relativas à água (1745-1750)

Ano	Receita	Despesa geral	Despesa com obras públicas	Despesa com obras relativas ás águas
1745	15:257$958	8:431$559	249$750	-
1746	13:856$221	8:514997	18$000	18$000
1747	12:553$133	11:979$624	4:472$108	-
1748	10:633$835	5:170$336	205$918	-
1749	14:593$066	13:850$048	8:312$608	4:581$110
1750	8:480$444	8:357$407	994$892	205$855

Fonte: AHCMM. Miscelâneas. Cód. 572 (1745); Cód. 679 (1746, 1747, 1750).

Apesar das altas receitas e despesas nos anos de 1745, 1748 e 1750, os gastos não foram direcionados para as obras públicas, conforme explicitado na TABELA 3. Com relação à aplicação dos recursos municipais, aventamos que os membros do Concelho agiam com certa autonomia, absorvendo contingências e eventos da Cidade. Vale lembrar que neste quinquênio o Bispo D. Frei Manuel da Cruz chegou a Mariana e o Rei D. João V faleceu. Estes eventos trazem indícios explicativos acerca das oscilações dos gastos com os equipamentos urbanos. Conforme referimos no capítulo anterior, em 1745 foi criada a cidade de Mariana, mas ainda havia indecisão quanto aos novos terrenos de expansão da cidade, o que só veio a ser definido em 1746.[152] Fato que explicaria o baixo investimento em obras públicas nestes dois anos, 1745 e 1746. Em 1747, no entanto, houve um substancial aumento das obras públicas, que se dividiram, sobretudo, entre a construção de pontes (1:638$000 réis) e calçadas (2:834$108). Apesar de considerarmos um volume razoável destinado às obras públicas neste ano – 4:472$108 (37,33%) da despesa geral –, a maior parcela foi investida em outros gastos. Todavia, é válido destacar que as intervenções marcavam o início da reforma urbana, mas também preparavam a cidade para a chegada do Bispo. Em 1748, as despesas provavelmente se concentraram nas festividades para receber D. Frei Manuel da Cruz, já que neste ano vemos um ínfimo gasto com as obras públicas, apenas 205$918 réis. Já no ano de 1749 temos o maior dispêndio anual com infraestrutura urbana. Aventamos a tese de que a própria municipalidade aguardou a aprovação e as interferências da autoridade eclesiástica para a execução do plano urbano, o que explicaria os elevados investimentos em obras públicas no ano seguinte à entrada do religioso na cidade. Dos 8:312$608 réis empregados em 1749, ou seja, 60% da despesa total, 4:581$110 réis foram destinados à implantação da rede de fornecimento de água na cidade. Em 1750, vemos um forte declínio dos gastos com obras (994$892), apesar da despesa total do Senado ter chegado a 8:357$407, provavelmente as rendas foram redirecionadas para atender as exéquias do Rei D. João v.[153]

---

152 Conforme vimos no capítulo 1, em 1746, o Rei reafirmou a concessão dos terrenos dos pastos e quartel à Câmara Municipal e delimitou como deveria se proceder na construção deste novo espaço da cidade. APM. Seção Colonial. Códice 45. 02/07/1746. fls. 27v- 28.

153 Seria necessário o inventário das outras despesas do Concelho para compreendermos a distribuição dos gastos do Senado ao longo do século XVIII. Expostos, diligências, emolumentos, festividades e obras públicas formavam o eixo principal de dispêndios da municipalidade. Uma pesquisa

O ano de 1749 foi determinante tanto na constituição do traço físico urbano em geral e, especificamente, no das águas. A partir de 1750, os picos com obras públicas deixam de existir, o que também ocorre para as obras de abastecimento de água. De 1750 a 1800, o gasto médio com obras públicas foi da ordem de 1:381$221 réis, variando de 1:000$000 a 2:000$000. Nos anos de 1752, 1778, 1782, 1783, foram observados novos picos com obras públicas, variando entre 2:000$000 e 3:000$000. Em 1752, dos 2:386$512 réis com obras públicas, 1:538$812 foram investidos no calçamento das ruas. Em 1778, o grande volume de 3:279$019 réis foi distribuído entre a reforma das pontes da cidade (822$525) e uma dívida do Concelho com o construtor João de Caldas Bacelar, de 1:626$208 réis.[154] Nos anos de 1782 e 1783, 2:000$000 e 2:003$225 réis foram respectivamente pagos a José Pereira Arouca como parcelas da construção do novo prédio da Casa de Câmara e Cadeia, arrematada em 1782.[155]

A distribuição dos gastos, por um lado, revelou um grande investimento inicial em 1749, seguido de recursos menores usados para a configuração e conservação da estrutura urbana. Nos cinco primeiros anos analisados, de 1745 a 1750, foram investidos 14:253$276 réis dos 74:585$978 réis, o que correspondeu a 19% dos gastos com as obras públicas somente neste quinquênio. Este dado indica que os anos iniciais da cidade episcopal foram fulcrais na reconfiguração urbana, nos quais o Concelho despendeu com as obras mais necessárias e onerosas da infraestrutura urbana, como o abastecimento de água (4:581$110 réis) e a reconstrução da Ponte dos Monsus (1:635$000).[156] No

---

inventariando todos esses tipos de gastos indicaria a dinâmica administrativa do órgão local e quais fatores interfeririam no uso dos recursos municipais.

154   Em 1778, João Caldas Bacelar recebeu a quantia de 1:293$877 réis "por sua sentença da Ouvidoria geral das várias obras que fez". AHCMM. Lista de despesa de 1778. Códice 141. fl. 82.

155   AHCMM. Auto de Arrematação da fatura da nova obra da Cadeia e Casa da Câmara que se determinou fazer no lugar dos Quartéis. 23/10/1782. Códice 377. fls. 191v -198v. Outras parcelas de valor menor foram pagas até o ano de 1793.

156   AHCMM. Auto de arrematação da Ponte Grande que se há de fazer no Ribeirão junto à ponte velha que [vai] para a parte dos Monsus. Códice 135.

período das maiores receitas da segunda metade do século XVIII, o Senado privilegiou, portanto, as obras mais caras. Assim, a reforma acontecia em um momento propício ao órgão local, que aproveitou de suas altas rendas para investir no espaço urbano. Por outro lado, neste mesmo intervalo de 5 anos (1745-1750), observamos uma variação abrupta nos investimentos do espaço físico, conforme demonstramos na TABELA 3. Essas oscilações seriam indicativos de que a Câmara se adequava às contingências da municipalidade, como a chegada de um Bispo em 1748 e as exéquias do Rei em 1750.

Resta lembrar as correições realizadas anualmente pelos ouvidores nas contas da Câmara. Prevaleceram nas repreensões e quantias glosadas, os gastos frequentes com as propinas, que correspondiam às quantias recebidas pelos funcionários locais para assistirem às festividades. Os abusos foram alvo de decretos régios, como o de 1744, que regulamentou os valores para as celebrações ordinárias e extraordinárias.[157] Entre os excessos encontrados, esteve o ocorrido em 1775, quando os camarários, "com o aceitado pretexto de terem ido duas vezes a Igreja manhã e tarde assistir a ação de graças", receberam em dobro pela celebração do nascimento da infanta Carlota Joaquina. O ouvidor José da Costa Fonseca ordenou que uma das propinas retornasse aos cofres. Afinal, como era "um só nascimento e uma só ação e solenidade", não deveriam receber duas propinas.[158] Nestas ocasiões, os ouvidores sempre reiteravam nos autos de

---

22/02/1749. fls. 43v- 45v. Arrematada por Sebastião Martins Costa no valor de 1:635$000. O pagamento desta obra consta no AHCMM. Lista de despesas de 1749. Códice 201. fls. 123v, 125, 129v.

157 APM. CMM. Códice 15. 25/09/1745. fls. 125v-126. Em 1744, um decreto régio veio estabelecer os valores das propinas ordinárias e extraordinárias. As ordinárias correspondiam ao pagamento dos oficiais locais para assistir aos festejos anuais da localidade. As extraordinárias eram as celebrações de nascimentos, casamentos e exéquias reais. No regimento de 1744, ficou estabelecido que os senadores receberiam 10$000 réis pelas ordinárias e 20$000 pelas extraordinárias. Ainda sobre o gasto excessivo com as propinas, encontramos quantias glosadas pelos ouvidores nos anos de 1748, 1750, 1752, 1757, 1758, 1760, 1764, 1775, 1776, 1800. Sobre este assunto, cf. SANTIAGO. *Op. cit.*, p. 107-109.

158 AHCMM. Correição das contas de 1775. Códice 176. 12/11/1776. fls. 14-15.

contas que os membros da Câmara deveriam estar atentos à promoção das obras públicas, "as despesas mais necessárias deste Concelho", sobretudo a Casa de Câmara e Cadeia: "obras as mais principais e necessárias e hão de levar despesa considerável".[159]

A administração das águas

Conforme ilustra o GRÁFICO 3, no ano de 1749 foi observado o maior gasto com o abastecimento de água no período analisado. Este dado vem confirmar o fato de que as obras do aqueduto subterrâneo, do Chafariz de repuxo e da Fonte dos Quartéis, arrematadas nas audiências do Concelho no mesmo ano, foram executadas e totalizaram a quantia de 4:581$110 réis.[160] Neste ano, portanto, a única cidade das Minas já contava com o canal geral das águas, a segunda obra pública mais cara financiada pelo órgão local (3:200$000), edificada pelas mãos de Manoel Gomes Cruz de Macedo. Em termos gerais, isso representava que a adução das águas, a obra de maior complexidade do sistema de distribuição, estava pronta a atender os dois chafarizes e os demais que se espalhariam pela cena urbana. O valo subterrâneo principal foi construído nos anos iniciais da reconfiguração do traçado da cidade, período em que se concentraram as maiores receitas da municipalidade. A construção do aqueduto subterrâneo neste instante era duplamente favorável à Câmara, primeiramente porque o calçamento e a ocupação da parte nova deveriam ainda estar em processo, o que abreviava a construção do canal abaixo da superfície, e segundo, porque havia recursos municipais para investir neste tipo de obra.

Ao longo da segunda metade do século XVIII, os investimentos na rede de abastecimento, no entanto, diminuíram significativamente e, em raros casos, ultrapassaram o valor de 250$000 réis, conforme apresentamos no GRÁFICO 4:

---

159 AHCMM. Correição. Códice 173. 1752. fls. 37v-39.
160 AHCMM. Lista de despesas de 1749. Códice 201. fls. 123v-129v.

GRÁFICO 4: A despesa da Câmara na rede de abastecimento das águas em Mariana (1745-1800)

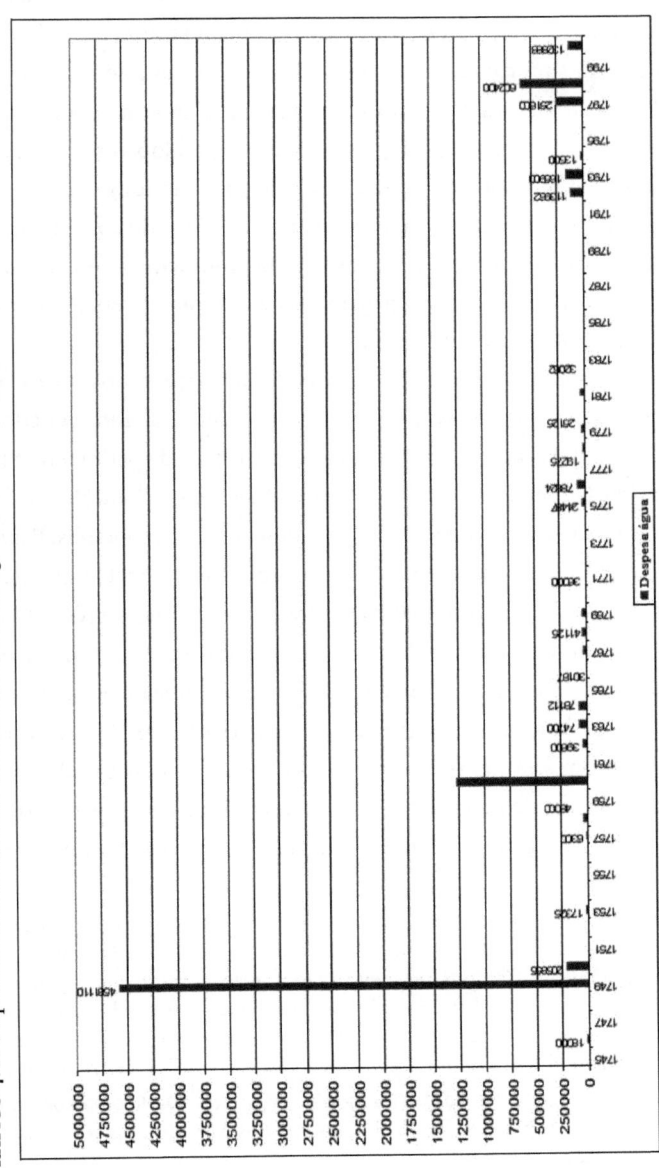

Fonte: AHCMM. Miscelâneas. Cód. 572 (1745); Cód. 679 (1746, 1747, 1750); Cód. 201 (1748-1749); Cód. 660 (1751, incompleto); Cód. 176 (1752-1762); Cód. 151 (1766- 1768); Cód. 649 (1769); Cód. 73 (1770); Cód. 75 (1771); Cód. 384 (1774); Cód. 701 (1775); Cód. 382 (1776); Cód. 141 (1777-1783); Cód. 202 (1784-, 1788); Cód. 277 (1789-1795); Cód. 124 (1796-1800). Não foram encontrados os dados para os anos de 1751, 1772 e 1773. O gráfico encontra-se colorido no caderno de imagens ao fim deste livro.

A trajetória desses investimentos revela a dinâmica da gestão das águas na cidade. Inicialmente, houve um grande investimento referente à construção do suporte principal desse sistema. Estruturado o aqueduto, as obras que se seguiram se alternaram entre a ampliação e a conservação da rede. Dos 7:907$049 réis gastos entre 1745 e 1800, 4:581$110 réis se concentraram em 1749 e os demais 3:325$939 réis ao longo dos 52 anos restantes. A conservação das águas e os reparos da rede consumiam valores pequenos, mas constantes, das receitas municipais. As rendas do Concelho se dividiram entre o pagamento das obras de reparo, aumento e conservação da rede estabelecida.

Nos anos de 1750, 1760, 1797 e 1798, foram observados novos picos nas despesas com as águas. Em 1750 foram realizadas intervenções no "rego principal das águas", com reparos e novas pias de pedra, que totalizaram 205$855 réis. Em 1797, João Alvarez Valente recebeu "da fatura da mina por baixo da Igreja de S. Pedro para descobrir" 251$600 réis. Especial destaque merecem os investimentos nos anos 1760[161] e 1798[162] no circuito das águas, quando foram respectivamente gastos 1:200$000 réis na Fonte de São Gonçalo e 588$000 na Fonte dos Monsus. Esses chafarizes eram abastecidos por nascentes próximas. O sistema empregado aproximou-se do formato isolado de abastecimento, característico de Vila Rica, onde se construiu um encanamento subterrâneo independente saindo da mãe d'água para um único chafariz. Quando analisados os autos de arrematação desses dois chafarizes, vemos que aos construtores foram dirigidas

---

161 Antônio Moreira Gomes recebeu 1:200$000 pelas "fontes novas que se fez acima da ponte de São Gonçalo e encanamento da água". No mesmo ano, Manoel Oliveira Campos recebeu 12$400 "pelo conserto do aqueduto da água da fonte de São Gonçalo" e Manoel de Souza 4$800 pelo "conserto que fez na água do chafariz de São Gonçalo" totalizando no ano de 1760, o valor de 1:217$200 réis. AHCMM. Lista de despesas de 1760. Códice 176. fls. 153-155.

162 Neste ano, foram despendidos ao todo 602$400 réis. Destes, 588$000 a João Miguel Ferreira para execução do Chafariz dos Monsus,; 14$400 a Caetano Menezes da Silva por limpar o rego da água nos anos de 1793, 1796 e 1798. AHCMM. Lista de despesas de 1798. Códice 124. fls. 54-60.

as mesmas exigências construtivas do aqueduto subterrâneo. Ou seja, o construtor Antônio Moreira Gomes deveria proteger a nascente, fazer o desaterro necessário, assentar e betumar os canos, atentar para os declives, caixas de pedra, providenciar o repuxo e a expedição das águas, além de reconstruir a estrutura e ornamentos do Chafariz de São Gonçalo.[163] Todas essas providências se aproximavam em muitos aspectos daquelas do aqueduto, mas evidentemente em proporção bem menores. Se comparados aos chafarizes alimentados pelo aqueduto, essas obras eram mais complexas e demoradas. No caso do sistema em rede, depois de criado o canal geral, se o volume de água comportasse, ou se novas nascentes fossem incorporadas ao seu caudal, era possível abastecer novos chafarizes. Com a vazão adequada, medida pelos anéis d'água, encanamentos periféricos transportavam o líquido para novos chafarizes.

A análise quantitativa dos livros de receita e despesa, aliada ao universo de informações trazidas pelos contratos de obras públicas, permitiu que compreendêssemos o universo das técnicas e dos custos das obras em questão, e, sobretudo, que as examinássemos de forma integrada. Ao longo deste capítulo, apresentamos e caracterizamos o processo de fabricação do circuito de abastecimento das águas em Mariana, de forma a compreendê-lo como um produto resultante dos recursos disponíveis, das capacidades técnicas, dos interesses daqueles que detinham o saber fazer e dos que governavam as rendas municipais.

Não seria possível apreender a formação e a administração de um circuito das águas sem atentar para o contexto político-social e também econômico que o engendrou. As técnicas aplicadas dependiam dos recursos hídricos e da topografia do terreno, que de certo interferiram no próprio custo de construção e manutenção do sistema de abastecimento. Sem descuidar do fato de que por trás dessas obras atuavam sujeitos, envolvidos por interesses, normas administrativas e técnicas que

---

163 AHCMM. Auto de Arrematação do encanamento das águas e fontes na Rua que sobe da Ponte do córrego de São Gonçalo. Códice 220. fls. 63v-65v.

regulamentavam suas práticas. Nos canteiros de obras, renomados construtores, cativos e libertos não apenas trabalharam, mas usaram de seu ofício para tecer um espaço de novas relações estratégicas. Apresentamos o universo das práticas tecidas dentro e fora dos canteiros de obras, que deram sentido e significado à produção de um espaço apropriado às águas na vida urbana.

Com altos custos, as ações de coletar, conduzir e distribuir um bem natural imprimiram sobre o fornecimento da água um valor e um sentido. O recurso natural conduzido pelo engenho humano, em alguma medida, se artificializava. A materialidade da água estava impregnada de cultura na medida em que, ao fornecê-la, a Câmara apresentava a cidade uma forma adequada de consumi-la. O novo serviço dotava o líquido de boas qualidades, garantia sua proteção e trazia novas percepções acerca das águas, da estrutura de abastecimento e do espaço urbano. A rede de abastecimento constituiu a evidência material da ação política, dos sentidos e significados atribuídos ao bem natural pelo órgão local. Há de se ponderar, contudo que, a ordem e os sentidos ordenadores e aprovisionadores pretendidos pela Câmara, dependeriam das formas sempre distintas e por vezes subversivas das apropriações cotidianas. A construção de um espaço adequado suscitava outras apropriações, novas produções e adaptações, novos usos e sentidos para aqueles que buscavam o líquido. Nesse processo, um bem natural, uma matéria, ainda que fluida e essencial, se ornava de signos e ganhava sentidos múltiplos, constituindo aquilo que poderia ser chamado de cultura material das águas.

Até o momento apresentamos a estrutura ordenadora das águas, importa ainda revelar a dinâmica do consumo, os usos, abusos, desvios e normas que davam outros sentidos ao líquido na paisagem urbana, tema do nosso próximo capítulo.

Capítulo III

O consumo das águas urbanas

3.1 Chafarizes públicos

O serviço de abastecimento de água a partir de 1749 inaugurou na cidade de Mariana uma nova relação entre os habitantes e o espaço urbano. Em busca do líquido, cativos, forros, brancos, viajantes e desclassificados sociais, se dirigiram aos chafarizes públicos. O novo serviço trazia certa comodidade à população e marcava uma mudança de hábito no consumo das águas e no uso do ambiente urbano.

Marcados por significados políticos e sociais, nosso objetivo, nesta primeira parte do terceiro capítulo, é apresentar os chafarizes públicos construídos na Mariana Setecentista, a partir das intenções e relações tecidas, da disposição espacial desses equipamentos, dos conflitos e normas que envolveram o consumo apropriado das águas urbanas.

O privilégio da água

A edificação dos chafarizes e fontes públicos constituiu nas povoações do Reino e da América Portuguesa a forma organizada e controlada pelas Câmaras municipais de consumir o líquido. Conviveram nas paisagens urbanas, ao lado deste suportes de abastecimento, outros hábitos e práticas na busca rotineira pelo bem natural. Os mineiros dos Setecentos valiam-se das oportunidades e facilidades de Mariana, cercadas por rios, córregos e regos d'água. Diante das múltiplas possibilidades de se obter o líquido, uma questão crucial a se levantar é a representatividade e o significado social que o novo serviço urbano oferecido trouxe para a povoação.

Cláudia Damasceno Fonseca constatou que a ascensão aos patamares urbanos no período colonial (arraial, paróquia, freguesia, vila e cidade) constituiu uma forma de enobrecimento das localidades.[1] Nos pedidos de concessão de títulos municipais na Capitania de Minas Gerais durante o século XVIII, os chafarizes apareciam ora como motivo, ora como causa para a emancipação municipal. Em alguns discursos, a existência dessas obras públicas demonstrava a capacidade dos moradores de uma aglomeração e, em outros, a sua falta, justificava a criação da vila, que contaria com um governo local e recursos próprios para oferecê-las.[2] Em ambos os casos, o fornecimento de água era apresentado como elemento singular, próprio de um espaço urbano governado. Os chafarizes públicos, nestes termos, serviam como critério para enaltecer a capacidade dos aglomerados e, ao mesmo tempo, legitimavam o exercício de um corpo político-administrativo capaz de provê-los. A criação da municipalidade e a implantação de um sistema de distribuição das águas se mostravam intimamente associados à imposição do órgão local. Como observou Fonseca acerca destes pedidos, "por detrás da evocação do que seria uma qualidade urbana, encontrava-se um desejo de autopromoção das elites locais". Tais solicitações eram elaboradas seguindo critérios e parâmetros urbanos, utilizados e conhecidos por um determinado grupo de indivíduos em busca dos títulos que trariam honras e privilégios urbanos e sociais.[3]

Neste processo de leitura política do espaço, o enaltecimento do mobiliário urbano foi estratégico. O espaço físico constituído e os serviços oferecidos transpareceriam o domínio, a estabilidade, a capacidade e qualidade da povoação. São sintomáticos os discursos de Francisco de Holanda em 1552 e da Câmara de Mariana, logo após conquistar o título de cidade. O primeiro ressentia-se pela falta d'água que padecia Lisboa

---

1   FONSECA. *Op. cit.*, p. 43.

2   FONSECA. *Ibidem*, p. 49

3   FONSECA. *Op. cit.*, p. 335

e na tentativa de convencer o monarca a conduzir as águas livres para o terreno urbano, então abastecido por apenas "um chafariz para tanta gente e outro para os cavalos", argumentou que aquela que teria "a presunção da maior e *mais nobre* cidade do Mundo" não poderia "morrer de sede".[4] Séculos depois, em 1745, do outro lado do Atlântico, na América Portuguesa, na única cidade das Minas, os oficiais municipais se dirigiram ao Conselho Ultramarino e solicitavam as águas das catas do minerador Antônio Botelho, "tão boa e tão fácil", que vinha da Serra do Itacolomi para abastecer a mais nova cidade criada pelo soberano.[5] Em ambos os discursos, a oferta das águas associava-se ao status e enobrecimento alcançados pela posição na hierarquia urbana. As cidades não poderiam carecer do líquido, oferecido apropriadamente ao espaço civilizador. Uma via possível de explicação é a tênue relação que a urbanização das águas tecia com a "civilização" dos corpos da cidade.

De acordo com Raphael Bluteau, a cidade seria por excelência o lugar da urbanidade, do comedimento e dos bons modos, do *homme civilisé*; enquanto o espaço do rústico estaria entregue às grosserias, às rudezas do campo e das aldeias.[6] O processo urbanizador constituiria, assim, uma maneira de policiar o corpo social, por meio do ordenamento das estruturas físicas, da disciplina e controle do convívio social. Ademais, quando associamos a criação da rede de abastecimento à urbanização do espaço, a relação dos homens com o líquido natural absorve um novo sentido: as águas consideradas urbanas tornavam-se adequadas ao uso dos citadinos. Em outras palavras, a condução das águas para dentro das vilas e cidades afastava do convívio urbano o seu estado natural, rústico e rude. Os aquedutos e chafarizes, neste processo, eram instrumentos construídos, que ao servirem de veículo e suporte, estabeleciam o consumo apropriado das águas urbanas, fornecidas no espaço instituído e ordenado.

---

4   HOLANDA. *Op. cit.*, p. 9-10 (grifo nosso).

5   APM. CMM. Códice 15. fls. 128-129.

6   BLUTEAU. *Op. cit.*, p. 47 e 587

A artificialização do líquido na paisagem urbana deveria caminhar em companhia à dos corpos que habitavam a cidade, cada vez mais distantes da vida natural, selvagem. Os artificiosos mecanismos de adução das águas, visíveis ao olhar social eram signos da transformação material, da urbanização do corpo físico e social da cidade.

Kruger Mourão constatou que nas Minas, fora dos centros urbanos, predominaram na paisagem as "águas[s] carregada[s] diretamente dos córregos ou das fontes naturais".[7] Os chafarizes e fontes públicos teriam se concentrado nas sedes municipais: a Vila Real do Sabará era abastecida com três chafarizes; na Vila de São João del-Rei havia um "lindo chafariz, com imponente frontispício"; na Vila de São José del- Rei (Tiradentes), um chafariz com tanques laterais para lavadeiras e bebedouros para cavalos; e no Tejuco (Diamantina), três chafarizes; todos construídos nas sedes administrativas e durante a segunda metade do século xviii.[8] No Reino, a construção dos monumentais aquedutos esteve concentrada, igualmente, nas sedes do poder.[9] Indícios de uma política urbana de abastecimento, alicerçada em preceitos de distinção e prestígio urbano trazida do Reino.

Uma constatação interessante, resultante da análise dos contratos de obras e listas de despesas da Câmara de Mariana, contribui para reforçar a ideia de prestígio e enobrecimento, que cercavam os chafarizes públicos. Em todo o corpo documental inventariado não encontramos nenhuma obra dessa natureza fora da sede do Concelho.[10] Evidência de

---

7   MOURÃO, Paulo Kruger C. O abastecimento de água em Minas nos tempos da Colônia. *Kriterion*. Revista da Faculdade de Filosofia da UFMG, Belo Horizonte, n. 35-36, jan./jun. 1956, p. 234.

8   MOURÃO. *Op. cit.*, p. 238-246.

9   A construção de aquedutos, encanamentos e chafarizes restritos às sedes do poder era uma prática urbanística trazida do Reino. REIS, José de Souza. Arcos da Carioca. *Revista do Patrimônio Histórico e Artístico Nacional*, Rio de Janeiro, n. 12, 1955, p. 43-57.

10   Apenas dentro do limite urbano da cidade de Mariana foi construído um sistema de fornecimento de água, com canos e chafarizes públicos. Foram consultados os livros de arrematação (AHCMM. Códices 180, 122, 135, 220, 377,

que o órgão local concentrou nos limites urbanos da nobre sede do poder temporal os serviços ligados à água.[11] Tal centralização restritiva, mesmo que também tenha certo fundamento econômico (afinal as obras de abastecimento eram onerosas aos cofres municipais), seria a marca de uma política urbana municipal guiada pelos preceitos de distinção e capacidade, representada nos signos materiais singulares de seu espaço físico.[12] Na concorrência pela grandeza e prosperidade entre os centros urbanos, a presença dos serviços de abastecimento de água pesava nas formas de reconhecer e demonstrar a nobilitação, ostentada em dois níveis: na relação entre a sede da municipalidade e as localidades do termo, e entre a sede e seus pares, espalhados pelo resto da Capitania.

Ao nos distanciarmos da retórica das solicitações dos vereadores de Mariana, e seguirmos em busca das impressões, gestos e do imaginário que cercavam as práticas de consumo das águas nos chafarizes mineiros nos deparamos com um campo árido, sem vestígios documentais, indicativos do impacto, das mudanças trazidas e das percepções daquela sociedade diante do novo serviço urbano.

A historiografia retoma com frequência as referências materiais e arquitetônicas dos aquedutos e chafarizes para reforçar a matizada ideia de que tais obras se tornaram "o espaço ideal para perenizar a imagem de um Senado atuante na satisfação das demandas do povo",[13] a marca de um fei-

---

210) e as listas de receita e despesa (AHCMM). Códices 572, 679, 201, 660, 176, 151, 649, 73, 75, 384,701, 382, 141, 202, 277, 124.

11 Não descartamos a possibilidade de que chafarizes e fontes públicas tenham sido construídos por particulares nas outras localidades do Termo. A edificação de obras dessa natureza pelo governo local seria uma exceção. Há dois casos que merecem ser mencionados: a bica construída pela Câmara de Mariana no caminho para Vila Rica e a Fonte de Guarapiranga, as quais serão abordadas ao longo deste capítulo.

12 De acordo com Noronha Santos, o chafariz, "no velho Portugal e nos países de origem romana", foi "o primeiro marco do regime do municipalismo". SANTOS. *Op. cit.*, p. 16, nota 8.

13 SILVA. *Op. cit.*, p. 63.

to político, de um poder instituído e regulador do espaço da cidade.[14] As lápides e emblemas heráldicos anunciariam à memória dos habitantes as instituições de poder e os personagens políticos envolvidos na sua produção. Os chafarizes de Vila Rica de 1745, que ainda hoje levam a inscrição latina *Is quae potatum cole gens pleno ore Senatum, securi ut sitis nam facit ille sitis* (Povo que vais beber, louva de boca cheia o Senado porque tens sede e ele a faz cessar)[15] e o Chafariz do Conde de Assumar de Mariana, que traz lapidados a coroa e as armas reais são reveladores acerca dos ornamentos inscritos no espaço das águas com a função de lembrar simbolicamente o zelo do Rei pelos seus súditos e da Câmara pela povoação. Estes artifícios, entretanto, correspondem às práticas do governo local, ou seja, as tentativas de seduzir e promover os feitos realizados. Um discurso fabricado pela ordem local, sobre o qual não conhecemos as leituras, apropriações e os significados atribuídos pelos contemporâneos.

Na trama urbana, a oferta das águas poderia ser percebida e apropriada de diferentes maneiras por seus consumidores. No campo fértil das possibilidades e suposições conjeturamos a descoberta de novas sensações no cotidiano daqueles indivíduos. Ao mesmo tempo em que os chafarizes modificaram a organização espacial e material da cidade, criaram um elo de convívio entre as águas e homem, modificando as práticas de consumo e os usos do ambiente urbano. Rituais teriam sido criados ou se transformado com a presença das águas urbanas; as bicas alteraram a rotina e o tempo; os gestos de ir e vir dos ribeiros foi se distanciando dos homens da cidade. Havia uma *urbe* antes e depois dos chafarizes. Estes, privilégio dos urbanos.

---

14   LARA. *Op. cit.* p. 48.

15   SILVA. *Op. cit.*, p. 62-63. Para ver outros dizeres lapidados, sobre os personagens políticos envolvidos nas obras relativas à adução das águas na América Portuguesa e no Reino, cf. SANTOS, Noronha. Aqueduto da Carioca. *Revista do Serviço do Patrimônio Histórico e Artístico Nacional,* Rio de Janeiro, n. 4, 1940.; MOITA (org.). *D. João V e o abastecimento de água Lisboa.*

No sítio urbano atual de Mariana ainda são encontrados 7 chafarizes públicos:[16] Chafariz dos Cortes, Chafariz dos Monsus, Chafariz do Conde de Assumar, Chafariz da Sé, Chafariz de São Pedro, Chafariz de São Francisco dos Pardos e a Fonte dos Quartéis.[17] Ao todo, nos foi possível identificar a construção de 15 chafarizes entre a segunda metade do século XVIII e o início do XIX. Destes, 14 eram públicos e um, a Fonte da Samaritana, pertencia ao Palácio dos Bispos. Para chegar a esse número consultamos os livros de despesa e contratos de obras firmados pela Câmara Municipal no período, bem como a produção historiográfica referente à constituição urbana de Mariana.

Apesar de inventariamos o número de obras edificadas, não foi possível estabelecer para todo este conjunto por quanto tempo cada uma delas permaneceu atuante no abastecimento da cidade. No século XVIII, enquanto alguns desses equipamentos foram demolidos, outros foram sendo construídos. Desta forma, os 14 chafarizes públicos não abasteceram a cidade ao mesmo tempo. Apresentamos, portanto, uma reconstituição aproximada do que teria sido a permanente reconfiguração, que caracterizava um circuito de abastecimento de água provido pela Câmara na cidade.

16   De acordo com Aires de Casal, na sua passagem pela cidade de Mariana em 1817, havia sete chafarizes de boas águas. CASAL, Aires. *Corografia Brasílica* [1817]. Prefácio de Mário G. Ferri. Belo Horizonte: Itatiaia; São Paulo: Editora da USP, 1976, p. 169.

17   O único chafariz tombado individualmente pelo Instituto do Patrimônio Histórico e Artístico Nacional foi o quadro esculpido da Samaritana, resquício da Fonte da Samaritana, que pertencia ao Palácio do Bispo e hoje se encontra no Museu Arquidiocesano da cidade. Os demais chafarizes de Mariana estão inclusos no acervo arquitetônico e paisagístico tombado da cidade. Referência: Processo nº 69, Livro de Belas Artes, folha 12, 14 de maio de 1938. In: CARRAZZANI, Maria Elixa (coord.). *Guia dos Bens Tombados*. Rio de Janeiro: Expressão e Cultura, 1980, p. 171. Cf. versão atualizada: Instituto do Patrimônio histórico e Artístico Nacional. *Bens Móveis e Imóveis Inscritos nos Livros do Tombo do Instituto do Patrimônio (1938-2009)*. 5. ed. rev. e atual. Rio de Janeiro: IPHAN, 2009. Disponível em: http://portal.iphan.gov.br/portal/baixaFcdAnexo.do?id=1356. Acesso em: 09 out. 2010.

Os dados recolhidos na documentação, os indícios arqueológicos e os chafarizes ainda existentes na cidade – em péssimo estado de conservação – revelaram os possíveis locais destas obras públicas, que ao longo dos séculos foram demolidas ou deslocadas, como ocorreu com a Fonte dos Quartéis e o Chafariz da Sé, conforme demonstramos nas imagens a seguir.

FIGURA 17: Fonte dos Quartéis, 1967
Fonte: IPHAN/Belo Horizonte, Pasta Mariana, Fotos, 1967

FIGURA 18: Fonte dos Quartéis, 2010
Fonte: Acervo da autora, 2010

As fotos da FIGURA 17, pertencentes ao arquivo do IPHAN, superintendência de Minas Gerais, (Belo Horizonte), são registros da reconstrução da Fonte dos Quartéis ou dos Cavalos. As fotos (1) e (6) correspondem ao momento final da edificação da obra. Conforme descrito no verso das imagens, em julho de 1967 foram encontradas no beco de algumas residências pedras do Tanque dos Cavalos (5), transportadas para a Praça Gomes Freire, local onde foi montada a fonte, conforme demonstram as imagens (2), (3) e (4). Ainda presente na Praça (FIGURA 18), é possível que esta fonte seja a antiga Fonte dos Quartéis, construída em 1749, no Largo dos Quartéis.

(a) (b)

(c)

FIGURA 19: Chafariz da Sé

Fonte:
(a) autoria e data desconhecidas;
(b) acervo da autora, 2006;
(c) acervo da autora, 2010.

As imagens demonstram três momentos distintos da trajetória do Chafariz da Sé. A imagem (a), de autoria e data desconhecidas, aponta o local original de sua edificação. Construído no Oitocentos, não sabemos quando o chafariz foi trasladado para atrás do edifício da Câmara, onde permaneceu até 2008 (b) em desuso, quando retornou ao seu antigo local (c), após reforma ocorrida no Largo da Sé.

Do conjunto dos 14 chafarizes públicos, 11 foram construídos no século XVIII e três no século XIX, como apresentamos a seguir (tabela 4):

TABELA 4: Chafarizes de Mariana (1749-1802)

Nome	Data de construção	
(1) Chafariz de São Pedro	(*) meados do século XVIII	
(2) Chafariz de São Francisco dos Pardos	(*) meados do século XVIII	Chafarizes abastecidos pelo Aqueduto de Mariana
(3) Chafariz de São Francisco dos Brancos	(*) meados do século XVIII	
(4) Fonte dos Quartéis	1749	
(5) Chafariz de Repuxo da Praça	1749	
(6) Fonte e Tanque da Câmara	1782	
(7) Chafariz de Tomé Dias	1795	
(8) Novo Chafariz da Praça	1795	
(9) Novo Chafariz de Tomé Dias ou Conde de Assumar	1801	
(10) Chafariz da Rua dos Cortes	1802	
(11) Chafariz da Sé	(*) século XIX	
(12) Fonte dos Monsus	1768	Chafarizes abastecidos por nascentes próximas
(13) Chafariz de São Gonçalo	1759	
(14) Fonte do Seminário	1757	
(15) Fonte e Tanque da Samaritana	(*) entre fins do século XVIII e início do século XIX	

Fonte: AHCMM. Auto de Arrematação. Códices 180, 122, 135, 220, 377, 210. Listas de receita e despesa. Códices 572, 679, 201, 660, 176, 151, 649, 73, 75, 384, 701, 382, 141, 202, 277, 124.
Os (*) indicam os chafarizes que não localizamos a data exata de edificação, apenas reparos e intervenções. Ver a localização dos chafarizes na FIGURA 15 deste trabalho.

De acordo com a Tabela 4, 11 chafarizes foram alimentados pelo aqueduto subterrâneo, enquanto três fontes públicas da cidade foram guarnecidas por nascentes que lhe eram próximas, o que reforça, conforme mencionamos no capítulo 2, que a Câmara soube aproveitar os

recursos hídricos presentes no interior do núcleo urbano, e que a construção do aqueduto subterrâneo foi fundamental para guarnecer a cidade
do precioso líquido.

Para efeito comparativo, vale lembrar que o Rio de Janeiro contava com 11 chafarizes públicos, enquanto Vila Rica era alimentada por
18, provavelmente, a maior rede de abastecimento no Setecentos.[18] Tais
chafarizes, enquanto espaços produzidos para ordenar a distribuição do
fornecimento de água, estavam investidos de uma série de artifícios dedicados a organizar também seus consumidores.

A composição interna dessas obras e o local onde eram edificadas
são indicativos espaciais e materiais relevantes, que nos levaram a investigar os artificiosos meios criados para o consumo das águas na cena urbana Setecentista.

A disposição interna e espacial

Os chafarizes públicos coloniais geralmente apresentavam um frontispício com uma ou mais bicas, metidas em carrancas ou ornamentos
decorativos. A água caía continuamente pelos canudos em direção à taça
(pia) e suas sobras eram reaproveitadas nos bebedouros para os animais e
nos tanques para as lavadeiras.

Raphael Bluteau definiu o chafariz como uma obra que resguardava
em si um espaço apropriado ao consumo humano, enquanto a fonte era
adequada aos animais:

> Chafariz: dizem alguns que é palavra arábica e que
> propriamente significa fonte com bicas e posto que
> algumas fontes, que não tem bica, como o chafariz
> dos cavalos se chamam chafariz, este nome foi intro-
> duzido por abuso. [...] o Chafariz dos cavalos não é
> chamado chafariz, mas fonte. Nas palavras de outros,

---

18   SILVA. *Op. cit.*, p. 58.; CAVALCANTI, Nireu. *O Rio de Janeiro Setecentista:* a vida
e a construção da cidade da invasão francesa até a chegada da Corte. Rio de
Janeiro: Jorge Zahar Editor, 2004.

chafariz é palavra que nos deixaram os mouros, particularmente em Lisboa, e quer dizer: fonte pública alta e de bicas.[19]

Em Mariana, a distinção entre chafariz e fonte nos contratos de obras não esteve presente. Em 1768, a Fonte dos Monsus, que "ficava da outra banda da ponte do Monsus", apesar da denominação, contava com uma bica "de pedra lavrada", com espaço reservado para caber "um barril bem à vontade por baixo", "com parede de pedra e cal".[20] As águas corriam da bica para uma pia de pedra e dali escoavam para onde "mais conveniente for para beberem os cavalos".[21] Já em 1797, nos registros dos reparos realizados pela Câmara, a Fonte dos Monsus foi titulada "Chafariz no Alto dos Monsus" e ganhava um tanque de pedra com dois "piões" de pedra "com uma laje em cima para assento dos barris".[22] Nas duas intervenções foram preservados ambos os espaços, para animais e humanos, o que sugere que a diferenciação dada por Bluteau não era na prática percebida pelos diversos consumidores da cidade.

---

19   BLUTEAU. *Op. cit.*, p. 266. Cf. *Fontes e chafarizes do Brasil*. São Bernardo do Campo: Mercedes-Benz do Brasil, 1991, p. 57.

20   AHCMM. Condições com que se há de fazer a fonte que fica da outra banda da Ponte dos Monsus para baixo do Portão da Chácara do Capitão Domingos Pereira. Códice 377. 30/12/1768. fls. 60-61v. A fonte passou por reformas em 1792 (AHCMM. Códice 687. fl. 98) e foi reconstruída em 1797 (AHCMM. Códice 209. fls. 192v-199).

21   AHCMM. Condições com que se há de fazer a fonte que fica da outra banda da Ponte dos Monsus para baixo do Portão da Chácara do Capitão Domingos Pereira. Códice 377. 30/12/1768. fls. 60-61v.

22   Não encontramos o significado do termo "pião", mas pelo contexto parece se tratar de um suporte para acomodar os barris. AHCMM. Registro das condições do encanamento da água para o Chafariz no alto dos Monsus, que mandaram fazer os Senhores do Senado o presente ano de 1797. Códice 377. 02/07/1797. fls. 274-274v. Nesta obra foi utilizado o massame, resto de um tanque desmontado próximo à Igreja de São Francisco. O referido massame poderia se tratar da Fonte dos Quartéis ou da Fonte de São Francisco dos Brancos, no mesmo largo.

A Fonte dos Quartéis, construída por Domingos Rodrigues Torres em 1749, levou o nome do antigo prédio do Quartel dos Dragões do Conde de Assumar, provavelmente por ter sido edificada nas imediações do edifício.[23] Com uma "piramida (sic) com três bicas e seu tanque de largura suficiente e seus bocais de bronze", apresentava "balaustres de pedra ou [piões] para assentarem os barris". Formas construtivas as quais revelam que o espaço das fontes estava apto a atender também o consumo dos habitantes.[24]

As estruturas arquitetônicas dessas obras acomodavam diferentes consumidores. Os espaços criados nos largos dos chafarizes regulavam e ordenavam o acesso ao líquido. O chafariz construído em 1749 na Vila de São José (Tiradentes) é elucidativo neste sentido. A obra pública atendia habitantes, animais e lavadeiras em distintos espaços de sua estrutura artístico-construtiva: à sua frente, uma mureta de pedra impedia o acesso dos animais, que por sua vez possuíam espaços próprios para a ingestão das águas. Atrás do corpo principal da obra, em cada lateral, havia um tanque, um para os animais e outro para as lavadeiras.[25] O líquido escorria primeiramente para os indivíduos, em seguida os sobejos deste consumo eram divididos por dois canos, um para cada cocho, o das lavadeiras e o dos animais. Neste mecanismo, fica claro que a prioridade era oferecer aos homens sedentos as águas límpidas e livres de qualquer sujidade. Os volumes do líquido que sobravam caíam em ambientes onde os animais se lambuzavam e as lavadeiras misturavam roupas, louças e sabão. Em Mariana, prevaleceu a existência de ambos os espaços, adequados ao consumo dos animais e indivíduos. Os chafarizes de São Gonçalo,

---

23   O quartel já estava em desuso em 1749, quando foi construída a fonte que levou seu nome (cf. FIGURAS 17 e 18).

24   AHCMM. Auto de arrematação do chafariz e fonte que se há de fazer nesta cidade que arrematou Domingos Rodrigues Torres. Códice 135. 26/02/1749. fls. 50v-53v. O Chafariz da Praça e a Fonte dos Quartéis foram arrematados no mesmo contrato. Em ambos recomendava-se ao construtor a colocação de balaustres para assentarem os barris.

25   MOURÃO, K. Op.cit., p. 243-244.

Seminário, Monsus, Rossio, Quartéis, São Pedro e da Praça contaram em seu complexo arquitetônico com tanques para os cavalos e bicas para servir aos habitantes.

Outros artifícios construtivos garantiam certa comodidade aos consumidores, como observamos no Chafariz dos Cortes (FIGURA 20), edificado em 1802, na rua de mesmo nome. Uma construção simples, com uma pia e "copos de pedra para neles se *descansarem os barris,* quando estiverem enchendo", "toda esta obra feita e acabada de alvenaria fingida rebocada e caiada e com duas bicas de latão para por ela esgotar as águas".[26] Os lugares adequados para assentos dos barris davam certo conforto aos usuários, que, enquanto esperavam encherem seus potes d'água, entretinham-se em conversas e murmurinhos, um tempo livre de espera nesse ambiente de convívio social. O filete de água que caía continuamente até encher o barril era habilmente aproveitado pelos homens que ali estavam.[27] A função cômoda dos copos de pedra, localizados abaixo das bicas, capazes de suportar o peso dos barris, além de uma finalidade prática e útil aos consumidores, impedia a água de se "esparrinhar (sic)"[28] pelo largo, preservando a obra pública e a salubridade urbana.

26 AHCMM. Códice 210. Registro das condições com que os senhores do Senado mandaram arrematar a fatura do chafariz da Rua dos Cortes. 23/12/1802. fl. 30 (grifos nossos)

27 AHCMM. Registro das condições com que os senhores do Senado mandaram arrematar a fatura do chafariz da Rua dos Cortes. Códice 210. 23/12/1802. fl. 30.

28 AHCMM. Registro das condições do encanamento da água para o Chafariz no Alto dos Monsus, que mandaram fazer os Senhores do Senado o presente ano de 1797. Códice 377. 02/07/1797. fls. 274-274v.

(a)

(b)

FIGURA 20: Chafariz dos Cortes
(a) Chafariz dos Cortes ; (b) reforma ocorrida no Chafariz dos Cortes em 1767
Fonte: (a) Acervo particular da autora, 2010; (b) IPHAN/Belo Horizonte, Pasta
Mariana, Fotos, 1967.

A estrutura interna dos chafarizes também é indicativa da existência de uma política local na distribuição das águas e dos tipos de consumidores pela cena urbana. Em Mariana, a Fonte do Seminário foi a única a contar com um espaço próprio para as lavadeiras, elemento que acabou por lhe agregar um perfil diferenciado de usuários.[29] Os fatores que explicariam a especificidade dessa obra no contexto urbano são desconhecidos, no entanto, não podemos deixar de destacar que a instalação de um cocho destinado às lavagens conferia ao largo da Fonte do Seminário uma função diferenciada: o Senado havia reservado um espaço apropriado,

29   AHCMM. Registro das condições com que os Senhores do Senado mandaram arrematar a obra da Fonte do Seminário o presente ano de 1803. Códice 210. 23/07/1803. fls. 33-34.

autorizado a atender as lavadeiras, que permaneciam horas a fio executando seu ofício diário no cocho público.[30] Evidência de que o governo local, na instalação dos chafarizes, preocupou-se em organizar e distribuir certas práticas e usos das águas, adequando convenientemente espaço e usuários na administração dos recursos hídricos.

Neste sentido, merece atenção a reforma realizada por D. João II no Chafariz de El-Rei de Lisboa em 1551. Para evitar os distúrbios no dito chafariz, "o de maior caudal e o mais procurado", a Câmara da capital metropolitana dividiu as seis bicas de acordo com a seguinte serventia:

> Na primeira bica abasteciam os negros, forros e cativos, os mulatos e os índios; na segunda, os moiros das galés, e os da primeira bica, quando fosse necessário; a terceira e quarta estavam reservadas aos homens e moços brancos; na quinta enchiam as mulheres pretas e na sexta as mulheres e moças brancas. A quem infringisse esta ordem eram aplicados severos castigos – açoitamento com baraço (sic) e pregão, ao redor do Chafariz, sendo de cor; 2000 réis de multa e três dias de cadeia, sendo branco o prevaricador.[31]

A imposição de artifícios construtivos e a publicação dos editais normativos visavam organizar os tipos de consumo e os seus usuários. Em Mariana, as depredações ocorridas nas fontes públicas pareciam

---

30 Não encontramos referência à construção de espaços dedicados às lavagens na cidade até 1803. As lavadeiras se dividiam entre o uso dos rios e dos córregos próximos aos núcleos urbanos e as demais fontes públicas da cidade, o que era proibido pelo Senado, como veremos a frente. Somente em 1803, depois de vários editais proibitivos sobre o uso desses espaços para lavagens de roupas e louças que o governo local acabou por criar um espaço próprio ao exercício deste ofício na Fonte do Seminário. Para o Rio de Janeiro, Noronha Santos mencionou o espaço solicitado pelos oficiais camarários para a lavagem das roupas no Chafariz do Largo do Carmo que desejavam construir em 1735 com as rendas da Fazenda Real. SANTOS. *Op. cit.*, p. 10.

31 CAETANO, Joaquim Oliveira. *Chafarizes de Lisboa*. Lisboa: Distri Editora, 1991, p. 12.

resultar dos usos contínuos, distúrbios e tentativas de furtar água nos canos subterrâneos adjacentes. Em 1769, o governo local mandou colocar uma laje grossa "em termo que os vizinhos não a levantem, para tirarem água do cano" no registro próximo à Fonte de São Pedro.[32] Em 1776, ordenou que três pedras fossem metidas "por fora no tanque da Fonte de São Francisco dos Brancos, para segurar os [gatos] do mesmo tanque" por terem-no furtado.[33] Na construção da nova Fonte da Praça, em 1795, o construtor Francisco Álvares Quinta se comprometeu:

> Na parte de trás no lugar da caixa adonde (sic) despedir a água dos alcatruzes, será esta caixa ou pia, coberta por cima em razão dos donos dos quintais não poderem bulir a água, como também os canudos serão metidos por dentro com azas e chumbados para os negros os não poderem arrancar.[34]

Enquanto suportes de água na paisagem urbana, os chafarizes também contribuíam para o "o equilíbrio arquitetônico e urbanístico" da cidade.[35] Ao mesmo tempo que "deveriam satisfazer a uma necessidade ordinária, segura e permanente de água" decoravam a povoação".[36] Funcionalidade, estética e normas de consumo se confundiam e comple-

---

32 AHCMM. Registro das condições com que João Caldas arrematou o conserto da Cadeia e Casa da Câmara e Cadeia e calçadas no caminho do morro de Domingo Velho. Códice 377. 11/12/1769. fls. 74v-75.

33 AHCMM. Registro das condições com que José Pereira Arouca arrematou os concertos no cano da água das fontes desta cidade. Códice 377. 14/12/1776. fls. 148v-149. Gato, conforme definiu Afonso Ávila, era uma peça de ferro que unia e segurava duas pedras de cantaria. ÁVILA, Afonso. *Barroco Mineiro: Glossário de Arquitetura e Ornamentação*. Belo Horizonte: Fundação João Pinheiro, 1996. (Coleção Mineiriana)

34 AHCMM. Condições por donde se há de arrematar a fatura da fonte que se pretende fazer encostada a parede que divide o quintal de Dona Joana com a fronte para o largo da Praça por ordem dos Senhores do Senado da Câmara que serve este presente ano de 1795. Códice 682. fls. 130-130v.

35 CONCEIÇÃO. *Op. cit.*, p. 346.

36 BASTOS. *Op. cit.*, p. 109.

tavam o significado das fontes e chafarizes no cenário urbano colonial. Concordamos com a perspectiva de Luis Filipe Pires da Conceição que adverte sobre a função da arquitetura das águas no período moderno, como mecanismo de consagração no espetáculo da cena urbana.[37] Além de adornar as águas urbanas, a estrutura construtiva tornava os suportes de abastecimento adequado ao público pretendido. Ao mesmo tempo, todos esses elementos arquitetônicos associavam-se a um último aspecto, o lugar eleito pela Câmara para abrigá-los. Assim, a estrutura interna, os elementos decorativos e a localização dos chafarizes públicos combinavam uma série de interesses políticos, sociais e culturais, reveladores das formas da administração e controle do consumo das águas urbanas.

Na rede hídrica, os chafarizes assumiam a função de "pontos terminais de uma conduta de abastecimento".[38] Na gestão do circuito das águas, quando o governo local desejava edificar uma nova fonte pública em Mariana, determinava ao arrematante encarregado que construísse um canal emissário do aqueduto subterrâneo até o novo ponto escolhido para oferecer água à população. O modelo de distribuição das águas consentia aos vereadores o poder de eleger os locais dentro da cidade a serem guarnecidos pelo líquido, tornando os chafarizes a manifestação material desta escolha. Prática que nos leva a indagar quais teriam sidos os espaços apropriados para os chafarizes ocuparem na paisagem urbana.

A construção dos pontos de abastecimento de água na cidade esteve envolvida em um conjunto de estratégias e interesses do poder local. Como, por exemplo, as bicas de água construídas no novo caminho de Mariana para Vila Rica em 1782, uma das exceções de fornecimento de

---

37 De acordo com Luís Felipe da Conceição, os chafarizes constituíam um suporte edificado com recursos da arquitetura, da escultura e de enquadramento urbano, "uma arquitetura de consagração da água". CONCEIÇÃO. *Op. cit.*, p. 346.

38 CONCEIÇÃO. *Ibidem*, p. 339.

água fora dos limites da cidade.[39] Esta obra exercia uma função importante: provia o líquido àqueles que transitavam no novo caminho que ligava as sedes do poder eclesiástico da Capitania e civil da Comarca. Fora do limite urbano de Mariana, a posição estratégica destas bicas atrairia os habitantes ao uso do itinerário criado pela Câmara para ligar esses centros urbanos. Afinal, a informação de que havia disponibilidade de água no trajeto, certamente influenciava na escolha dos transeuntes. Neste caso, as bicas serviam como um atrativo estratégico na instituição e regulação do uso dos caminhos estipulados pela ordem local.

Neste sentido, merece também atenção o Chafariz de São Pedro, construído entre os anos de 1749 e 1752, próximo à Igreja de São Pedro. A partir de 1782, a entrada de Mariana para quem vinha de Vila Rica foi deslocada do Morro de São Gonçalo para o Morro de São Pedro, novo limite da povoação. Com isso, o chafariz estrategicamente localizado na entrada de Mariana, passou a contar com um número cada vez maior de tropeiros e viajantes, além dos habitantes que habitualmente recorriam à obra pública situada no fim da Rua Nova, novo trecho urbano da cidade.[40]

---

39   De acordo com Salomão de Vasconcellos, em 1782, o governador D. Rodrigo José de Menezes ordenou a construção de um novo caminho para ligar Mariana a Vila Rica. VASCONCELLOS, Salomão de. *Op. cit.*, p. 16. O novo caminho, assim como as bicas d'água, foram financiados pela Câmara de Mariana e executados por José Pereira Arouca. AHCMM. Auto de arrematação. Códice 377. 02/07/1782. fls. 90-90v. Sobre reparos no caminho, cf. também as obras realizadas: AHCMM. Auto de Arrematação. Códice 377. 04/08/1781. fls. 181-183v.

40   Desconhecemos a data de edificação do Chafariz de São Pedro, mas sua obra foi contemporânea à da igreja de mesmo nome. De acordo com Salomão de Vasconcellos, as obras da Igreja de São Pedro, onde anteriormente existia a forca do povoado, iniciaram-se por volta de 1752. Segundo Raimundo Cônego Trindade, as obras tiveram início em 1749. Acreditamos que o chafariz foi edificado após 1749, quando estava pronto o aqueduto subterrâneo que o alimentava. A primeira menção a essa obra foi encontrada em 1769, quando João de Caldas Bacelar foi encarregado de fazer um paredão "junto ou de fronte da Fonte de São Pedro" e tapar um caminho que segue por baixo da rua, para evitar a passagem dos carros e dar segurança à mesma e ao cano d'água. AHCMM. Consertos dos catres, Casa da Câmara, aqueduto da água

A Rua Nova, em toda sua extensão, era abastecida por três chafarizes, os quais levaram em sua denominação o nome dos templos religiosos adjacentes: o Chafariz de São Pedro, São Francisco dos Pardos e São Francisco dos Brancos.[41] A construção desses chafarizes na mesma rua do aqueduto subterrâneo deveria ser financeiramente favorável aos cofres do Concelho, uma vez que diminuiria os custos das obras e evitaria possíveis dificuldades técnicas na disposição e declive dos canos no terreno urbano.

Outro fator que nos chamou atenção, acerca do local onde os suportes de água foram edificados, foi a proximidade dos templos religiosos. Tal proximidade pode ser indício da existência de uma prática urbanística a qual, ao mesmo tempo em que guarnecia os irmãos cristãos em seus rituais católicos, procurava combinar os espaços de abastecimento de água aos locais associados à ordenação social na cidade. Os espaços religiosos, em tese, deveriam impor certa ordem aos largos nos quais se situavam e, portanto, imprimiam certo respeito aos usuários que se dirigiam aos chafarizes adjacentes. Não podemos afirmar que o governo local se valia dessas alternativas urbanas para manter a ordem nos chafarizes públicos. Entretanto, se essa estratégia permanece no campo da hipótese,

das fontes e chafarizes e calçadas no caminho de Domingos Velho. Códice 377. 31/12/1769. fls. 74v-75.

41 A primeira evidência documental encontrada sobre os três chafarizes consta no contrato de arrematação firmado em 1769. O mesmo contrato determinava que o arrematante era obrigado a consertar o cano da Fonte de São Francisco dos Pardos e a bica e tanques da Fonte de São Francisco dos Brancos. A respeito da Arquiconfraria de São Francisco, Salomão de Vasconcellos informou que o edifício atual foi construído em 1784 para atender aos irmãos pardos, mas que anteriormente existia no mesmo terreno a capela provisória de Nossa Senhora dos Anjos, que aguardava autorização régia da confirmação da Confraria dos Irmãos Pardos. A Ordem Terceira de São Francisco de Mariana data de 1758, inicialmente instalada na Capela de Sant'anna. Em 1761, comprou os terrenos onde atualmente se encontra a Igreja de São Francisco de Assis. A construção do prédio religioso na Praça da Câmara foi iniciada em 1762 e concluída em 1794. VASCONCELLOS, Salomão. *Op. cit.*, p. 30-41.

a concessão de penas d'água para dentro dos terrenos religiosos subsistia como prática comum. Em 1797, na reconstrução do Chafariz dos Monsus e de seu encanamento, um dos canos seguia por um dos lados da Capela do Rosário e continuava pela mesma rua até chegar à obra pública.[42] Acreditamos que ao menos uma pena d'água deveria beneficiar o templo. Próximo aos chafarizes, fontes públicas e seus encanamentos, as instituições religiosas foram privilegiadas no acesso às águas dentro da cidade.

---

42 AHCMM. Registro das condições do encanamento da água para o Chafariz no alto dos Monsus que mandam fazer os Senhores do Senado o presente ano de 1797. Códice 377. fls. 274-274v. Arrematante: João Miguel Ferreira; valor: 588$000 réis.

FIGURA 21: Fonte dos Monsus
Fonte: Acervo da Autora, 2006

FIGURA 22: Chafariz de São Pedro
Fonte: Acervo da autora, 2006

FIGURA 23: Chafariz de São Francisco dos Pardos
Fonte: Acervo da Autora, 2010

A edificação de fontes e chafarizes próxima aos espaços de exercício da religiosidade sugere, ainda, a existência de uma preocupação do órgão local com estas instituições. Em outras localidades da América Portuguesa, a clausura das ordens seculares justificava o fornecimento de água para dentro de seus muros. Em João Pessoa, no século XVI, os frades de São Bento contavam com uma fonte abastecida pela terceira parte das águas que alimentavam o chafariz da cidade.[43] Na mesma localidade, o Convento dos Franciscanos, em 1717, foi guarnecido em seu interior com a Fonte de Santo Antônio, de uso exclusivo da congregação e alimentada com as águas do próprio terreno. Em raros momentos, ela foi aberta ao público, apenas em casos de "calamidade quando foram instalados hospitais de emergência no convento".[44] Neste caso, parece-nos que os próprios franciscanos arcaram com os custos e com os benefícios da Fonte de Santo Antônio.

Não havia obrigatoriedade do Estado em fornecer água às instituições religiosas. A concessão de anéis e penas d'água aparece mais como uma situação oportuna e conveniente do que efetivamente um dever assumido pelas autoridades municipais e metropolitanas.[45] Em Portugal, a concessão de água à Igreja ocorreu em certos casos por mercê real[46] e, em

---

43   HONOR, André Cabral. *Sociedade e cotidiano:* as fontes d'água na formação da cidade de João Pessoa no período colonial. (Bacharelado em História) – Centro de Ciências Humanas, Letras e Artes, Universidade Federal da Paraíba, João Pessoa, 2006, p. 38-55.

44   HONOR. *Op. cit.*, p. 38.

45   Noronha Santos mencionou o caso do Chafariz das Saracuras no Rio de Janeiro, alimentado por um anel de água do Aqueduto da Carioca concedido às religiosas do Convento de Nossa Senhora da Conceição da Ajuda em 1799 pelo Vice-Rei do Brasil D. José Luís de Castro (1790-1801). SANTOS, Noronha. *Op. cit.*, p. 84-85.

46   Em 1750, os moradores de Coimbra reclamavam sobre a diminuta água que corria pela cidade. O Mosteiro de Santa Cruz envolvido na querela se valia da prerrogativa "das grandes doações a fim da perpetuidade e uso das águas", concedidas pelo Rei D. Sebastião sobre o aqueduto, construído para alimentar os citadinos. AHU. Reino. Cx. 41; pasta 30.

outros, as instituições eclesiásticas investiram com seus próprios recursos no abastecimento.[47]

Na capital religiosa das Minas, a Fonte do Seminário, dos Monsus e de São Gonçalo são exemplos do aproveitamento de nascentes no terreno urbano. A fonte do Seminário, localizada nas adjacências do Seminário da Boa Morte, foi edificada "ao pé da ponte que vai para o Seminário" e servia aos seminaristas e habitantes da cidade.[48] Arrematada em 1756, foi novamente a pregão em 1757, quando Bento Marinho se encarregou de executá-la.[49] De acordo com o auto de arrematação, a obra pública contava com duas bicas de pedra lavradas "com alguma cantaria", com espaços para "tomar águas e beber cavalos".[50] Ao longo da segunda metade do século XVIII sofreu vários reparos e ampliações em sua arquitetura para continuar a fornecer água à população: em 1767 ganhou uma bica de bronze "em uma forja de pouca obra ou carranca";[51] em 1775, novos alcatruzes de pedra sabão com objetivo de "juntar toda a água

---

47 No Convento Franciscano de Varatojo, em Torres Vedras, os frades souberam aproveitar três minas d'água localizadas em seu terreno. O edifício construído em 1474, no século XVIII foi aparelhado com um sistema de galerias subterrâneas que permitiu a irrigação de hortas e suas instalações. MASCARENHAS, José M. de.; ROUILLARD, J.; BERTHIER, K.; BENOÎT, P.; JORGE, V. A exploração dos recursos hídricos no convento Franciscano de Varatojo (Torre Vedras). *Boletim Cultural da Assembléia Distrital*, Lisboa, nº 95, vol. 2, 2010. Cf.: MASCARENHAS, José Manuel; BECASIS, M. H.; JORGE, V. F. *Hidráulica Monástica Medieval e Moderna*. Lisboa: Fundação Oriente, 1996.

48 AHCMM. Auto de arrematação da fonte junto a Ponte do Seminário. Códice 220. 23/07/1757. fl. 27.

49 As mesmas condições de execução do contrato da obra da Fonte do Seminário aparecem nos termos de arrematação firmados em 1756 e 1757. AHCMM. Auto de arrematação da Fonte junto da Ponte do Seminário e paredão no fundo do beco de Manoel José Pinto. Códice 220. 06/11/1756. fl. 16.; AHCMM. Auto de arrematação da fonte junto à ponte do Seminário. Códice 220. 23/07/1757. fl. 27.

50 AHCMM. Auto de arrematação da Fonte junto a Ponte do Seminário. Códice 220. 23/07/1757. fl. 27.

51 AHCMM. Auto de arrematação da nova Fonte ao pé da Ponte do Seminário desta cidade. Códice 377. 16/12/1767. fls. 39-41. Arrematante: Bento Marinho de Araújo. Valor: 145$000.

para subir tudo quanto for possível";[52] e, em 1803, um tanque para as lavadeiras, como já mencionamos.[53]

A existência do chafariz poderia, em certos casos, alterar a ordem urbana. A trajetória dos Chafarizes do Rossio e de São Gonçalo são elucidativos da transformação física e social dos espaços por eles ocupados no ambiente da cidade.

O Chafariz do Rossio, conhecido como Chafariz da Praça ou de Repuxo, edificado em 1749, foi o primeiro a receber as águas do aqueduto subterrâneo, construído neste mesmo ano.[54] Segundo Salomão de Vasconcellos, o Rossio, também conhecido como Largo da Carvalhada, era o lugar da cidade onde aconteciam os curros e as touradas, os festejos dos nascimentos e casamentos da família real e "outros acontecimentos retumbantes da época".[55]

52 AHCMM. Auto de arrematação das calçadas novas e rebolidos muros e conserto da Fonte ao pé da ponte do Seminário, paredões e parapeitos da Ponte de Santa Ana. Códice 377. 08/12/1775. fls. 136-137v. Arrematante: Francisco Afonso Lages, Valor: 66$940.

53 AHCMM. Registro das condições com que os Senhores do Senado mandaram arrematar a obra da Fonte do Seminário o presente ano de 1803. Códice 210. 23/07/1803. fls. 33-34.

54 AHCMM. Códice 135. Auto de Arrematação do Chafariz e fonte que se há de fazer nesta cidade. 26/02/1745. fls. 50v-53v.

55 VASCONCELLOS, Salomão. *Op. cit.;* Saint-Hilaire, no início do século XIX, declarou: "A Praça das Cavalhadas é um quadrilátero alongado e coberto de grama; é lá que nos festejos públicos se fazem as corridas a cavalo e os torneios públicos". SAINT- HILAIRE. *Op. cit.*, p. 79

FIGURA 24: Chafariz de Repuxo, 1749
Fonte: VASCONCELLOS. *Op. cit.* Desenho de Wash Rodrigues elaborado a partir do auto de arrematação de 1749.

Em 1795, o chafariz que fazia parte desse cenário de intensa circulação foi desmontado para atender à reordenação espacial dirigida pela Câmara Municipal. Em acórdão do mesmo ano, os oficiais locais decidiram "fazer e regular a praça principal desta cidade vulgarmente chamada do Largo do Chafariz".[56] A reforma envolveu o desmanche de parte da morada de Dona Joana Jacinta e a construção de um novo chafariz no largo, tudo para "regular e aformosear a praça".[57]

O motivo de a reorganização espacial foi a falta de alinhamento entre as esquinas onde ficavam a casa de Dona Joana Jacinta e a morada da viúva Dona Rita Eufrázia. Conforme descrevem os oficiais locais no acórdão, a habitação de Dona Joana Jacinta "corria para o centro da praça", fora do "ângulo correspondente" à esquina, onde estava a casa de Dona Rita Eufrázia. Após alguns anos de insistência, o Senado conseguiu convencer D. Jacinta, a qual aceitou que tirassem "semelhante obstáculo", com a condição de que o governo local fizesse a casa da mesma forma para os fundos do terreno, em conformidade "com o outro referido ângulo, que faz para Rua de São José".[58] Na mesma audiência, o Senado acordou ainda "mudar-se o Chafariz que está na dita praça por desembaraçá-la, encurtando-[a] proporcionalmente a um lado dela".[59] José Francisco Álvares procedeu à reedificação da casa de Dona Joana Jacinta Cláudia de Freitas[60] e Francisco Álvares Quinta, à demolição do Chafariz da Praça e à fatura de uma nova fonte, "encostada à parede que divide o quintal de Dona Joana Jacinta para o Largo da Praça":[61]

> Será obrigado quem arrematar a obra acordada fazer da parede de D. Jacinta daquela que divide a Rua

---

56 AHCMM. Acórdão. Códice 209. 16/07/1795. fls. 132v.

57 AHCMM. Acórdão. Códice 209. 16/07/1795. fls. 132v.

58 AHCMM. Acórdão. Códice 209. 16/07/1795. fl. 132v. AHCMM. Registro das Condições porque se arrematou a mudança e reedificação das Casas de D. Jacinta Cláudia de Freitas, ano de 1795. fls. 250v-252v.

59 AHCMM. Acórdão. Códice 209. 16/07/1795. fls. 132v.

60 AHCMM. Auto de Arrematação da mudança e reedificação da Casa de Dona Joana Jacinta Cláudia demolida no largo do Chafariz desta cidade. Códice 377. 07/1795. fls. 250-252v.

61 AHCMM. Registro das condições com que se arrematou a fatura da fonte encostada a parede de pedra [...] e que divide o quintal de D. Jacinta no largo da praça e demolição do Chafariz da mesma praça. Códice 377. 10/07/1795. fls. 252v-253v.

debaixo até o cunhal da Casa de D. Rita e dobrando a corda ao meio aonde der fará pião para o assento da dita fonte, dividindo o lugar que ela se ocupar tanto para um lado como para o outro em razão de ficar bem no meio daquela frente.[62]

A reforma no Largo do Rossio indica a preocupação dos funcionários locais em regular o espaço físico do povoado. Tal intervenção primou pela ordenação visual da arquitetura da praça, dos elementos que compunham e davam forma àquela cena urbana em Mariana.[63] Formada pelo conjunto de espaços, largos e complexos arquitetônicos, a cidade era a união desses ambientes. Cada elemento material da cidade contribuía para o funcionamento da fisiologia urbana e, no conjunto das atribuições incumbidas aos chafarizes, importava ainda estarem adequadamente dispostos, em harmonia e conformidade com o espaço onde foram inseridos. Na edificação da nova fonte, encostada ao centro do quarteirão, os furos para as bicas e seus canudos deveriam estar divididos "de sorte que não fique mais distância de um para o outro", evidência de uma preocupação urbanística tanto com a organização interna, quanto com a finalidade essencial da obra: fornecer o líquido adornando apropriadamente o espaço da cidade.

O caso do Chafariz de São Gonçalo sugere como os suportes de água estavam sujeitos à ação daqueles que fabricaram essas obras públicas, como daqueles que se apropriavam delas.

62   AHCMM. Registro das condições com que se arrematou a fatura da fonte encostada à parede de pedra [...] e que divide o quintal de D. Jacinta no largo da praça e demolição do Chafariz da mesma praça. Códice 377. 10/07/1795. fls. 252v-253v.

63   Sobre a função e reformas nas praças coloniais Cf. CALDEIRA, Júnia Marques. *A Praça Brasileira:* trajetória de um espaço urbano, origem e modernidade. Tese (Doutorado em História).– Instituto de Filosofia e Ciências Humanas, Universidade Estadual de Campinas, Campinas, 2007, p. 73-93; CURTIS, James R. Praças, Place, ande Public Life in Urban Brazil. *Geographical Review*, vol. 90, n. 4, oct., 2000. Disponível em http://www.jstor.org/stable/3250780. Acessado em: 22 mar. 2009

A fonte pública construída em 1759, "na Rua Direita, junto à ponte de São Gonçalo",[64] abastecia o arrabalde de São Gonçalo e ocupava uma posição estratégica, visto que fornecia o líquido na saída da cidade, "no caminho que segue para Vila Rica".[65] Conforme vimos anteriormente, até 1782, era pelo morro de São Gonçalo que os transeuntes seguiam para Vila Rica.[66]

A Fonte de São Gonçalo era abastecida por uma mina d'água próxima e foram frequentes as reclamações sobre a falta d'água e os reparos na sua estrutura construtiva para resolver este problema. Em 1762, poucos anos após sua inauguração, o ouvidor José Pio Ferreira Souto ordenou que se procedessem às intervenções necessárias no encanamento para que fosse incluída mais água naquele chafariz.[67] Na correição geral realizada pelo ouvidor Manuel Joaquim Pedroso, em 1781, o funcionário régio alegava sobre "a muita necessidade de se encanar as águas para o Chafariz de São Gonçalo", localizado no "caminho [...] o mais antigo e primei-

---

64   AHCMM. Acórdão. Códice 705. 13/02/1750. fls. 43v. Cf. também: AHCMM. Auto de arrematação do Chafariz que se há de fazer nesta cidade na Rua Direita junto a ponte de São Gonçalo que arrematou Domingos Rodrigues Torres por preço e quantia de 400$000. Códice 135. 01/08/1750. fls. 96v-97. A arrematação não teve efeito, pois em 1753 novo edital a colocava em pregão (AHCMM. Códice 462. Edital,10/11/1753. fl. 116.). Mas foi apenas em 1759 que Antônio Moreira executou o novo chafariz com seu aqueduto, recebendo pela obra, no ano seguinte, 1:200$000 réis (AHCMM. Lista de despesa de 1760. Códice 176. fl. 154). O novo chafariz seria alimentado por uma mãe d'água que se localizava nas proximidades, obrigando o construtor a fazer todo o encanamento de telhões betumados de "cal e azeite de mamona" e de "cem em cem palmos uma pia de pedra para nela se assentar os esporos da dita água". AHCMM. Códice 220. 25/04/1759. fls. 64v-65v.

65   Em 1760, João de Caldas Bacelar procedeu aos reparos na calçada e nas saídas das águas da Fonte de São Gonçalo que passavam pelo "rebaixe da calçada que segue para Vila Rica". AHCMM. Registro das condições com que João de Caldas Bacelar arrematou a obra do paredão nas ilhargas da nova fonte. Códice 220. 10/12/1760. fls. 91-92v.

66   VASCONCELLOS. *Op. cit.*

67   AHCMM. Audiência da Correição da Câmara. Códice173. Ano de 1762. fls. 27v-29.

ra entrada desta cidade e o que dá passagem a todos os viandantes que iam para o Mato Dentro". Ordenava aos vereadores tomar as providências cabíveis: "buscar mais alta [a água] para poder correr no mesmo chafariz, [...] porque os maiores daquela paragem padecem necessidade grande".[68] Segundo Moura Santos, o Chafariz de São Gonçalo teria sido instalado no Largo da Quitanda, conforme o nome indica "a praça do mercado, local onde os tropeiros que percorriam a região vendiam suas mercadorias". De acordo com o autor, com a expansão da cidade para o sentido sul (atrás da Sé), o bairro decadente teria se transformado em "uma comuna de malandros e elementos da escória".[69]

Em 1801, uma medida da Câmara veio alterar ainda mais esse espaço da cidade. Os oficiais locais arremataram a trasladação do Chafariz de São Gonçalo para o Largo do Rossio.[70] Entre os motivos que explicariam esse deslocamento estaria a frequente falta d'água, a transformação social do Largo da Quitanda, indicada por Santos, e a decadência do antigo caminho de São Gonçalo. Neste sentido, a ação da Câmara, diante dos conflitos decorrentes do minguado filete de água, teve como objetivo eliminar a causa das desordens e reaproveitar aquela edificação em outra parte da cidade, onde havia água suficiente para abastecê-la. Uma estratégia interessante, uma vez que reorganizava o contexto espacial, retirando daquele ambiente de desprestígio uma obra promovida pelo Senado.

---

68   AHCMM. Audiência Geral da Correição feita aos oficiais da Câmara desta cidade o presente ano de 1781. Códice 173. fl. 51v.

69   Encontramos duas referências de localização para a Fonte de São Gonçalo. Para Moura Santos, o chafariz teria sido construído no Largo da Quitanda, enquanto na arrematação da obra consta a edificação "na Rua Direita, junto à ponte de São Gonçalo". Optamos por demarcar estas duas possibilidades na FIGURA 15, p. 88. Cf. o mapa em anexo. MOURA SANTOS, Waldemar de. *Lendas Marianenses*. Belo Horizonte: Imprensa Oficial, 1967 *apud* FONSECA. *O espaço urbano de Mariana, op. cit.*, p. 32, 51.

70   AHCMM. Registro das condições com que os senhores do Senado mandaram fazer a obra da mudança do chafariz da ladeira que vai para São Gonçalo para o Largo da Praça que arrematou João Miguel Ferreira o presente ano de 1801. Códice 210. 15/11/1801. fls. 20-20v.

Em 1801, o construtor João Miguel Ferreira executou a mudança do "chafariz da ladeira que vai para São Gonçalo para o Largo da Praça".[71] De acordo com o auto de arrematação, ficou obrigado:

> [...] a desmanchar o dito chafariz com toda a cautela e o mudará para o canto da estalagem de Tomé Dias Montes preparando entre o beco e a porta da estrebaria, ficando esta porta livre e desembaraçada [...]. E meterá dois canudos no chafariz bem grossos para caber muita água e serão de latão e porá toda a pedra que faltar e alcatruzes na caixa d'água que está na mesma ladeira.[72]

A estalagem de Tomé Dias, localizada no Largo da Praça, contava com uma bica de água na sua porta desde 1795.[73] A tal fonte, alimentada pelo aqueduto subterrâneo, se resumia a uma "cortina de parede de pedra [...] com uma bica de pedra metida" por onde escorria água para "uma pia grande [...] com um pé direito para assento dos barris".[74] No ano de 1801, o Chafariz de São Gonçalo veio, provavelmente, ocupar seu lugar. Ainda hoje, ao lado do antigo Palácio do Conde de Assumar, existe um chafariz público, o qual acreditamos ser a obra trasladada de

---

71   AHCMM. Códice 210. 15/11/1801. fls. 20-20v.

72   AHCMM. Códice 210. 15/11/1801. fls. 20-20v.

73   Foram encontradas referências de duas condições de execução de obras do Chafariz de Tomé Dias, idênticas. AHCMM. Condições por onde se há de arrematar e meter uma bica de água a porta de Tomé Dias Montes e a calçada a porta do Tenente Barbosa para ter mão no aterro da praça e o concerto da calçada do Itacolomi, como também todo o aterro da Praça desta Cidade. Códice 682. 08/07/1795. fls. 133-133v. AHCMM. Registro das Condições para que se arremata o conserto da calçada do Itacolomi, fonte ao pé da Praça e calçada defronte (sic) do Tenente Barbosa para segurança do dito aterro no córrego ano de 1795. Códice 377. 1/07/1795. fls. 255-255v.

74   AHCMM. Condições por onde se há de arrematar e meter uma bica de água a porta de Tomé Dias Montes e a calçada a porta do Tenente Barbosa para ter mão no aterro da praça e o concerto da calçada do Itacolomi, como também todo o aterro da Praça desta Cidade. Códice 682. 08/07/1795. fls. 133-133v.

São Gonçalo, que possui lapidada em sua estrutura a data de 1801, ano em que houve a mudança do equipamento urbano.

De certa forma, a maneira encontrada pela Câmara para contornar a situação acabou por reverter o problema a seu favor, já que o Chafariz dos tumultos de São Gonçalo se transformou no "novo" Chafariz da Praça, capacitado a fornecer o líquido tão desejado no espaço urbano. A partir de 1801, o Largo do Rossio contava com dois chafarizes: o Chafariz da Praça, reconstruído em 1795, e o Chafariz de Tomé Dias, de 1801, que ficou conhecido como Chafariz do Conde de Assumar.

FIGURA 25:
Chafariz do Conde
de Assumar
Fonte: Acervo da
autora, 2010.

O desmonte, o aproveitamento e a trasladação de chafarizes públicos não constituíram uma prática exclusiva da Câmara de Mariana. Em outras localidades do Reino e da América Portuguesa, esse tipo de intervenção também ocorreu, demonstrando, assim, que a mudança dessas obras pelo espaço da cidade se tratou de uma política corriqueira dos governos locais na administração do fornecimento público da água. No Rio de Janeiro, vale lembrar o caso envolvendo o Chafariz do Largo do Carmo. O projeto do Sargento-mor José Fernandes Pinto Alpoim, recusado em 1746, teve o risco do engenheiro Carlos Mardel, residente no Reino. O Chafariz do Carmo, em funcionamento desde 1753, foi demolido para dar lugar a um novo no mesmo largo em 1789. Além da falta d'água, o motivo do desmanche teria sido também sua localização no centro da praça, impedindo "as manobras militares".[75] O novo chafariz foi erigido em lugar mais apropriado para facilitar o abastecimento de água das embarcações, o que indica que a instalação dos suportes de água acompanhou também as particularidades e necessidades de consumo dos diferentes contextos urbanos das vilas e cidades coloniais.

Os chafarizes públicos no jogo das águas urbanas funcionavam como peças da rede de abastecimento, colocadas na cidade pela Câmara, nos lugares por ela determinados. A conclusão do Conde de Bobadela após o término do Aqueduto do Rio de Janeiro elucida e reforça a existência de uma prática de distribuição dirigida a certos ambientes da cidade. Depois de pronto, o governador alertava: era preciso saber "comunicar a água da Carioca a toda a cidade para evitar ajuntamentos e brigas".[76] Para Mariana, partimos dos possíveis locais onde tais equipamentos foram inseridos para compreender a dinâmica de fornecimento e a espacialidade das águas urbanas. Mapeamos zonas de fronteira urbana e estradas, proximidade dos templos religiosos, espaços de ampla convivência e circulação dos habitantes, práticas de desmonte e trasladação. Ainda assim, para administrar o líquido o poder local se valia de outras estratégias para

---

75   SANTOS. *Op. cit.*, p. 44. Para Portugal, cf. MOITA, Irisalva. (org.). *D. João v e o abastecimento de Lisboa...*

76   Consultas do Conselho Ultramarino de Lisboa sobre o Brasil, 1699-1751-Reproduzido in Arq. Dist. Fed. vol. IV, p. 462-465. *Apud* SANTOS. *Op. cit.*, p. 15.

controlar seu consumo, afinal "os pontos terminais" de abastecimento eram obras a serviço das águas, a serviço da Câmara, mas sobretudo da população. Regular e coibir desvios fez parte das audiências da Câmara, que agora abordaremos.

Normas e usos

Poças de água, sujeiras e todo tipo de imundícies, confusões e murmurinhos transformavam os largos dos chafarizes públicos em locais de desprestígio nas cidades coloniais. No lugar da ordenação das águas urbanas, a desordem imperava, conforme ressaltaram alguns estudiosos. No Reino e na América Portuguesa, os chafarizes foram cenários de crimes e encontros proibidos. Em Lisboa, eram locais onde os aguadeiros "combinava[m] os planos de roubos e malfeitorias fora da vigilância da polícia", "prontos a ajudarem o transporte de cousas roubadas".[77] Na cidade de João Pessoa, o governador Jerônimo José de Melo e Castro (1764-1797) construiu com as rendas da Fazenda Real um chafariz de sete bicas de água abundante, onde antes havia "um paul e charcos indecentes onde os escravos brigavam pela pouca água de uma cacimba".[78] Estas obras sediaram ainda muitos casos de crimes urbanos, como o ocorrido em 1801 na mesma cidade, na Fonte de Santo Antônio, na qual o Frei José Lopes assassinou sua amante, a mulata Teresa, por vê-la em companhia de outro homem por volta das dez horas da noite.[79]

Delitos, brigas e desavenças ocorriam nos pontos de abastecimento de água em virtude da falta do líquido, de encontros e desafetos[80] No vai e vem entre as ruas da cidade, indivíduos se dedicaram à jornada da coleta das águas e não deixaram de utilizar o tempo das bicas e das filas para os

---

77   MADUREIRA, Nuno L. *Lisboa:* luxo e distinção (1750-1780). Lisboa: Editorial Fragmentos, 1990, p. 37-38

78   AHU, ACL-CU-014. Cx. 29, Doc. 2144 *apud* HONOR. *Op. cit.*, p. 41-42.

79   HONOR. *Op. cit.*, p. 55.

80   Os chafarizes continuaram a perturbar a ordem durante o século XIX. Cf. SANT'ANNA. *Op. cit.*, p. 73

inevitáveis mexericos e tumultos, como representa a imagem de autoria de Johann Moritz Rugendas do Oitocentos:

FIGURA 26: Carregadores de água
Fonte: RUGENDAS, Johann Moritz. *Viagem Pitoresca através do Brasil.* São Paulo: Livraria Martins,1941. Disponível em: http://bndigital.bn.br/ Acesso em 20 maio de 2010.

A pintura ilustra a cotidiana busca pelas águas nos centros urbanos no século XIX. Espaços de intensa circulação e convívio, os largos dos chafarizes eram palcos de brigas, violência, tumultos. Ao lado do perigo – representado por um negro portando faca, o soldado tentando apartar uma briga – há manifestações de solidariedade como a negra no canto esquerdo que é ajudada a equilibrar o pesado barril, além de certos signos da ordem, como a fila de espera e o soldado, no centro da imagem. A paisagem revela ainda a predominância dos negros na árdua tarefa de carregar o líquido.

O foco investigativo de nossa análise foi a documentação produzida pela Câmara de Mariana. Conseguimos mapear o universo das práticas consideradas abusivas pelos ouvidores e funcionários locais e as medidas administrativas e punitivas. Conforme mencionamos no segundo capítulo, certos personagens do poder local e régio estiveram envolvidos na administração do abastecimento das águas. Os vereadores promoviam as obras necessárias com as rendas municipais, decidiam sobre usos inapropriados e punições nos editais e posturas, com o objetivo de remediar um desvio ocorrido e se precaverem acerca de novas desordens, "prevendo futuras ações que lesassem o bem comum".[81] O conservador das águas estava incumbido de resolver as demandas construtivas da rede hídrica, como consertar e limpar canos, mantendo o funcionamento do aqueduto e chafarizes da cidade. O almotacé era o fiscal da ordem urbana. No que toca ao abastecimento das águas, deveria estar atento à preservação das fontes e ao escoamento do líquido.[82] Na sua função, contava ainda com o auxílio do rendeiro das aferições e do ver. Este último, responsável por "estar vendo" a respeito do funcionamento, do uso das construções e da salubridade urbana.[83] Por último,

---

81   ANTUNES, Álvaro de A. Palco e Ato: o exercício e a administração da Justiça nos auditórios da Câmara de Mariana. In: CHAVES; PIRES; MAGALHÃES. (org.) *Casa de Vereança de Mariana*: 300 anos de História da Câmara Municipal. Ouro Preto: UFOP, 2008, p. 115-116.

82   PEREIRA, Magnus. R. de Mello. Considerações sobre o direito de almotaçaria nas cidades de Portugal. *Revista Brasileira de História*, São Paulo, vol. 21, n. 42, 2001, p. 373.

83   BENZONI, Kelly Adriana de Campos. *O poder dos homens bons*: aspectos da administração camarária em Mariana no século XVIII. Monografia (Bacharelado em História) – Instituto de Ciências Humanas e Sociais, Universidade Federal de Ouro Preto, Mariana, 2003, p. 51.; cf. ENES, Tiago. *De Como Administrar Cidades e Governar Impérios*: almotaçaria portuguesa, os mineiros e o poder (1745-1808). Dissertação (Mestrado em História) – Instituto de Ciências Humanas e Filosofia, Universidade Federal Fluminense, Rio de Janeiro, 2010. Vale lembrar que os juízes de vintena exerciam as mesmas funções dos almotacés nas localidades do Termo de Mariana. Eram nomeados anualmente para as povoações de, no mínimo, vinte vizinhos e

o ouvidor, que acumulou nas Minas as funções de provedor e corregedor.[84] No primeiro cargo, se responsabilizava por fiscalizar o uso das rendas das Câmaras Municipais e, no segundo, averiguar anualmente se essa instituição estava cumprindo devidamente suas funções. A correição visava conhecer sobre os desvios de conduta da população e do poder local. Entre as inquirições sobre os mais variados temas (padres revoltosos, poderosos inquietadores, posturas etc.), o funcionário régio questionava se havia "necessidade de obras públicas como as fontes [...] e se as que se acham feitas estão bem reparadas e concertadas".[85]

A partir do corpo documental reunido, constatamos três conjuntos de problemas principais que atormentaram as autoridades no que toca à administração do abastecimento de água na cidade: (1) os usos indevidos dos chafarizes; (2) o furto das águas nos canos do aqueduto subterrâneo; (3) a falta d'água nas fontes públicas.

(1) Usos indevidos

A lavagem de roupas e outras imundícies no largo dos chafarizes eram proibidas pela Câmara de Mariana. Os negros aparecem como os protagonistas de tal desvio nos editais do poder local. Em 1757:

> [...] tendo respeito as repetidas queixas que tem havido neste Senado de estarem *negras e negros* lavando nas fontes públicas desta cidade e seus tanques, *roupas sujas e outras mais imundícies* com escândalo e prejuízo geral de todo os que nelas mandam buscar

---

distantes mais de uma légua da sede do Termo. Ver também o estudo sobre a Câmara de Vila Rica de Marilda Silva, sobretudo, o capítulo 2 que trata sobre as políticas urbanas locais. SILVA, Marilda Santana da. *Poderes locais em Minas Gerais Setecentista*: a representatividade do Senado da Câmara de Vila Rica (1760-1808). Tese (Doutorado em História) – Instituto de Filosofia e Ciências Humanas, Universidade Estadual de Campinas, Campinas, 2003.

84 CAMPOS, Maria Eliza de C. Ouvidores de comarcas, legislação e estrutura. *Varia História*, Belo Horizonte, n. 21, jul., 1999.

85 AHCMM. Correição 1776. Códice 173. fl. 36.

> águas e cavalos a beber mandamos que todo e qualquer pessoa que nas ditas fontes ou seus tanques se acharem lavando semelhantes coisas sejam condenados pela primeira vez em duas oitavas de ouro e pela segunda vez em quatro oitavas de ouro e presas na cadeia o tempo que nos parecer [cuja] condenações [ilegível] para as despesas deste Concelho no que terão especial cuidado o rendeiro do ver e oficiais de justiça para que chegue a notícia a todos.[86]

O uso dos largos para as lavagens continuou a ocorrer ao longo da segunda metade do Setecentos, mesmo com as insistentes proibições do Senado. Em 1772, os vereadores alegaram que as "negras, mulatos e negros" continuavam a "lavar roupas e muito mais se vão de vários aos chafarizes e fontes públicas desta cidade inundando as águas de sorte que os cavalos a não podem beber", sendo que desta vez "para que chegue a notícia [a] todos e não aleguem ignorância mandamos que o porteiro publique esse [edital] pelas ruas desta cidade e fixe no pelourinho".[87] Em 1775, as punições se estendiam a "qualquer pessoa lavando nas ditas fontes", cabendo a "quaisquer oficiais da Justiça ou rendeiro do ver" "prender e levar a Cadeia desta cidade".[88]

O poder local procurava evitar a lavagem nestes espaços por duas razões: "louças e outras quaisquer coisas aos chafarizes e fonte infeccionavam as águas",[89] além de tal prática aumentar o tempo de permanência e convivência dos infratores. Os usos indecorosos perturbavam

---

86 AHCMM. Edital. Códice 462. 29/11/1757. fls. 143v. (grifos nossos)

87 AHCMM. Edital. Códice 462. 26/08/1772 fl. 159.

88 AHCMM. Edital. Códice 462. 22/01/1775. fl. 169.

89 AHCMM. Edital. Códice 462. 22/01/1775. fl. 169. Em 1783, novo edital proibia qualquer pessoa de "qualquer qualidade ou condição de lavar nas fontes públicas e seus tanques roupas, tachos ou bacias e outra e qualquer coisas que possam deixar imundícies nas águas" AHCMM. Edital. Códice 462. 1783. fl. 208v.

a salubridade urbana e causavam "prejuízo ao bem comum",[90] já que as águas para o consumo de animais e habitantes estavam sendo empregadas na lavagem das roupas, o que intensificava as aglomerações e disputas pelo líquido nas obras públicas.

(2) O furto das águas

O furto das águas dos canos e registros da rede subterrânea de abastecimento era delito comum na cena urbana de Mariana, causando a diminuição do seu fluxo para as fontes e chafarizes públicos da cidade. Os habitantes procuravam formas rápidas e menos penosas para obter o líquido concorrido nas bicas públicas. Durante a edificação do primeiro Chafariz de Repuxo, em 1749, os oficiais locais foram prevenidos pelo Doutor Provedor para que não se "encostasse nenhuma fonte a parede alguma por causa da extração clandestina que poderia suceder".[91] Apesar do reforço dos alicerces construtivos, os moradores se valiam de artificiosos mecanismos, bastando surgir a oportunidade adequada para colocarem em prática os desvios das águas conduzidas pelo aqueduto na cidade. O descobrimento ou suspeita de algum cano ou registro próximo dos chafarizes ou nas calçadas das ruas era suficiente para os habitantes começarem a desentulhar a proteção subterrânea da rede, à procura de um abastecimento mais rápido.

O furto das águas do canal principal, portanto, se mostrou um entrave à permanência dos calçamentos financiados pelo poder local na parte nova da cidade. Em 1751, muitos indivíduos costumavam descobrir a calçada e aterro da Rua da Olaria para tirar água do rego dos herdeiros

---

90 AHCMM. Edital. Códice 462. 22/01/1775. fl. 169.

91 AHCMM. Acórdão. 06/08/1749. fl. 135. Ficou estabelecido ainda que a dita fonte seria de repuxo e que as águas que alimentariam-na seriam conduzidas de "uma arca que se fez junto ao telheiro dos quartéis". Inicialmente, a fonte no Largo do Rossio seria encostada "ao muro do quintal do Palácio do Excelentíssimo Bispo", mas ficou determinado que "se afastasse para fora do dito muro cinco palmos em observância do provimento".

do defunto, o capitão Antônio Botelho, para fazer adobe[92] para as construções.[93] O acesso às águas para fabricá-lo levou ao uso dessas táticas desviantes, seguramente mais rápidas e fáceis para obter o líquido próximo aos canteiros de obras. Constatamos que esse artificioso método não ficou restrito ao momento de ampliação do espaço urbano, se estendendo por todo o resto do século XVIII. Em 1785, o governo local, através de edital, reforçava a proibição de desviar as águas e de descobrir as calçadas pertencentes à Sesmaria do Concelho:

> Fazemos saber aos que [...] costumam fazer adobes com a água do Concelho e destruir a Sesmaria dessa Câmara e da mesma forma os *negros* que se acharem escavando as calçadas tirando-lhe a terra que segura as pedras os não façam aqui em diante pena de serem logo presos e não serem soltos, sem pagarem a condenação de seis mil réis para as despesas do Concelho.[94]

Os negros a que se refere o edital acima estavam provavelmente a serviço dos renomados construtores, aproveitando-se dos canos subterrâneos e descobrindo o pavimento das ruas, apropriando-se da terra e do volume de água necessários. Para acabar com tamanhos desconforto e dano ao espaço urbano, a Câmara Municipal, em 1789, proibiu os moradores de fazerem adobes nas ruas de Mariana, ainda que fossem terras "que os mesmos tenham aforado", bem como de furtarem as águas que seguiam para os chafarizes da cidade.[95] Com o objetivo de afastar a prática de destruir as calçadas à procura das águas, o Senado concedeu aos habitantes "fazer[em] os ditos adobes nas margens do córrego da olaria e catete", longe dos canos e ruas do centro urbano.[96]

---

92   Adobe: tijolo de barro seco, feito de barro bem amassado.

93   AHCMM. Edital. Códice 462.11/08/1751. fl. 95.

94   AHCMM. Edital. Códice 462. 05/07/1785. fl. 214. (grifo nosso)

95   AHCMM. Códice 462. Edital. 19/05/1789. fl. 223.

96   AHCMM. Códice 462. Edital. 19/05/1789. fl. 223.

Geralmente, os furtos das águas nos canos subterrâneos ocorriam de duas formas. Os homens menos desprovidos se arriscavam a descobrir as calçadas das ruas para retirarem o líquido, evitando o deslocamento até o chafariz e o peso dos barris cheios de água. E os indivíduos mais audaciosos, sobretudo aqueles com mais recursos, ao descobrirem os pontos de conduta de água, metiam canos subsidiários na rede hídrica, levando continuamente uma porção das águas do aqueduto para o terreno de suas moradas. Independentemente da alternativa engenhosa encontrada pelos habitantes, o objetivo era o mesmo: obter com maior facilidade o líquido tão precioso. Entre táticas criadas pelos habitantes e estratégias promovidas pelo poder local para coibi-las, normas e desvios conviviam no consumo das águas urbanas.[97]

(3) A falta d'água

Os furtos rotineiros das canalizações e as concessões de água feitas pela Câmara de Mariana teriam sido os motivos principais da falta d'água nos chafarizes públicos. Editais proibitivos e correições dos ouvidores ao longo da segunda metade do Setecentos revelaram que as águas do aqueduto se perdiam por muitos outros espaços antes de atingir os suportes de abastecimento público.

As concessões de penas e anéis d'água eram permitidas e integraram o rol de práticas do Concelho na administração do abastecimento das águas de Mariana. Enquanto os habitantes eram acusados de descobrirem os canos e causarem prejuízo ao fornecimento, os funcionários locais eram repreendidos pelos ouvidores pelo tamanho desleixo com que administravam o abastecimento na cidade. Era função da Câmara proceder às "averiguações precisas", em "permanente inspeção ocular", sem "embaraço nas vistas", como muitas vezes não haviam praticado nas vistorias

---

97 A respeito do conceito de tática e estratégia cf. DE CERTEAU. *Op. cit.*, vol. 1. p. 46-47.

pela cidade.[98] Apesar das tentativas do poder local, como o edital de 1789, que proibia qualquer habitante de "bulir em cano da água dos chafarizes públicos sem licenças do Procurador",[99] as reclamações sobre a falta d'água na cidade e a conduta dos senadores não cessavam.

Na trama da distribuição das águas, os moradores acusavam os senadores da concessão desmedida do líquido; estes, por sua vez, indicavam que os ocultos caminhos criados, sem autorização, eram a causa de tamanha sede nas bicas públicas. A partir deste jogo de acusações e discursos, buscamos entender como era a prática de repartição do líquido pelos espaços da cidade.

Em Vila Rica, Silva encontrou diversas requisições de penas d'água, como a do escrivão da Câmara, Antônio Falcão Pereira, que solicitou para "cômodo e uso de sua casa" uma pena d'água dos canos que passavam pelo seu quintal para alimentar a Fonte do Senado.[100] Ele argumentava que tal uso não traria prejuízo nem para fonte nem ao bem público, e ainda "se obrigava a concertar e reparar todo o dano" que houvesse no encanamento "que compreende o reduto do seu quintal".[101] Neste caso, além de conservar os canos, o escrivão pagou à Câmara o pecúlio de vinte oitavas de ouro. Em Mariana, outros registros documentais apontaram a recorrência da prática das tais concessões d'água pelo Senado. Em certos casos, em que a nascente e rego d'água passava por propriedades particulares, o poder local cedia a esses terrenos o benefício, como ocorreu na obra de reconstrução do encanamento do Bucão, quando foi fornecida a Caetano Martins uma pia de pedra e a Luis Correia, dono de uma chácara, "uma pia com seu registro para correr uma pena de água" para

---

98   AHCMM. Correição de 1769. Códice 173. fls. 27v-29.

99   AHCMM. Edital. Códice 462. 26/08/1789. fl. 224.

100   APM-DNE. Cx. 10. Doc. 14, Vila Rica, 25/05/1737. *Apud* SILVA. *Op. cit.*, p. 60.

101   APM-DNE. Cx. 10. Doc. 14, Vila Rica, 25/05/1737. *Apud* SILVA. *Op. cit.*, p. 60.

abastecer seu curral. O percurso construtivo, nestes casos, acabou por favorecer os proprietários que estavam no caminho das águas.[102]

Em Portugal, observa-se um movimento de crescimento das concessões d'água ao longo do Setecentos. O Rei D. João v proibiu qualquer tipo de concessão das águas trazidas pelo Aqueduto das Águas Livres, construído com o tributo real d'água. Para esclarecer sobre esta matéria, o monarca publicou, no fim da década de 1740, dez normas, das quais particularmente a segunda e a quinta trataram dos furtos e concessões de água em Lisboa:

> 2º- Que todas as Águas que traz ou pode trazer o mesmo Aqueduto, venham para esta cidade, para fontes públicas, e não se conceda a particulares, ainda que sejam conventos ou quaisquer privilegiados por ser esta grande obra feita a despesa comum do povo;

> 5º- Que se fuja de que as águas andem muito subterrâneas, pelo perigo de se perderem, ou de se furtarem, como o tem mostrado a experiência no que é notório.[103]

---

102 AHCMM. Arrematação do novo encanamento de Pedra para água que vem para esta cidade. Códice 210. 02/03/1805. fls. 46v-47v. É provável que Caetano da Silva Martins seja filho ou aparentado do Alferes Domingos Martins da Silva. Em 1754 uma obra para o conserto do "aqueduto da dita água o qual está fundado no [fundo] da roça do Alferes Domingos Martins da Silva", arrematada nas audiências da Câmara, indica que as duas obras, de 1754 e 1805, ocorreram nas mesmas terras. AHCMM. Condições do conserto do Aqueduto da água do Chafariz e fonte desta cidade que arrematou José Soares Monteiro. Códice 135. 23/12/1754. fls. 202v-204v.

103 "Resoluções de uma conferência em que estiveram presentes Diogo de Mendonça Corte Real, filho do antigo Secretário de D. João v, o Brigadeiro Manuel da Maia, os Arquitectos João Frederico Ludovice, José da Silva Paes e Carlos Mardel para se decidirem sobre a petição dos oratorianos e outros assuntos respeitantes no Aqueduto das Águas Livres". BNL. Memórias Históricas relativas ao Magnífico Aqueduto das Agoas Livres seção Reservados. Cx. 189. nº 13. fls. 28v-29 *apud*. MOITA (org.). *Op. cit.*, vol. 1, p. 275.

Nos anos seguintes, o monarca D. José I, em tese, manteve a política de contenção das concessões de água aos particulares. Duas exceções foram abertas pelo ministro Pombal: as fontes do Jardim Público e o encanamento para o abastecimento da Fábrica das Sedas e das Louças na Capital.[104] Já no Reinado de Dona Maria I, a política de abastecimento ganhou um novo rumo e várias mercês foram concedidas aos habitantes e às comunidades religiosas, que canalizaram os sobejos dos chafarizes públicos para seus edifícios.[105]

A distribuição das águas no Reino e na América Portuguesa é uma questão delicada, que merece cuidado ao ser tratada, uma vez que não há uma legislação específica sobre o tema. Conforme pudemos ainda perceber pela documentação camarária de Mariana, as águas trazidas pelo aqueduto subterrâneo invadiram ainda outros espaços além dos chafarizes e das concessões particulares, como o novo prédio de Casa de Câmara e Cadeia, que contava com um sistema de abastecimento de água e esgoto canalizados.[106] Cada enxovia era guarnecida com uma fonte de água e suas sobras se dirigiam ao cano real para escoar os dejetos de suas comuas. Na área externa, na parte detrás do edifício, havia ainda um tanque com hastes de ferro, por onde saíam biqueiras para encherem os barris e um chafariz com "bica de pedra com alguma galentaria (sic)".[107] As residências oficiais eram também

---

104 MOITA (org.). *Op. cit.*, p. 58.

105 De acordo como Irisalva Moita, os requerentes eram atendidos caso se comprometessem a introduzir no Aqueduto as águas que possuíam nas proximidades do percurso, canalizadas à sua custa, recebendo em Lisboa a quantidade equivalente à introduzida. MOITA (org.). *Op. cit.*, p. 64.

106 BARRETO, Paulo Thedim. Análise de alguns documentos relativos à Casa de Câmara e Cadeia de Mariana. *Revista do Patrimônio Histórico e Artístico Nacional*, Rio de Janeiro, n. 16, 1967. Ver também: AHCMM. Registro das condições em que arrematou a nova obra da Cadeia e Casa da Câmara desta cidade nos quartéis da mesma, que mandam fazer os oficiais da Câmara. Códice 377. 23/10/1782. fls. 192v-198v.

107 AHCMM. Registro das condições em que arrematou a nova obra da Cadeia e Casa da Câmara desta cidade nos quartéis da mesma, que mandam fazer os oficiais da Câmara. Códice 377. 23/10/1782. fls. 192v-198v.

abastecidas pelas águas do aqueduto. Em 1793, procedeu-se à construção de uma obra de um cano de despejos custeada pela Câmara, que conduzia os sobejos do Chafariz da Praça para dentro do "Palácio do Senhor Visconde General nas casas que foram do Senhor Guerra", para escoar os dejetos de suas comuas.[108] Situação semelhante ocorria na Casa de Fundição e Palácio dos Governadores de Vila Rica, também abastecidos pelo caudal que alimentava os chafarizes públicos dos palácios reais.[109] Certos ambientes eram, portanto, privilegiados, uma vez que contavam com a canalização de água mesmo nos momentos de escassez, como ocorria nos lagos e rios artificiais dos palácios reais.

No caso de Mariana, o povo estava aflito em razão das descomedidas cessões d'água aprovadas pelo governo local, no entanto, não há indícios de que as autoridades foram repreendidas por favorecerem os próprios personagens do poder e edifícios públicos. Vale lembrar o caso que envolveu Sebastião José de Carvalho e Melo, o Marquês de Pombal, acusado de ter se apropriado de porções d'água durante o período em que atuou como Ministro de D. José I. Em carta escrita a seu filho em 1777, o Marquês relatou duas acusações que tinham sido feitas contra ele: a existência de um cano subterrâneo que levava as águas que serviam o Chafariz público das Janelas Verdes para seu próprio Palácio e de um cano que encaminhava os sobejos do Chafariz da Rua Formosa para o jardim do mesmo edifício. De acordo com o Marquês, tais denúncias não passavam de calúnias e, quanto à primeira acusação, defendeu-se argumentando que qualquer diligência nos terrenos provaria o contrário. Quanto ao segundo caso, envolvendo o Chafariz da Rua Formosa, afirmou que as águas que alimentavam a casa e o jardim de seu palácio eram

---

108 AHCMM. Auto de Arrematação da fatura da coberta para matadouro dos cortes desta cidade, do cano no largo do chafariz, pia no mesmo, painel com todos os seus preparos e caixão para ornamentos do passo da Cadeia. Códice 377. 30/12/1793. fl. 243.

109 SALLES, Fritz Teixeria de. *Vila Rica do Pilar*: um roteiro de Ouro Preto. Belo Horizonte: Editara Itatiaia, sd.

sobras da dita fonte pública, concedidas pelo Rei D. José I, em virtude dos grandes préstimos realizados durante o seu governo:

> Que o Sr. Rei D. José I (sobre o claro conhecimento destes antecedentes factos) me fez a solene doação dos sobejos da água do dito chafariz (os quais de outra sorte não serviriam de coisa alguma, que não fosse encher de lama a rua e arruinar a calçada dela); solene doação, digo, que se acha registrada na chancelaria-mor do reino e original dela colocado na coleção dos títulos nas casas nobres da Rua Formosa.[110]

Apesar de não terem sido encontrados registros em Mariana envolvendo vereadores na apropriação indevida das águas do aqueduto para suas moradas, a casa que pertenceu a Manuel Brás Ferreira, vereador em 1748 e 1776, oficial de barrete em 1751 e procurador em 1764 na Câmara,[111] contava no interior da sua residência na Rua Direita, com um chafariz e tanque, que por sua localização deveriam ser alimentados pelo aqueduto subterrâneo da municipalidade.

Em 1769, o ouvidor José da Costa Fonseca, em defesa dos habitantes de Mariana, ordenou que não fosse mais realizada nenhuma concessão de água. Nas palavras do funcionário régio, era fato que a Câmara tinha feito a sua custa "despesa grande no seu aqueduto e que da mesma água se tinham feito algumas conexões sem prejuízo do público", mas tal era o excesso de alguns que moravam próximo à obra, ao "por lhe a água em seus ministérios particulares", que o Chafariz experimentava "total falta", "com grande dano do público, e notório escândalo do mesmo". Para remediar tal situação ficou assim acordado juntamente com os oficiais da Câmara:

---

110   *Memórias Secretíssimas do Marquês de Pombal.* "Carta escrita em a vila de Pombal, em Junho de 1777, a seu filho Henrique, sobre as imposturas maquinadas com os pretextos dos dois chafarizes das Ruas Formosa e da Pampulha". p. 319.

111   CHAVES; PIRES; MAGALHÃES. (org.). *Casa de Vereança de Mariana:* 300 anos de História da Câmara Municipal. Ouro Preto: UFOP, 2008, p. 199, 200, 204, 208.

Que [daqui] em diante se não concedesse mais água alguma da dita fonte, e que a concedida por anéis ou pessoas somente tivesse efeito enquanto não houvesse precisão dela para estar [potente] na dita fonte ao povo.[112]

Na correição de 1774, o ouvidor José da Costa Fonseca determinou que a Câmara procedesse a uma receita geral em todo o aqueduto, a fim de que "cessassem de uma vez estas desordens" causadas pela falta d'água. Na tal diligência, todos os registros ou possíveis lugares "onde se pudesse furtar e extrair a água" para particulares deveriam ser tapados, "de forma que a água determinada para as fontes do público pudessem vir a elas sem a menor diminuição".[113] Em 1781, os vereadores foram acusados pelos moradores de concederem com tamanha facilidade e ligeireza provisões aos vários habitantes da cidade para:

romperem o cano por onde corre a água que vai para as fontes públicas, para tirarem o que lhe é necessário para as suas casas e quintais antes que a mesma corra nas sobreditas fontes.[114]

Mesmo com os clamores da falta d'água, as autoridades apesar de proibirem os desvios dos encanamentos, consentiam porções d'água, quando autorizadas por suas licenças:

[...] mandamos que nenhuma se atreva a abolir de descobrir os [registros] encanamentos das águas que vem para os ditos chafarizes públicos *sem licença ou ordem deste Senado* pena de que obrando o contrário serem condenados a quantia de dez oitavas pagas

---

112 AHCMM. Correição de 1769. Códice 173. fls. 27v-29.

113 AHCMM. Correição de 1774. Códice 173. fls. 33v-34v.

114 AHCMM. Correição de 1781. Códice 173. fls. 53-54. Nesta correição, os moradores reclamavam da falta d' água no chafariz da estrada, provavelmente o Chafariz de São Pedro, e no chafariz junto à Igreja de São Francisco, por serem providos com a mesma água do aqueduto subterrâneo.

da Cadeia [...] metade para as despesas do Concelho metade para o denunciante.[115]

O "gravíssimo prejuízo" por esse "desgoverno" era o motivo de "deitarem tão pouca água" nas fontes públicas, insuficientes para atender "a necessidade do povo". O ouvidor Manuel Joaquim Pedroso ordenou que, no período de oito dias, os oficiais mandassem "calafetar"[116] o aqueduto "de forma que dele se não possa tirar mais água fora da que corre para as fontes" da cidade. O funcionário régio embargou as provisões "invalidamente passadas", alegando que "por não terem os oficiais do Concelho autoridade conferida no seu regimento ou por ordem régias para darem os bens públicos, mas para os administrar em benefício do povo, cujo benefício deve ser o único objeto do seu zelo".[117]

Se, por um lado, a repartição das águas não foi objeto de regimentos e ordens reais, por outro, a sua existência indica que a concessão de porções d'água constituía uma prática administrativa reconhecida pelo poder local e pelos habitantes. No entanto, era consentida e autorizada quando não houvesse "prejuízo do bem comum".[118] A reclamação da população na correição de 1781 sugere que não foi a prática em si da concessão das águas a ser contestada pelos habitantes, mas o modo como esse artifício costumeiro da Câmara estava sendo indevidamente empregado, o que acabava por ferir o fornecimento de água à grande maioria. Neste sentido, havia uma precedência na forma de administrar tal "bem público" no terreno urbano: as autoridades locais deveriam zelar primeiramente pelo abastecimento do povo. Assim, a garantia do bem comum significava o benefício da maioria da povoação, ou seja, a oferta de água nos chafarizes e fontes públicos. Indícios de uma política de administração das águas, que deveria primar pelo equilíbrio entre o abastecimento público e a re-

---

115 AHCMM. Edital. Códice 462. 01/08/1792. fl. 234v. (grifo nosso)
116 Tapar os buracos e aberturas. BLUTEAU. *Op. cit.*, p. 44
117 AHCMM. Códice 173. Correição de 1781. fl. 53-54.
118 AHCMM. Edital. Códice 462. 22/01/1775. fl. 169.

partição desse bem natural pelos outros espaços da cidade, mas que na prática foi marcada pela ação das autoridades locais, investidas do poder de decidir por quais espaços o líquido seria distribuído, onde seriam edificados os chafarizes públicos e quais os ambientes domésticos a serem privilegiados.

Em torno dos espaços das águas urbanas conviviam impressões de desprestígio e distinção. Os chafarizes públicos eram exaltados nos discursos urbanos dos Senadores dirigidos às autoridades metropolitanas, como símbolos da capacidade, distinção e urbanidade da povoação. No interior dos núcleos, no entanto, tal obra pública era o local da desordem, das desavenças e intrigas, exigindo sempre o olhar atento do órgão local, seja para garantir que o líquido continuasse a escorrer pelas bicas, seja para regular o uso do espaço e de seus frequentadores. Os particulares guarnecidos em suas moradas se distanciavam destes largos e gozavam do filete precioso, disputado nas ruas. Tais espaços domésticos eram privilegiados conquistando dentro da cena urbana comodidade, mas também distinção social.[119]

É difícil dimensionar a multiplicidade de trajetos que as águas do Senado ganharam quando penetraram pelo solo urbano. Apenas podemos afirmar que ao lado do instrumental criado, conviviam formas paralelas, algumas desviantes outras não. Concessões autorizadas de porções d'água coexistiam com os furtos obscuros, escondidos pelo chão urbano, e olhos d'água nascidos nos terrenos particulares. Como ocorreu no Palácio do Bispo onde a fonte da Samaritana, alimentada pelos recursos hídricos do terreno, decoravam seu jardim.[120] A rede de abastecimento instituía, assim, uma das formas utilizadas pelos habitantes para consumir o líquido. Os indivíduos também deveriam se valer das possibilida-

119 FONSECA, Cláudia D. *Arraiais e Vilas d'el Rei, op. cit.*, p. 527-528.

120 MAIA, Moacir R. de. Uma quinta portuguesa no interior do Brasil ou A saga do ilustrado dom Frei Cipriano e o jardim do antigo Palácio Episcopal no final do século XVIII. *História, Ciência, Saúde-Manguinhos.* vol. 16, n. 4, out--dez., Rio de Janeiro, 2009, p. 887.

des trazidas pelos rios, córregos, olhos d'água, canos, regos que cercavam a paisagem.[121] No entanto, é a forma autorizada que nos revelou os conflitos e as discórdias pelas águas urbanas.

Para muitos, as águas do Senado constituíram a forma mais adequada, útil e conveniente de garantir diariamente o disputado líquido. Brigas, discórdias e disputas entre moradores, autoridades locais e régias marcavam a cena tanto nas audiências da Câmara, nos largos dos chafarizes, como também em outras localidades menores. Como o caso que envolveu Matias Costa Maciel, que se apropriou das águas da freguesia de Santo Antônio do Rio das Velhas, comarca de Sabará. Em 1745, em carta enviada ao Conselho Ultramarino, a Irmandade do Santíssimo Sacramento e habitantes do povoado relataram o desamparo causado "pelo dominador das novas partes das terras, matos e córrego" da paragem. Os habitantes da localidade, que contava apenas com uma dúzia de casas e igreja, estavam impedidos por Matias da Costa Maciel de acessar as madeiras e capins. Depois de mandar espancar negros e ameaçar seus senhores, foi "tanta ambição" que construiu um valo com cerca na única passagem para as águas, deixando os habitantes obrigados a utilizar as águas imundas das lavagens de roupas e uso dos animais. Mesmo depois de recorrerem ao governador das Minas, o suplicado "por ser poderoso" soube ocultar a causa. Para não terem de mudar para outras partes, como era desejo de Matias Costa Maciel, requeriam ao Conselho urgente providência para cortar "semelhante ambição e distúrbio". Matias Costa

---

121   Não podemos deixar de mencionar as considerações de Sérgio Buarque de Holanda acerca da "extraordinária capacidade de observação da natureza" dos sertanistas e índios que, em marcha pelo sertão, utilizaram de métodos engenhosos para acabar com a angústia da sede. As "samaritanas do sertão" eram espécies de plantas que conservavam o líquido em seu interior, os oásis que garantiam a continuidade da jornada destes indivíduos. "A longa prática do sertão ensinava-lhes que o remédio pronto para a sede poderia bem estar sobre uma laje, ou um rochedo, ou mesmo disfarçado por um tronco de árvore". HOLANDA, Sérgio Buarque. *Caminhos e Fronteiras*. São Paulo: Companhia das Letras. 3ed., 1994, p. 36-38.

Maciel soube utilizar da necessidade do líquido para atingir os objetivos que pretendia; a posse das águas era estratégica, conferia-lhe poder. Sem elas, como afirmaram os moradores de Santo Antônio, o povoado não poderia subsistir.[122]

Na política de abastecimento das águas, a Câmara de Mariana deveria ainda atentar para as variações de ordem natural no circuito de abastecimento. Nos períodos de estiagem, quando naturalmente diminuía o fluxo do canal geral das águas, os ânimos se exaltavam nos chafarizes públicos, como durante as cheias as águas barrentas eram incômodas.[123] Entre as contingências sociais e naturais, o líquido transportado pelo governo local chegou aos vários canos e cantos da cidade de Mariana: chafarizes, fontes, prédios públicos, templos e casas. A trajetória construída para os equipamentos urbanos foi interposta por descaminhos, canos autorizados e furtos. Mas ao lado do anseio dos habitantes pelas águas límpidas, convivia igualmente no ambiente urbano o repúdio às águas servidas. Como as primeiras, elas também poderiam corromper a ordem urbana, mas por outra via, como veremos agora.

3.2 Salubridade urbana

A salubridade do espaço urbano dependia, entre um conjunto de elementos, da administração das águas que nele circulavam. Os cuidados da Câmara Municipal de Mariana se dividiam entre abastecer adequadamente os chafarizes públicos e, com igual importância, prover a cidade de caminhos apropriados para expedir as águas. A saúde do corpo urbano dependia, portanto, do provimento de uma água límpida para o consumo diário dos habitantes e da expedição das águas servidas.

---

122 AHU. MG. Projeto Resgate. Cx. 45. Doc. 15. 01/04/1745.

123 Sobre as impurezas nas águas, cf.: AHCMM. Correição. Códice 173. 1795. fls. 78-80v.

De acordo com Machado *et al.*, não se poderia falar em higiene pública e medicina social antes do século xix.[124] Na perspectiva do autor, as ações das Câmaras Municipais e das outras instituições coloniais reguladoras da arte de curar[125] visavam fiscalizar e restabelecer uma ordem rompida. Assim, as ações do governo local estariam pautadas pelo cumprimento das Ordenações Filipinas, complementadas pelos alvarás e regimentos locais, no sentido de reaver uma situação anterior. Exemplo disso, teria sido a ação dos almotacés que se dividiam entre ouvir a população, fiscalizar as obras e apresentar denúncias sobre os assuntos da salubridade urbana em desacordo com as legislações reinol e municipal.[126] Concordamos com o autor quando afirmou que a saúde, enquanto um bem que poderia ser "produzido, incentivado, organizado e aumentado" através de projetos e programas preventivos, surgiu no século xix, época em que a medicina absorveu uma função social e encabeçou um modelo político de controle contínuo do espaço coletivo.[127] Todavia, isso não exclui os poderes locais, no século anterior, de dirigir medidas que primassem pela conservação e saúde dos povos. Talvez as políticas urbanas não estivessem alicerçadas no princípio de que se poderia promover a saúde. As impressões sobre corpos e ambientes saudáveis eram outras e, por isso, suas intervenções fossem fundamentadas em outros objetivos. Não se tratava de uma despreocupação com o espaço salubre, mas de uma outra percepção sobre o que era sujo e limpo, doente e saudável.

---

124 MACHADO, Roberto; LOUREIRO, Ângela; LUZ, Rogério; MURICY, Kátia. *Danação da Norma*: medicina social e constituição da psiquiatria no Brasil. Rio de Janeiro: Graal, 1978, p. 53.

125 Cf. GROSSI, Ramon Fernandes. Considerações sobre a arte médica na Capitania das Minas (Primeira metade do século XVIII). *LPH – Revista de História*, Mariana, n. 8, p. 11-26, 1998/1999.; RIBEIRO, Márcia Moisés. *A Ciência dos trópicos: a arte médica no Brasil do século XVIII*. São Paulo: Hucitec, 1997, p. 35.

126 MACHADO *et al. Op. cit.*, p. 48-49;54-55.

127 MACHADO *et al. Ibidem*, p. 56.

A saúde, de acordo com Bluteau, seria "o estado do corpo, sem doença, nem achaques. Boa disposição dos humores, com que o corpo faz bem suas funções naturais".[128] A definição do jesuíta estava em consonância com as teorias hipocráticas, que consideravam a saúde o estado natural do corpo humano e da vida.[129] Não haveria, seguindo esta perspectiva, formas de promover ou aumentar a saúde.[130] Esta só deixaria de existir quando se instaurasse a doença, a qual, por sua vez, ocorria por um desequilíbrio interno provocado pelo próprio organismo ou pelas interferências do ambiente. No estado saudável, os humores estavam convenientemente misturados e, na condição de doente, funcionavam de modo desregrado, corrompendo uma ou mais funções do organismo.[131] Segundo a visão hipocrática, cada indivíduo continha em si, naturalmente, as condições para manter o equilíbrio perfeito de suas funções. A intervenção do médico era necessária quando o próprio organismo perturbado não conseguisse restabelecer a ordem e a harmonia corporal, tendo este profissional a função de encontrar os caminhos para reconduzir o enfermo ao estado natural, saudável.[132]

O corpo era concebido como um microcosmo influenciado pelas mudanças e transformações do macrocosmo.[133] Para Denise Bernuzzi Sant'anna, essa relação era guiada por uma lógica complexa que exigia "um exame constante das condições exteriores e uma combinação entre elas e as qualidades corporais"; ao fim, "qualquer desequilíbrio na ordem

---

128 BLUTEAU. *Op. cit.*, p. 415.

129 MACHADO *et al. Op. cit.*, p. 56.

130 MACHADO. *Ibidem*, p. 56.

131 CASTIGLIONI, Arturo. *História da Medicina*. São Paulo: Companhia Editora Nacional, 1947. vol. 1, p. 175-211.

132 CASTIGLIONI. *Ibidem*, p. 211. A respeito da visão hipocrática, cf. VIGARELLO, Georges; PORTES, Roy. "Corpo, Saúde e Doenças". In: VIGARELLO, G. (org.). *História do corpo: da renascença às luzes*. Petrópolis: Vozes, 2008, vol. 1, p. 443.

133 DIAS, Maria Odila Leite da Silva. Corpo, Natureza e Sociedade nas Minas (1680-1730). *Projeto História*, São Paulo, n. 25, dez., 2002.

do cosmo resultava num desregramento do corpo humano".[134] Enquanto os profissionais da arte de curar interpretavam em seu diagnóstico a cadeia de correspondências entre o clima, o corpo, os ventos e a umidade para investigar o motivo do desequilíbrio humoral[135] e a cura com os remédios precisos, as autoridades administrativas procuraram cuidar da atmosfera que cercava os habitantes.[136] Se o corpo era o invólucro da alma, o espaço urbano seria o invólucro dos corpos. Todos estavam em sintonia e atuavam em interdependência.

A partir dessa conexão entre o macro e o microcosmo, entre o espaço físico e o corpo humano, vemos que a Câmara de Mariana atuou não com objetivo de promover a saúde, mas no sentido de impedir que ela se perdesse. As medidas tinham o intuito de afastar os causadores das doenças do ambiente urbano e, por consequência, dos indivíduos. Nosso objetivo consiste em desvendar, neste jogo entre a saúde e a doença, o salubre e o insalubre, qual seria, na concepção da época, a função das águas.

---

134   SANT'ANNA, Denise Bernuzzi de. Corpo e história. *Cadernos de Subjetividade*, São Paulo, vol. 1, n. 1, p. 243-266, 1993. *Apud* ROSA, Maria C. *Da pluralidade dos corpos*: educação, diversão e doença na Comarca de Vila Rica. Tese (Doutorado em Educação)- Faculdade de Educação, Universidade Estadual de Campinas, Campinas, 2005, p. 184.

135   DIAS. Corpo, Natureza e Sociedade nas Minas (1680-1730), *op. cit.*, p. 334.

136   Para uma melhor compreensão das ideias que circulavam no América Portuguesa e na Europa em fins do século XVIII a respeito das condições insalubres dos espaços urbanos, cf.: GEORGE, Rosen. Da polícia médica à medicina social: ensaios sobre a História da Assistência Médica. Rio de Janeiro: Graal, 1979, capítulo 6.; CASTIGLIONI. *Op. cit.*, vol. 2, p. 174.; LOPES, Maria Antônia. A intervenção da Coroa nas instituições de proteção social de 1750-1820. *Revista de História das Idéias*, Coimbra, v 29, 2008.; SALGADO, Ivone. Condições Sanitárias nas cidades brasileiras de fins do período colonial (1777-1822): teorias e práticas. In: ARAÚJO; CARITA; ROSSA (coord.). *Op. cit.*, p. 349-357.

A saúde das águas

Em 1795, o ouvidor Antônio da Silva Nogueira destacou a importância da pureza das águas que chegavam à cidade de Mariana para a "salubridade dos indivíduos": era preciso "prover os moradores do território não só de abundantes águas, mas que estas sejam limpas e puras", sendo notória "a água sempre imunda" na ocasião das chuvas, o que as tornava "inútil aos usos domésticos e da primeira necessidade".[137]

O líquido que corria pelas obras públicas deveria atender, primeiramente, às atividades domésticas e de primeira necessidade, vinculadas diretamente à ingestão do fluido pelos habitantes. Nos momentos de escassez, essa precedência era reforçada nos editais publicados pela Câmara, como foi o caso da única fonte de água de Guarapiranga, Termo de Mariana.[138] "Por não haver [outra] água que se possa servir", em 1749, os habitantes da freguesia estavam proibidos de utilizá-la "mais que para beberem e serviços de suas casas".[139] Os moradores ainda poderiam

---

137 AHCMM. Correição de 1795. Códice 173. fls. 78-80v.

138 Segundo documentação analisada, a fonte de Guarapiranga foi, além da bica construída no caminho para Vila Rica, a outra obra pública para o abastecimento de água localizada fora dos limites municipais da cidade de Mariana. Não foi encontrado registro de arrematação ou pagamento da referida fonte pública no Arquivo Histórico da Câmara Municipal de Mariana, contudo não descartamos a possibilidade de que a Câmara tenha financiado com suas rendas ou que tenha sido construída com os recursos dos moradores. A freguesia de Guarapiranga, de acordo com Luis José Ferreira de Gouveia, contava em 1750 com 5.200 habitantes, enquanto Mariana, segundo Caetano Costa Matoso, entre seis para sete mil almas. O arraial alcançara uma população considerável em meados do século, ocupando certa posição de destaque no Termo. MATOSO, Caetano da Costa. "Informação das antiguidades da Cidade de Mariana". In: FIGUEIREDO; CAMPOS (Org.) *Códice Costa Matoso...*, p. 254. GOUVEIA, Luís José Ferreira de. "Informação das antiguidades da freguesia de Guarapiranga". In: FIGUEIREDO; CAMPOS (org.). *Op. cit.*, p. 260.

139 AHCMM. Edital. Códice 462. 29/03/1749. fl. 22.

utilizar os sobejos para outras funções, caso existissem, à distância de cinco braças da fonte.

Nem sempre as águas dos chafarizes públicos estavam livres das "impuridades". Parece-nos que os habitantes socorriam a esses equipamentos urbanos na crença de que aquelas águas, trazidas da Serra do Itacolomi e pelas mãos do Senado, estavam livres da corrupção e das sujidades dos córregos que cortavam a cidade. Um campo de associações e impressões influenciava a distribuição e a ingestão do líquido.

O tratado *Âncora Medicinal* de Francisco da Fonseca Henrique, escrito em 1721, traz alguns indícios acerca da funcionalidade conferida às águas na conservação da saúde dos corpos.[140] As águas aparecem como dotadas de utilidade ao organismo humano na promoção da digestão, chamada de "cozimento" dos alimentos no estômago. A absorção, diluição dos nutrientes pelos humores, dependia da presença deste líquido, que deveria ser de boa qualidade e ingerido na dosagem adequada. A água considerada boa deveria ser "pura, limpa, clara, insípida, sem sabor algum, sem cheiro, tênue, delgada e leve".[141]

O médico português enumerou, assim, os tipos de água, os artifícios para designar se eram boas ou ruins, além da quantidade necessária a ser ingerida. A "água da fonte" era a melhor, principalmente se o olho d'água estivesse virado para "o nascer do sol".[142] Em seguida, estavam as águas das chuvas, que deveriam contar com cisternas limpas para o bom armazena-

---

140 HENRIQUE, Francisco da Fonseca. *Âncora Medicinal, para conservar a vida com saúde.* Segunda impressão, correta e aumentada pelo seu autor [1721]. Lisboa: Oficina Augustiana, 2ed, 1731, Disponível em: books.google.com Acesso em: 13 set. 2010. No inventário de livros de Vila Rica realizado por Thábata Araújo de Alvarenga encontramos o tratado em algumas bibliotecas dos habitantes vilarriquenhos. Cf. anexo II de ALVARENGA, Thábata A. de. *Homens e Livros em Vila Rica: 1750-1808,* Dissertação (Mestrado em História) – Faculdade de Filosofia, Letras e Ciências Humanas, Universidade de São Paulo, 2003.

141 HENRIQUE. *Op. cit.,* p. 275

142 HENRIQUE. *Ibidem,* p. 275

mento. As "águas dos rios", "sendo claras, limpas, sem gosto nem sabor, que as condene", são boas, mas se deixadas em cântaros, recomendava-se dias de repouso no recipiente "para que depositem no fundo suas impuridades (sic)".[143] De forma alguma deveria se beber "água de lagos", a pior de todas, pois como não se "movem, são crassas, impuras e cruas, de fácil corrupção". Deveria se evitar ainda a "água nivosa ou glacial", pois no congelamento, haviam perdido as "partes, tênues, claras e leves", adquirindo as características de "crassas, turvas e pesadas". Quanto à quantidade a ser ingerida no corpo saudável e doente, Henrique afirmou:

> [...] os que padecem queixas, hão de cuidar muito no que hão de comer e beber, mas quem logra saúde, há de usar os alimentos, e da água, que presente tiver, sem mais cuidado, que o de não exceder o modo e moderação, que nisto deve observar.[144]

O consumo das águas era ditado com parcimônia, tanto dos corpos saudáveis, que não poderiam exagerar na ingestão do líquido, como dos enfermos, que deveriam ter atenção redobrada. O volume e os horários de consumo do líquido variavam segundo a necessidade de cada organismo e a quantidade de alimentos ingeridos. Para quem comesse muito, era preciso beber mais água "para que o alimento se coza sem se esturrar e se distribua sem demora" pelo organismo. Já os indivíduos que se alimentassem menos, deveriam ingerir menor quantidade de água, para o alimento não "flutuar no estômago".[145] A hora mais indicada era durante as refeições, quando, geralmente, "dois ou três quartilhos de água deveriam ser ingeridos".[146] Não era proibido beber antes ou após as refeições, afinal se a sede fosse grande era porque "necessita[va] o estômago de água para melhor cozer". A ingestão das águas estava ligada,

---

143 HENRIQUE. *Ibidem*, p. 279

144 HENRIQUE. *Ibidem*, p. 280-81.

145 HENRIQUE. *Ibidem*, p. 282.

146 O quartilho é a quarta parte de uma canada. BLUTEAU. *Op. cit.*, p. 23.

portanto, à digestão dos alimentos e sua função era garantir adequadamente o desdobramento desse processo fisiológico.

No entanto, se a hora das refeições era a mais adequada, o total de água a ser ingerido respeitava ainda outros critérios, como a natureza de cada organismo (microcosmo) e o ambiente que o envolvia (macrocosmo): temperamento, idade, região, estação do ano incidiam sobre esta prática habitual dos homens. Como exemplo, os indivíduos de temperamento quente e seco deveriam "beber mais largamente", enquanto os meninos, de temperamento úmido, deveriam ingerir quantidade bem menor de água. No entanto, a proibição da ingestão em jejum ou na hora de se recolher para dormir era válida para todos: nestas ocasiões, a água penetrava como um veneno no organismo.[147] Mesmo o consumo diário e habitual esteve envolvido por impressões, pelo poder de ação e função que eram atribuídos ao líquido no interior do organismo humano. Ainda que não possamos determinar o nível de circulação do *Âncora Medicinal* entre os mineiros Setecentistas, fica claro que diante do mais simples gesto, beber água, estiveram presentes artificiosos métodos e formas apropriadas de consumir o líquido vital.

Carregados nos ombros dos aguadeiros, os barris d'água chegavam à porta das casas e eram conduzidos ao universo doméstico.[148] Não abordaremos as formas de uso do líquido pelos diversos pontos e cômodos do

---

147 HENRIQUE. *Op. cit.*, p. 282-286

148 Na Câmara de Mariana não foi encontrado registro de atuação dos aguadeiros na cidade. Em São Paulo, desde o final do século XVIII, aguadeiros vendiam nas ruas e carroças o barril d'água por 40 réis. SANT'ANNA, Denise Bernuzzi de. *Cidade das águas*: usos de rios, córrego, bicas e chafarizes em São Paulo (1822-1901). São Paulo: Editora Senac, 2007, p. 103. Em Lisboa, o preço do almude variava conforme as estações do ano. No início do século XIX, os indivíduos recenseados para tal ofício aumentaram significativamente. De 180 aguadeiros em fins do século XVIII para 2.800 em 1851. A estes indivíduos era permitido vender água seguindo o regulamento dos preços e os locais definidos pela Câmara para a coleta. Ficavam obrigados a socorrer qualquer incêndio, sendo avisados pelos sinos das igrejas. MADUREIRA. *Lisboa:* luxo e distinção, *op. cit.*, p. 38.

espaço íntimo colonial neste trabalho.[149] No entanto, se a breve pausa de nossa pesquisa compreende o tempo das práticas e dos usos do líquido nas residências, logo em seguida, as águas retomavam o espaço público. Sem que algum transeunte pudesse se esquivar, das janelas dos sobrados ou das casas térreas, se ouvia o grito: Água vai, água vai! Fazendo da rua quase uma extensão da casa, imundícies e sujidades, produzidas naquele espaço, invadiam a cidade.[150]

Anunciava-se, assim, não apenas o retorno do líquido à cena urbana, mas também o fim de nossa interrupção. Dessas águas, que se espalhavam pelas calçadas, que trataremos agora.

Água vai!

No espaço colonial, a prática da "água vai" convivia com o "tigreiro", responsável por conduzir sobre sua cabeça os excrementos domésticos. A maioria da população se livrava das águas servidas dispensando-as pelas ruas da cidade e empregando algum cativo na tarefa de esgotar as triagas nos córregos ou regos d'água mais próximos. Em Lisboa, diversos regimentos visavam coibir o despejo das águas, utilizando ainda carros de limpeza para recolher as imundícies que se amontoavam pelas vielas.[151] De acordo com Manuela Arruda dos Santos, no Recife Oitocentista, toda uma rotina era obedecida para lidar com os excrementos domésticos. Pela manhã, as sujidades eram depositadas

---

149 A respeito da variedade de utensílios para transporte e armazenamento das águas nas moradas (pipas, barris, filtros de barro, cuias, potes, jarros, cocos etc.), cf. o capítulo "As artes de transportar e guardar a água" de SANT'ANNA. *Op. cit.*, p. 77-88.

150 O costume de despejar as "águas servidas" e avisar os transeuntes com o grito "água-vai" era uma prática existente desde o período medieval. GONÇALVES, Iria. Relação entre os Concelhos e o espaço, segundo o Corpus Legislativo da Produção Local, na Idade Média. In: ARAÚJO; CARITA; ROSSA (coord.). *Op. cit.*, p. 52.

151 Em edital de 1818, além de se proibir lançar das janelas e das portas águas imundas, "corpos sólidos", "imundices ascorosas", águas limpas também eram proibidas. MADUREIRA. *Op. cit.*, p. 47.

embaixo das escadas ou em um canto mais recolhido da casa. Quando o tonel já estava quase transbordando, o escravo o conduzia sobre a cabeça e ia despejá-lo em alguma corrente d'água, retornando o recipiente ao antigo local, que ali ficava à espera de nova carga.[152]

A expedição das águas servidas, aliada às triagas que se espalhavam pelas andanças dos tigreiros – que nem sempre despachavam a carga indesejável nos locais devidos –, tornavam as ruas um obstáculo à salubridade da cidade. A ação movida contra o negro Rafael, escravo de Bernardo Gonçalves no arraial de Antônio Pereira, Termo de Vila Rica, demonstra não apenas que a prática dos tigreiros era corriqueira pelas ruas mineiras, mas também que as triagas eram usadas na agressão e desonra dos desafetos.[153] O cativo arremessou contra Domingos Carvalho uma panela de barro "na sua cara e rosto", cheia de "triaga de gente muito fedorenta", deixando o homem "muito mal asseado e todo coberto da triaga desde a cabeça até os pés". O motivo, segundo o senhor do cativo, que se eximia do delito, teria sido as "palavras menos decentes" proferidas contra ele e pelas quais seu escravo decidiu revidar atingindo a "cara e rosto [do autor], parte a mais nobre e distinta do corpo humano".[154]

Na paisagem das imundícies dos espaços coloniais, de acordo com Thedim Barreto, o novo prédio da Casa de Câmara e Cadeia de Mariana representava uma inovação entre os prédios públicos, uma vez que contava com um canal geral de limpeza, conhecido como cano real, que recolhia os excrementos das enxovias e ia desaguar no córrego mais próximo.[155] As moradas não eram guarnecidas por latrinas ou redes de esgoto,

---

152 Em 1831, a Câmara editou regulamento no qual as águas só poderiam ser arremessadas à noite, depois de um aviso repetido três vezes: Água vai! Água vai! Água vai. SANTOS, Manuela Arruda. Cuidado com o Tigre! *Revista de História da Biblioteca Nacional*, Rio de Janeiro, vol. 3, n. 31, abr., 2008.

153 SANTOS. *Cuidado com o Tigre, op. cit.*, p. 47.

154 AHCSM. 2ºOfício. Códice 207. Auto 5167. 1770

155 Cada enxovia da cadeia contava com uma comua localizada em um pequeno cubículo com porta de madeira, com um buraco de formato circular e uma coluna de ar acima (denominada chaminé), por onde exalava o cheiro fétido.

que começaram a ser implantadas no Rio de Janeiro a partir de 1860.[156] Nas vielas de Mariana, o atropelo dos lixos se misturava ainda às águas que vertiam pelas ruas. Em 1758, a Câmara advertia os moradores da Rua de São João que costumavam utilizar as águas do rego, que atravessava o pasto da olaria, para regarem suas hortas que os fizessem sem que os "remanescentes[d'água] vertam para as ruas e travessa" pelos prejuízos que causavam à salubridade urbana.[157]

De acordo com as Ordenações do Reino, os almotacés deveriam fiscalizar a limpeza das ruas para que não "se façam nela esterqueira, nem lance outro lixo, nem se entupam os canos, nem a servidão das águas". Deviam ainda exigir que a cada mês os moradores retirassem das suas portas estercos e maus cheiros.[158] Em Mariana, a topografia aplainada e a proximidade do ribeirão do Carmo não favoreciam a expedição das águas pluviais. No período das chuvas, mesmo depois da expansão do sítio urbano para lugar mais cômodo e elevado, as ocupações antigas continuaram a ser inundadas. O grande volume de água juntava-se às imundícies expostas pelas ruas, que acabavam por formar obstáculos à eliminação das águas no circuito urbano. Em 1791, os vereadores proibiram "a pessoa de qualquer qualidade ou condição" lançar à rua, becos e canos públicos, "que servem para a expedição das águas da chuva, qualquer gênero de imundície".

Essas colunas de ar encontravam-se com as das comuas do andar de cima, do prédio da Câmara que servia aos oficiais locais. Ainda hoje é possível ver no telhado do edifício as chaminés, bem como as comuas que serviam aos presos. O engenhoso sistema ainda tinha um alçapão, localizado na enxovia das mulheres, com uma tampa e duas chaves de ferro bem grossas, para examinar e limpar o cano mestre quando se fizesse necessário (BARRETO. *Análise de alguns documentos relativos, op. cit.*, p. 151-219.). Estas construções deveriam ser bem seguras, pois as galerias subterrâneas eram utilizadas como rotas de fuga dos detentos. LOPES, Francisco Antônio. *Os Palácios de Vila Rica*: Ouro Preto no ciclo do ouro. Belo Horizonte: Editora, 1951, p. 241.

156 SALGADO. *Op. cit.*, p. 349.

157 AHCMM. Edital. Códice 462. 28/06/1758. fls. 146-146v.

158 *Ordenações Filipinas*. Livro I. Título LXVIII. *Op. cit.*, p. 157.

As águas dos chafarizes e fontes públicas vieram adicionar mais uma porção razoável do líquido para dentro dos limites urbanos. A correnteza das águas nos canos subterrâneos poderia causar um verdadeiro estrago se encontrasse no seu caminho qualquer impedimento ou rompimento do fluxo. Os conservadores d'água deveriam estar atentos a este circuito invisível do líquido que corria pela cidade. A saúde urbana dependia da pureza daquela água e igualmente da preservação da sua trajetória subterrânea. Os sobejos das águas do aqueduto eram dirigidos por um canal até o córrego próximo,[159] enquanto as calçadas ao redor dos chafarizes e fontes públicas impediam a ruína causada pelas "águas que [saíam] dos tanques"[160] e os cavalos de "fazerem lama".[161] Estes largos eram propensos à formação dos temíveis charcos e poças d'água no ambiente urbano.

A Câmara procurou solucionar a questão da expedição das águas com medidas de caráter construtivo e editais punitivos. Canos e valas foram implantados com as rendas municipais em terrenos particulares e nas ruas "para apanhar as águas da chuva ou nativas".[162] Em 1751, Sebastião Pereira Leite se encarregou de fabricar um cano para dar vazão a todas as águas que se encontravam empossadas no Largo do Chafariz, fazendo ainda calçadas nas ruas "com a melhor pedra que for possível e com toda a segurança [...] deixando-lhe no meio o rebaixe necessário para correr

---

159   AHCMM. Auto de Arrematação da condução da água para o chafariz que se há de fazer nesta cidade. Códice 135. 26/02/1749. fls. 52v-53v.

160   AHCMM. Acórdão. Códice 795. 13/02/1750. fl. 43v.

161   AHCMM. Registro das condições porque se arrematou o rebaixe da calçada a porta do Padre João Álvares, e a calçada, que há de correr desde a Rua de baixo pelo Chafariz acima até as casas de Dona Rita e o rebolimento da calçada da Rua dos Cortes com as cortinas precisas que mandam fazer os Senhores do Senado o corrente ano de 1795. Códice 377. fls. 259v-260.

162   Em 1793, a Câmara acordou levar a pregão um cano para apanhar as águas da chuva ou nativas na porta do Corpo da Guarda da Casas da Residência do Ilustríssimo e Excelentíssimo senhor General. AHCMM. Acórdão. Códice 209. 13/03/1793. fl. 209

todas as águas".[163] As chuvas torrenciais e a expedição das águas servidas foram motivos de desavenças entre os habitantes da cidade, como a que ocorreu envolvendo os proprietários João da Cunha e sua mulher Marcinha, que alugavam uma morada de casas na Rua da Senhora das Mercês à preta Maria. Os donos da residência estavam desgostosos com "o dano que lhe vai ressaltando pelas águas" na morada e a preta Maria foi notificada para, em tempo de 24 horas, despejá-las, com pena "de se lhe por de fato na rua".[164]

As calçadas e pontes funcionavam como escoadouros do líquido e das imundícies. As primeiras atendiam a uma dupla função: aformoseavam o espaço e agiam como sumidouros das águas pluviais e servidas. Os declives ao centro ou nos lados do calçamento funcionaram como verdadeiros regos d'água artificiais. No início do século XIX, no Rio de Janeiro, bastava desabar um súbito aguaceiro que os habitantes despejavam os conteúdos fedorentos pelas ruas, deixando que a enxurrada exercesse o trabalho de os levar.[165] As águas pluviais serviam à vazão dos lixos urbanos e as calçadas como o suporte necessário. Em Mariana, especifica-

---

163 AHCMM. Auto de Arrematação. Condições com que Sebastião Pereira Leite arrematou as calçadas que se hão de fazer nesta cidade. Códice 135. 08/08/1751. fls. 130-130v. Em 1795, foi arrematado o conserto do entupimento do barranco de São Pedro e o responsável deveria fazer "todos os desvios das enxurradas encaminhando-as para o matadouro de gado ficando estes desvios bem seguros em razão de não tornarem a correr para o dito barranco". AHCMM. Condições por donde se há de arrematar o entupimento do [barranco] que está adiante do Chafariz de São Pedro por baixo do encanamento da água que vem para esta cidade [...]. Códice 682. 20/01/1795. fl. 132. Sobre o mesmo tema, cf. também: AHCMM. Condições das Calçadas que arrematou Bento Marinho de Araújo. Códice 220. 07/08/1757. fl. 31v.

164 AHCSM. Notificação. Auto 4212. 2º Ofício. Códice 173. 22/04/1794.

165 Nem sempre as tinas eram esvaziadas diariamente, o que tornava o ambiente insuportável. Nas casas onde não se usavam esses barris, todas as imundícies eram atiradas para o pátio, à espera das chuvas. LUCCOCK, John. *Notas Sobre o Rio de Janeiro e Partes Meridionais do Brasil (1808-1818)*. São Paulo: Edusp; Belo Horizonte: Itatiaia, 1975, p. 89. Consulta ao Acervo Ernani, Museu da Casa Paulista em http://www.mcb.sp.gov.br/mcbText.asp?sMenu=P007. Acesso em: 19 out. 2010.

mente, quando a fúria das águas fluviais se unia às sujeiras deixadas pelos animais e moradores, bem como aos restos de bichos e árvores, criavam-se várias barreiras no terreno urbano. Sem ter por onde correr, as águas agrediam os locais mais planos, arrombavam pontes, calçadas e casas. A ocupação urbana, ao fim, parecia o grande obstáculo à trajetória natural do líquido. Insistentemente, o governo local mandava reforçar as pontes com os alicerces e grossuras, "precisas para poder sustentar o ímpeto das águas". As pontes, além de receberem expressivo fluxo, por se situarem nas partes mais baixas da morfologia urbana – caso da Rua Nova que expedia uma enxurrada em direção à ponte do córrego do Seminário –,[166] ainda eram agredidas pela correnteza acentuada dos rios que trasbordavam.[167]

A atenção da Câmara também estava voltada para a manutenção dos espaços de acesso à cidade. No arrabalde de Monsus, em 1789, foi construído um cano para receber as águas do monte e desaguá-las na praia do Carmo, com o objetivo de impedir a destruição da estrada para Vamos-Vamos.[168] No morro de São Gonçalo, o trecho próximo à entrada da cidade, por onde se iniciava o velho percurso para Vila Rica, encontrava-se em "grande estrago" em razão da "corrente das águas". O lamaçal que se formou no caminho abriu um "formidável boqueirão" e por este motivo dizia-se que ali havia morrido um "homem desgraçadamente".[169]

---

166 AHCMM. Auto de arrematação do conserto dos paredões junto a ponte do Seminário e das fontes da casa do defunto Bernardo Costa. Códice 377. 31/08/1765. fls. 21-21v.

167 No contrato de obra firmado em 1769, encontramos referência à construção dos cachorros – peças arquitetônicas, geralmente ornadas, por onde se expediam as águas das pontes e dos telhados das casas – no pontilhão do córrego que seguia para Vamos-Vamos. AHCMM. Condições de obra. Códice 377. 11/12/1769. fls. 74v-75.

168 AHCMM. Registro das Condições com que o Alferes José Pereira Arouca arrematou o paredão junto a Ponte da Passagem, da parte do córrego [que] guarda na Ponte de Santa Ana e cano na morada dos Monsus. Códice 377. 22/06/1789. fls. 221-221v.

169 AHCMM. Correição 1781. Códice 173. fls. 53-53v.

Os agoeiros[170] distribuídos entre os lados da estrada davam vazão às águas das chuvas no novo caminho de Mariana à Vila Rica, construído em 1782.[171]

Juntamente com essas medidas, o governo local proibia o lançamento do lixo tanto nas ruas como nas estradas de acesso. Porcos e todo tipo de animais soltos eram proibidos no centro urbano "por causarem ruína às casas, pontes e à saúde".[172] Os carretos eram responsabilizados pelo grande prejuízo às calçadas da cidade, tão necessárias à manutenção da salubridade urbana.[173] Em 1750, os oficiais ordenaram que aqueles que vivessem nas estradas e caminhos públicos, "para cômoda serventia dos

---

170 Os agoeiros eram regos rebaixados para receber as águas que corriam pelas estradas. BLUTEAU. *Op. cit.*, p. 670.

171 AHCMM. Registro de umas condições por onde se hão de fazer os paredões e mais obras necessárias no Caminho desta Cidade para Vila Rica. Códice 377. 04/08/1781. fls. 182-183v. Cf. também: Códice 377. 02/07/1782. fls. 190-190v.; Códice 377. 15/04/1784. fls. 204v-205v. Na paragem conhecida como Bananal Grande, trecho do caminho que vai para Vila Rica, a Câmara de Mariana financiou um cano para conter um olho d'água que escorria pelo caminho, coberto pelas calçadas. AHCMM. Registro das condições com que os senhores do Senado mandaram arrematar a obra da calçada e encanamento no caminho que vai da Passagem para Vila Rica acima do Bananal Grande. Códice 210. 23/09/1803. fl. 34v.

172 AHCMM. Acórdão. Códice 209. 28/03/1792. fl. 16. Cf. também: AHCMM. Edital. Códice 554. 07/11/1744. fl. 41. Em 1748, "muitas pessoas" costumavam trazer as suas criações de porcos soltos pelo arraial de Catas Altas, Termo de Mariana, não apenas causando "grave dano as casas dos moradores", mas especialmente à Igreja do povoado "arruinando-lhe as paredes". AHCMM. Edital. Códice 554. 08/06/1748. Fl. 119v.

173 Em acórdão de 1794, o procurador mandou notificar todos os carreiros da cidade e seu termo para, em tempo de 15 dias, fazerem e consertarem as calçadas. AHCMM. Acórdão. Códice 209. 11/01/1794. fl. 83. No arraial de Passagem, os carretões traziam as pontas das madeiras arrastando-as pelo chão, causando prejuízo e graves danos ao caminho e calçadas. AHCMM. Edital. Códice 554. 30/04/1746. fl. 61. De acordo com Thiago Enes, em 1753, os carros e carretões deveriam se dirigir para o Largo do Chafariz para todos serem marcados e numerados e, anteriormente, em 1746, em vista dos prejuízos causados, foi estabelecido um imposto aos condutores, a ser revertido para o reparo das vias danificadas. ENES. *De como administrar cidades e governar Impérios, op. cit.*, p. 92.

viandantes e benefício comum dos povos", cuidassem de suas testadas em razão dos estragos causados pelas águas, como podemos observar no documento citado a seguir:[174]

> Mandamos a toda pessoa de qualquer qualidade, e estado que seja que tiver mato ou roça que confronte com a estrada ou caminho público em até o último dia do mês de Maio do presente ano fará descortinar a sua testada, de mato virgem capoeiras ou samambaias quatro braças por banda para dentro da sua terra na forma ordenada pelo edital deste Senado [...] concertar as estradas e caminhos públicos em duas braças de largura limpando as endireitadas de sorte que não fique altos e baixos, barrancos soltos [...] com tal correnteza necessária deixem os caminhos sem os alagadiços que os arruínam.

As medidas tomadas pela Câmara buscavam evitar a ruína material do espaço urbano no período das cheias. A garantia da expedição das águas era também a da sobrevivência dos equipamentos, dos prédios públicos e das moradas. Todavia, se os estragos resultavam em dolorosas perdas financeiras, depois que as águas retornavam aos álveos do Carmo e afluentes, instaurava-se um perigo ainda maior entre os habitantes. Paredes molhadas, ambientes úmidos, imundícies e charcos espalhados pela cidade eram considerados os grandes riscos à conservação da salubridade urbana. Uma mistura de sensações e impressões sobre o sujo e o limpo, o são e malsão, a salubridade dos corpos e dos espaços afastava e condenava a presença das águas nas ruas da cidade.

---

174 AHCMM. Edital. Códice 462. 29/04/1750. fls. 48-49.

Águas estagnadas

O médico português Antônio Nunes Ribeiro Sanches, autor do *Tratado da Conservação e Saúde dos povos (1756)*,[175] afirmou que, ao lado das inundações, as águas servidas e os charcos eram "a causa mais universal e a mais pestilenta das doenças e Epidemias".[176] O médico, que via então em Paris, escreveu sobre as ideias e preceitos que circulavam por alguns países europeus acerca da conservação da salubridade urbana. Influenciado pelas teorias hipocráticas, Sanches percebia os corpos em interação e equilíbrio com o ambiente que os circundava. O clima, as águas e a terra interferiam nos humores e na saúde dos indivíduos. O ar era considerado o fluido "transparente, invisível e elástico" que recebia todos os vapores e partículas da terra, "um grande armazém universal do nosso globo, onde se deposita[va] tudo o que se exala[va] nele".[177] Tal

---

175   Antônio Nunes Ribeiro Sanches (1699-1783), nascido na Vila de Penamacor (Portugal), formou-se em Medicina em Salamanca e em 1726 fugiu de Lisboa acusado por práticas de judaísmo. Depois de viver na Holanda, seguiu para a Rússia, onde serviu a corte imperial dos Czares. Em 1747 tornou-se membro da Academia de S. Petersburgo, título que também recebeu em Paris, onde veio a se instalar definitivamente e escreveu entre outros: *Dissetation sur la Maladie Vénérienne* (1750); *Tratado da Conservação da Saúde dos Povos* (1756); *Cartas sobre a Educação da Mocidade* (1760); *Método para aprender e estudar medicina* (1763); *Mémoire sur lê bains de Vapeur en Russie* (1779). Sobre a vida do médico, cf.: www.vidaslusofonas.pt. Utilizamos a versão do tratado divulgada pela Universidade da Beira Interior de Covilhã (Portugal), disponível em: http://www.estudosjudaicos.ubi.pt/rsanches_obras/trata-do_saude_povos.pdf. SANCHES, Antônio Nunes R. *Tratado da Conservação e Saúde dos Povos: Obra útil e, igualmente, necessária aos Magistrados, Capitães Generais, Capitães de Mar e Guerra, Prelados, Abadessas, Médicos e Pais de Famílias*. Com um Apêndice Considerações sobre os Terramotos, com a notícia dos mais consideráveis, de que faz menção a História, e dos últimos que se sentiram na Europa desde o I de Novembro 1755. Publicado em Paris, 1756. No inventário de livros feito por Thábata Alvarenga três bibliotecas de Vila Rica contavam com o Tratado: a biblioteca de Pedro Teixeira Mursa, Manoel dos Reis e Luís Figueiredo Leitão. ALVARENGA. *Op. cit.*, anexo II.

176   SANCHES. *Op. cit.*, p. 17.

177   SANCHES. *Op. cit.*, p. 6-7.

fluido teria a capacidade de se comunicar com as superfícies das coisas e dos homens. Segundo Sanches, nessa massa, que "nos abraça e comprime, como aquele que estivesse debaixo da água",[178] depositavam-se todos os miasmas, as exalações fétidas produzidas por cada corpo e objeto da terra. Também era pela massa de ar que se sacudiam e se espalhavam todas as partículas prejudiciais e se não fosse por ela, "em poucos instantes sentiríamos a perda da saúde".[179] Tudo que emanava dos ambientes ficaria estacionado nessa massa se não fosse a ordem natural do movimento dos gases e a corrente dos ventos. Sua ação era salutar na medida em que levava embora as partículas nocivas, comumente produzidas pelos corpos.

Nos centros urbanos, a posição das ruas, a largura das calçadas, as casas, largos e locais de intenso fluxo deveriam estimular a agitação dos ares. A função do fluido universal era mesmo carregar os vapores corrompidos da transpiração e bafos dos humores. No entanto, se a circulação fosse impedida e aquele ar permanecesse "fixado", condensavam-se naquela atmosfera envolvente os temidos miasmas.[180]

De acordo com o tratado do médico português, Mariana se encontraria em sítio propriamente insalubre, em razão do ribeirão caudaloso, "onde as chuvas inundam", "os nevoeiros não dissipam" e "a umidade era contínua".[181] O ar úmido era, por excelência, uma massa pesada, difícil de

---

178 SANCHES. *Ibidem*, p. 4.

179 SANCHES. *Ibidem*, p. 8.

180 SANCHES. *Ibidem*, p. 4.; CORBIN, Alain. *Saberes e odores*: o olfato e o imaginário social nos séculos XVIII e XIX. Tradução de Ligia Watanabe. São Paulo: Companhia das Letras, 1987, p. 22.

181 SANCHES. *Op. cit.*, p. 19-20. Essa noção de um sítio insalubre postulada por Sanches contradiz os elogios feitos pelo ouvidor Costa Matoso a Mariana, em razão do clima agradável e sítio em que se encontra. Cf.: "Informações das Antiguidades da Cidade de Mariana". Autoria: Caetano da Costa Matoso, 1750. In: FIGUEIREDO; CAMPOS (org.). *Op. cit.*, p. 250. Para Vila Rica, as palavras do Conde de Assumar sobre o clima e os ânimos dos habitantes em 1720, acabaram por retratar a relação entre a natureza e os indivíduos:"[...] habitada de gente intratável, sem domicílio, e ainda que está em contínuo movimento, é menos inconstante que os seus costumes, os dias nunca amanhecem

se dissipar,[182] enquanto as águas estagnadas eram o depósito da putrefação, estancado nas ruas. Estas inspiravam total desconfiança dos citadinos e autoridades municipais de acordo com Alain Corbin.[183] O remédio sugerido por Sanches era semelhante ao indicado para os ares, somente "o movimento a[s] purificaria".[184] Levados de volta à correnteza, os restos orgânicos se desfariam e sumiriam na imensidão das partículas aquáticas, teoria também aplicada à expedição das triagas em água corrente. Os pântanos, poças e paules eram ameaçadores, suficientes para desaconselhar qualquer lavagem de casas e ruas.[185] Para afastar o ar úmido, após as tempestades, recomendava-se fogo contínuo:

> Todo o fogo atenua e rarefaz o ar, e aquele vizinho mais frio e mais pesado vem fazer equilíbrio com ele; deste modo se agita continuamente, e se gera um vento artificial que dissipa e ventila a umidade.[186]

As definições de são e malsão, bem como de salubre e insalubre, esboçavam-se em função do pensamento "aerista".[187] Secar e ventilar o ar, evitar imundícies, lamas e charcos que corrompiam o fluido

---

serenos: o ar é um nublado perpétuo; tudo é frio naquele país, menos o vício, que está ardendo sempre. Eu, contudo, reparando com mais atenção na antiga e continuada sucessão de perturbações que nelas se veem, acrescentarei que a terra parece que evapora tumultos: a água exala motins; o ouro toca desaforos: destilam liberdades os ares; vomitam insolências as nuvens; influem desordem os astros: o clima é tumba da paz e berço da rebelião; a natureza anda inquieta consigo, e amotinada lá por dentro, é como no inferno". *Discurso Histórico e Político sobre a sublevação que nas Minas houve no ano de 1720.* Estudo Crítico de Laura de Mello e Souza. Belo Horizonte: Fundação João Pinheiro, 1994, p. 59-60, 45 (Coleção Mineiriana).

182 CORBIN. *Op. cit.*, p. 20.

183 CORBIN. *Ibidem*, p. 38, 47.

184 CORBIN. *Ibidem*, p. 122.

185 CORBIN. *Ibidem*, p. 47-50.

186 SANCHES. *Op. cit.*, p. 23.

187 CORBIN. *Op. cit.*, p. 22.

universal com suas exalações podres constituíam as medidas necessárias para manter um corpo social saudável. As águas e as massas de ar pareciam funcionar de modo semelhante no organismo dos indivíduos. No caminho dos miasmas, era a representação sobre os corpos que pesava. A superfície porosa da pele funcionava como "um ralo, uma esponja",[188] por onde se expelia e se absorvia toda a sorte de substâncias do ambiente. Essa forma de ver e perceber o corpo caracterizava o poder de interação e o medo da intervenção das águas e dos ares sobre o organismo. Ambos eram veículos de conteúdos desconhecidos e o ar teria, ainda, a faculdade de arrastar do líquido sujo para "o mais íntimo" os elementos nocivos à vida.[189]

Se no imaginário médico a ventilação do ar e o escoamento das águas constituíam os caminhos necessários para conservar a salubridade dos espaços, também foram a partir destas preocupações que percebemos a exaltação do olfato e da visão como os sentidos capazes de captar onde se depositavam os miasmas. Se o ar era o veículo, o nariz foi o órgão apropriado a senti-lo e diagnosticar sua corrupção. Quase um termômetro dos cheiros, autorizado a medir a presença dos miasmas ou do ar salubre. A linguagem olfativa definiria os ritmos da corrupção, da podridão e da putrefação. Da mesma forma, as atmosferas insalubres poderiam ser curadas pela inversão dos cheiros. Era possível afastar os odores pestilentos por meio da emissão das partículas agradáveis. No imaginário da época, a profusão dos gases aromáticos agitaria o ar e corrigiria os vapores pútridos do meio urbano. A circulação do ar, provocada pelas correntes de vento, teve, portanto, como aliado, o "olfato-sentinela",[190] que instituía novos artifícios para afastar o "ar fixado" das cidades. Seria possível

---

188 SANCHES. *Op. cit.*, p. 15.; VIGARELLO, Georges. *O limpo e o sujo*. Tradução de Mônica Stahel. São Paulo: Martins Fontes, 1996, p. 10-12.

189 SANCHES. *Op. cit.*, p. 15.

190 CORBIN. *Op. cit.*, p. 32.

afastar os miasmas, e até mesmo fortalecer o corpo, criando em torno de si uma atmosfera de fragrâncias agradáveis.[191] Dessa forma, o ar constituía o canal privilegiado da transmissão dos vapores nocivos; a percepção do mau cheiro evidenciava essa presença, enquanto a aspersão e fumigação dos aromas no corpo e no ambiente urbano remediavam a atmosfera, devolvendo-lhe a salubridade.[192] Os odores agradáveis teriam o poder de reanimar o ar e destruir o veneno da doença. Um corpo saudável era aquele imerso nas fragrâncias delicadas,[193] uma cidade salubre era aquela livre dos cheiros pútridos. Dentro das casas, após as repetidas chuvas, Sanches aconselhava, além do fogo, perfumar o ar com loureiro murta e alecrim; nos quartos, queimar uma leve porção de pólvora.[194]

Nas ruas, a Câmara de Mariana, através das posturas e editais, exigia a limpeza das testadas das casas. Em 1781, o edital da Câmara declarava:

> Muitas moléstias endêmicas, que presentemente se experimentam com notável prejuízo do público, ocasionados sem dúvidas, dos *ares corruptos*, para que estes se *purifiquem* pelo modo mais possível façam por espaço de oito dias em todas as noites

---

191 Em meados do século XVIII, a terapêutica dos aromas consistia em misturar as mais diversas essências e cheiros aos tecidos e móveis. Vinagres, pólvora, seca, fogos e água de rosa se tornaram a sensação da corte francesa de Luís XV. Os odores delicados das rosas e das flores, dos lenços e óleos agradáveis instalaram a moda dos odores na França. CORBIN. *Ibidem*, p. 86.

192 Sobre a aspersão e fumigação dos ares, cf. CORBIN. *Ibidem*, p. 89.

193 CORBIN. *Ibidem*, p. 85-89.

194 SANCHES. *Op. cit.*, p. 23. Nas descrições de John Lucoock a respeito do pouso em uma fazenda abastada nas redondezas de Barbacena, Minas Gerais, o viajante informa que, quando lhe abriram a porta de seu dormitório, foi tal o mau cheiro exalado que pediu que o mudassem de lugar. Como isso não foi possível, recorreram a limpezas e fumigações, "costume dos brasileiros", queimando grande "quantidade de ervas odorantes, especialmente rosmaninho", o que tornou o aposento não apenas "tolerável como positivamente agradável". (Consulta ao Arquivo Ernani, Museu da Casa Paulista: LUCCOCK. *Notas Sobre o Rio de Janeiro e Partes Meridionais do Brasil* (1808-1818), p. 359).

sucessivas *grandes fogos* as suas portas queimando junto com samambaia, por outro nome [feito], *ervas cheirosas e balsâmicas.*[195]

As ações do poder local se dirigiam a evacuar os dejetos visíveis, como as esterqueiras e charcos, para evitar a contaminação dos ares. A manutenção de um espaço salubre dependia da eliminação dos odores corruptos e, neste sentido, as políticas urbanas buscavam "curar" a atmosfera e eliminar os focos de podridão. A limpeza das ruas e das casas era a seco, bastando remover as sujidades, afastar as partículas úmidas e dar curso às águas. "Limpar significava não tanto lavar, mas antes drenar: o essencial era assegurar o escoamento das águas".[196] Os significados de saúde e doença, limpeza e sujidade eram percebidos pela inexistência do nocivo.[197] O limpo era onde a sujeira não estava. A saúde, onde não estava a doença. O salubre, onde não estavam o cheiro fétido e as águas estagnadas.

O limpo que não lava

Para Maria Rosa Cristina, tributária das constatações de Georges Vigarello, a limpeza dos corpos e dos espaços mineiros coloniais esteve associada não só à falta de sujeira, mas também à adequada ornamentação e ao aformoseamento de seus invólucros. Uma limpeza do parecer, visível ao olhar social.[198] Certos instantes da vida colonial, como os festejos, constituem momentos singulares para se observar este asseio configurado pela elegância aparente dos corpos, tanto no macro como no microcosmo.[199]

195 AHCMM. Códice 462. fl. 196v. *Apud* BORSOI. *Por dentro de mapas e planos,* p. 45. (grifos nossos).

196 CORBIN. *Op. cit.,* p. 122.

197 Cf. MACHADO *et al. Danação da Norma, op. cit.,* p. 56.

198 ROSA, Maria Cristina. *Da pluralidade dos corpos, op. cit.,* p. 63.

199 ENES. *De como administrar cidades e governar Impérios, op. cit.,*p. 99-101. BORSOI. *Por dentro de mapas e planos, op. cit.,* p. 42.

Nos editais publicados pelo Senado de Mariana para as celebrações urbanas, duas obrigações aparecem como concomitantes à instituição de um espaço decente e apropriado à situação: a eliminação das sujeiras das testadas e a ornamentação das fronteiras das casas. Em 1772, os moradores foram advertidos a se prepararem para a "procissão do inefável corpo de Deus [...] para cujo efeito mandam ornar as portas e janelas com a maior perfeição e varrer as ruas e suas testadas".[200] Os adornos deveriam corresponder às ocasiões: almotacés fiscalizaram os fúnebres panos pretos nas janelas e varandas nas exéquias de D. João V em 1750,[201] e na solenidade que envolveu a entrada do Bispo D. Manuel da Cruz, em fevereiro de 1748, examinaram-se, além das testadas limpas, as janelas e paredes estavam paramentadas com decência.[202] Os espaços deveriam estar adequadamente decorados no momento dos festejos urbanos e os corpos, apropriadamente ornamentados a se exporem pelas ruas.[203]

A visão constituía, ao lado do olfato, o outro sentido aguçado para distinguir um ambiente limpo e saudável. O asseio remetia à eliminação da sujeira e ao adornamento conveniente dos invólucros.[204] Um corpo limpo impetrava duas ações simultâneas: excluí-lo das imundícies aparentes e paramentá-lo para a sua exposição. A limpeza estaria na falta do sujo e na exposição dos adornos.

De acordo com Vigarello, o padrão de limpeza que se instaurou entre os séculos XVI e XVII na França acompanhou as representações sobre

200 AHCMM. Edital. Códice 462. 26/08/1772. fl. 156v. *Apud* ENES. *Op. cit.*, p. 100.

201 ENES. *Op. cit.*, p. 100.

202 AHCMM. Edital. Códice 554. 12/10/1748. fl. 124v. *Apud* ENES. *Op. cit.*, p. 100.

203 JANCSÓ, István; KANTOR, Íris (org.). *Festa:* cultura e sociabilidade na América Portuguesa. São Paulo: Hucitec/Fapesp, 2001. 2 vol. Especialmente os artigos: KANTOR, Íris. Entradas episcopais na capitania de Minas Gerais (1743-1748), p. 169-182; MELLO E SOUZA, Laura de. Festas barrocas e vida cotidiana em Minas Gerais, p. 183-195; SANTIAGO, Camila F. G. Os gastos do Senado da Câmara de Vila Rica com festas: destaque para Corpus Christi (1720-1750), p. 487-504.

204 ROSA, Maria Cristina. *Da pluralidade dos corpos... op. cit.*, p. 63.

o universo corporal.[205] O corpo limpo estaria personificado na composição do traje, em que se depositavam as impressões sobre o indivíduo asseado. As roupas de baixo (camisas, meias e ceroulas brancas) absorviam a transpiração dos humores e cobriam a pele porosa das exalações atmosféricas.[206] Ao mesmo tempo em que funcionavam como um filtro, alguns retalhos dos tecidos brancos íntimos emergiam na composição final do vestuário. Colarinhos, punhos e meias brancas apareceram na indumentária externa a partir do Seiscentos, com a função de representar aquele corpo escondido como visivelmente limpo. Os cuidados com a brancura dos tecidos íntimos simbolizavam a atenção com o asseio do corpo; "trocá-los era no fundo lavar-se".[207]

Ainda assim, mesmo que a limpeza dos corpos não estivesse associada às imersões cotidianas no líquido, a sua utilização não desapareceu da composição dos trajes, indireta ou diretamente. No primeiro caso, trazer a roupa branca diariamente implicava a necessidade cotidiana das águas. Lavadeiras se dirigiam aos córregos, rios ou tanques mais próximos.[208] Camisas, rendas, roupas de baixo se misturavam às águas para retomar a limpeza dos corpos e a brancura distintiva dos trajes. Só não sabemos dizer a frequência com que eram trocadas.

---

205 VIGARELLO, Georges. *O limpo e o sujo:* uma história da higiene corporal. São Paulo: Martins Fontes, 1996, p. 192.

206 VIGARELLO. *Ibidem*, p. 70.

207 VIGARELLO. *Ibidem*, p. 60.

208 Em Portugal as lavadeiras eram geralmente mulheres do campo, que se deslocavam até a cidade para buscar e levar roupa. Utilizavam uma barrela com cinzas de madeira, esfregando em seguida os panos nas águas, o que revigorava as peças com uma brancura resplandecente, retirando qualquer gênero de nódoas e ainda perfumando-as com um odor suave, dando à roupa branca um ar asseado MADUREIRA. *Op. cit.*, p. 36. Cf. MACEDO, Concessa Vaz de. *Da lavagem de roupa às branquearias comerciais:* sobre o papel das lavadeiras na Escócia Setecentista. *Projeto História,* São Paulo, n. 16, fev., 1998, p. 63-67. No Rio de Janeiro, as lavadeiras eram registradas no Concelho da cidade. Para Mariana não encontramos tais registros. SANTOS. *Op. cit.*, p. 12.

FIGURA 27: As lavadeiras do rio Laranjeiras
Na imagem desenhada por Jean Batista Debret, as negras lavadeiras dedicam-
-se ao ofício no rio Laranjeiras (RJ). Na paisagem prevalece a lavagem das
roupas brancas.
Fonte: DEBRET, J. B. *Lavadeiras do rio das Laranjeiras*, 1826. Disponível em:
http://www.mcb.sp.gov.br/ernfraBuscaAssunto.asp?sAssunto=25. Acesso em:
10 out. 2010.

O uso direto das águas era uma prática recomendada na lavagem das
mãos e do rosto pela manhã. Segundo Mary Del Priore, estas regras de
limpeza, que a autora denominou de higiênicas, trazidas pelos lunários,
beneficiavam o cérebro e os sentidos.[209]

> Os proveitos são estes: o primeiro que a cabeça fica
> aliviada dos humores crassos. O segundo que os po-
> ros se dilatam, abrem e assim tem lugar de saírem os
> vapores do cérebro. O terceiro proveito e principal,
> conforme Avicena, é que a vista se clarifica e livra
> dos humores grossos e salgados, e esta regra vale
> muito para os velhos.[210]

209 DEL PRIORE, Mary. Ritos da. In: MELLO E SOUZA, Laura de. (org.) *Cotidiano e vida privada na América Portuguesa.* Vol. 1. NOVAIS, Fernando (dir.). *História da Vida Privada no Brasil.* São Paulo: Companhia das Letras, p. 304.

210 "O non-plus-ultra do lunário e prognóstico perpétuo, geral e particular para todos os reinos e provincioas, composto por Jerônimo Cortez Valenciano,

Por um lado, poderíamos inferir que limpar com o líquido esses espaços restritos era uma forma de retirar a sujeira das partes aparentes, visíveis ao olhar e que integravam, portanto, a composição final do traje dos indivíduos. De certo modo, as águas contribuíam nesta limpeza do parecer. Um asseio ainda distante da força "funcional" surgida com a transformação dos padrões de limpeza no século XIX, mas que ligava o líquido à eliminação da sujeira, apenas em pequenas porções da superfície corporal. Por outro lado, certos usos das águas no espaço doméstico estavam vinculados não propriamente aos rituais de limpeza, mas a outras práticas sociais. De acordo com Vigarello, o gesto de "dar água às mãos" era um sinal de polidez e amizade, atenção e hospitalidade. Um costume medieval herdado e mantido pelos tratados de civilidade dos séculos XVI e XVII na corte francesa.[211] No espaço mineiro Oitocentista, os viajantes Saint-Hilaire e John Lucoock observaram o hábito cordial dos anfitriões de oferecer água para lavar as mãos e água quente para lavar os pés:

> Todo mundo, antes de se deitar lava os pés com água quente. Nas casas ricas, um negro, com sua toalha ao ombro, leva a água ao estrangeiro em uma grande bacia de cobre; os pobres, porém, se contentam com uma gamela de madeira. Muitas vezes, em casa de gente de cor, o próprio dono da casa vem, como nos tempos antigos, lavar os pés do viajante que acolheu com a mais amável hospitalidade.[212]

---

emendado conforme o purgatório da Santa Inquisição e traduzido em português", p. 11-12 *apud* DEL PRIORE. *Ibidem*, p. 304.

211 VIGARELLO. *Op. cit.*, p. 51

212 SAINT-HILAIRE. *Viagem pelas Províncias do Rio de Janeiro e Minas Gerais* (1816-1817), *op. cit.*, p. 97. "Ao jantar, ou melhor à ceia, pois que foi servida às nove da noite, experimentamos cousa mais suntuosa; foi servida com talheres de prata e depois surgiram escravos com água quente e fria, a fim de que pudéssemos executar nossas abluções confortavelmente". LUCCOCK. *Op. cit.*, p. 287; cf. também: KIDDER, Daniel Parish; FLETCHER, James Cooley. *O Brasil e os Brasileiros* (1855-1865). São Paulo: Companhia Editora Nacional, 1941, vol. 2, p. 156.

Nem sempre essa cordialidade correspondia à vontade dos escravos. O cativo que servia o Seminário da Boa Morte de Mariana, o barbeiro Fabrício, adquirido pelo procurador da instituição, José de Souza, recusava-se a trazer água aos seminaristas, alegando que nunca lavaria os pés dos brancos.[213] De acordo com Sérgio Buarque de Holanda, os viandantes tinham o hábito de se calçarem depois de lavarem os pés na entrada das vilas e cidades, o que explicaria a denominação de certos ribeiros, como o córrego do Seminário de Mariana, conhecido como Lavapés.[214]

Uma investigação que contemplasse o universo material dos indivíduos da Mariana Setecentista poderia nos trazer indícios acerca da pluralidade de consumos nos diferentes estratos do ambiente doméstico da cidade. A título de exemplo, o historiador Nuno Madureira observou, a partir dos inventários compreendidos entre 1740 e 1750, que as tinas de arame ou de madeira usadas para tomar banho eram exclusivas da elite portuguesa. Já os objetos de médio porte, como as bacias ou lavatórios de fazer a barba e lavar os pés e mãos, penetraram em todos os universos sociais. Os dos mais abonados eram confeccionados com prata ou ouro, e dos mais desprovidos, com arame e estanho. A presença destes últimos, mesmo que diferenciados pelo tipo de material empregado, constituía um denominador comum entre os grupos sociais, denotando a existência de uma prática rotineira entre os homens portugueses: lavar de manhã ou ao fim do dia as extremidades do corpo.[215]

Esse contato diário limitado com as águas não caracterizaria em si uma higienização dos indivíduos, mas sim uma eliminação da sujeira evidente, exposta na porção visível da superfície corporal. Aguar rostos e mãos era parte de um circuito que as águas percorriam dentro das casas.

---

213 As sucessivas contravenções do escravo Fabrício acabaram por levá-lo à Inquisição por denúncia de blasfêmia, caso que foi analisado por Luiz Carlos Villalta. VILLALTA, Luiz C. Educação: nascimento, "haveres" e gêneros. VILLALTA; RESENDE.(org.) *História de Minas Gerais, op. cit.*, vol. 2, p. 262-264.

214 HOLANDA, Sérgio Buarque de. *Caminhos e Fronteiras*. 3. ed. São Paulo: Companhia das Letras, 1994, p. 28.

215 MADUREIRA. *Op. cit.*, p. 78.

O uso a retalho e as reutilizações do líquido nos afazeres cotidianos pareciam caracterizar o seu consumo diário. De acordo com Madureira, a maioria dos agregados domésticos utilizava a mesma bacia para os mais variados usos: "hoje fazer a barba, amanhã lavar a cara, se possível com a mesma água".[216]

Vale ressaltar que a circulação do líquido no espaço doméstico não é tema desenvolvido em nosso trabalho.[217] Diante dos objetivos e da dimensão desta pesquisa, não analisamos os inventários de bens dos habitantes de Mariana, muito embora sejam importantes para a compreensão do uso, da distribuição e divisão das águas, espacialização e especialização dos utensílios pelas casas Setecentistas mineiras. Essa restrição, porém, não nos impede de tecer algumas considerações sobre as impressões e sensações acerca do líquido na região das Minas.[218]

Primeiramente, na limpeza dos corpos e das ruas, as águas aparecem como um elemento a ser afastado de tais práticas. Uma conjugação de fatores explicaria o uso regrado do líquido. Inicialmente, a rotina de ir e vir pelas ruas com os barris d'água despendia força e tempo dos cativos. Depois que essas águas invadiam a esfera doméstica, eram divididas entre gamelas e bacias dispostas pelos cômodos. Escravos e senhores tinham a

---

216 MADUREIRA. *Ibidem*, p. 78.

217 Sobre a vida doméstica na América Portuguesa, cf.: ALGRANTI, Leila M. Famílias e vida doméstica, *op. cit.*, vol. 1, p. 83-154; LEMOS, Carlos A. C. *Cozinhas etc.* Um estudo sobre as zonas de serviço da casa paulista. São Paulo: Perspectiva, 1976. LEMOS, Carlos. A. C. *História da Casa Brasileira*, São Paulo: Contexto, 1989.; FREYRE, Gilberto. *Sobrados e mucambos*: decadência do patriarcado rural e desenvolvimento do urbano. 14. ed. São Paulo: Global, 2003.

218 A respeito da cultura material doméstica, cf.: MAGALHÃES, Beatriz Ricardina. A demanda do trivial: vestuário, alimentação e habitação. *Revista Brasileira de Estudos Políticos*, Belo Horizonte, n. 65, jul., 1987, p. 153-199.; MÓL, Cláudia Cristina. *Mulheres forras: cotidiano e cultura material em Vila Rica* (1750-1800). Dissertação (Mestrado em História) – Faculdade de Filosofia e Ciências Humanas, Universidade Federal de Minas Gerais, Belo Horizonte, 2002.

exata noção da quantidade do líquido disponível no ambiente da casa. A consciência visível do volume existente criava formas de consumo articuladas e organizadas para atender os afazeres daquele espaço.[219] Aproveitar e reaproveitar ao máximo o líquido deveria fazer parte das rotinas instituídas nas residências. Na percepção dos contemporâneos, a quantidade delimitada talvez não constituísse em si um problema, fazia parte da própria vivência urbana: um tempo para buscar as águas, um tempo para organizar e dividir o líquido e, afinal, um tempo para se desfazer das águas servidas. Por isso, a relação com o líquido não era permeada por um racionamento diário e sim pelo consumo apropriado às necessidades, adequado às percepções e às sensibilidades, à natureza das ameaças e impressões que existiam sobre o fluido.

No *Erário Mineral*, escrito em 1735 pelo cirurgião Luís Gomes Ferreira, que percorreu as Minas exercendo sua atividade no início do século XVIII, o emprego das águas aparece com certa parcimônia. Em alguns casos, o líquido poderia curar as moléstias e, em outros, alterar o equilíbrio dos humores. O tipo físico, as causas, as características do indivíduo, da moléstia e do ambiente eram elementos considerados no diagnóstico e na prescrição adequada do tratamento, como também observou Francisco da Fonseca Henrique, autor de *Âncora Medicinal*.[220]

---

219 De acordo com Sant'anna, a partir do momento que a água foi canalizada e jorrava pela abertura das torneiras, chuveiros e descargas no século XIX a visão diária da totalidade do líquido disponível para o consumo no interior das residências foi perdida. Concordamos com a autora quando associa essa visibilidade da água com a valorização de experiências de limpeza a seco, ocorridas nos espaços da casa e da rua, conforme observamos para a segunda metade do século XVIII e que persistiram ao longo da primeira metade do XIX. SANT'ANNA. *Op. cit.*, p. 126-127.

220 O *Erário Mineral* foi escrito pelo cirurgião Luís Gomes Ferreira em Portugal e publicado em 1735. O texto reúne suas impressões acerca das experiências acumuladas na Capitania das Minas Gerais, onde permaneceu deslocando-se pelos povoados entre os anos de 1710 e 1732, quando retornou à Lisboa. Gomes Ferreira residiu na Vila do Carmo entre 1718 e 1724 e se dividia entre o ofício de curar e a atividade aurífera. Cf. FURTADO, Júnia F. Arte e segredo: o licenciado Luís Gomes Ferreira e seu caleidoscópio de imagens. In:

Nas Minas, os negros eram acometidos por várias doenças por estarem sempre metidos nas águas para minerar. Alguns habitavam dentro d'água, outros viviam "feito toupeiras" por debaixo da terra, banhados em suor, com os pés em terras, pedras ou águas frias. Esse modo de viver era a causa da constipação dos poros e dos resfriamentos, do que se originavam várias enfermidades perigosas.[221] O próprio cirurgião, que também se dividia entre o ofício da cura e da mineração, teria sido, assim como um escravo seu, acometido dos males provocados pelo contato diário com as águas frias. Depois de horas seguidas a faiscar, "dentro de uma brecha que abriu para meter um rio caudaloso, para dele extrair ouro", uma dor nas pernas lhe atacou durante cinco anos.[222]

Gomes Ferreira acudiu vários escravos com pontadas e inchaços nas pernas, além daqueles cativos vítimas dos desabamentos ocorridos nas lavras. As fraturas e contusões faziam parte deste universo, como ocorreu com os negros do minerador Custódio da Silva, soterrados entre as pedras e os diques que se romperam nas redondezas de Sabará em 1711.[223]

Para empregar o remédio adequado, era fundamental caracterizar os humores corrompidos, se de origem quente ou fria.[224] Os tratamentos

---

FERREIRA, Luís Gomes. *Erário Mineral*. v. 2. Organização de Júnia F. Furtado. Belo Horizonte: Fundação João Pinheiro; Rio de Janeiro: Fundação Oswaldo Cruz, 2002, vol. 1, p. 3-30 (Coleção Mineiriana,). O *Erário Mineral* consiste numa reunião de receitas, tratamentos e conhecimentos de diversas utilidades, uma miscelânea entre casos de medicina e conselhos de utilidade corriqueira, conforme resumiu Maria Odila Leite da Silva Dias. DIAS. Corpo, Natureza e Sociedade nas Minas (1680-1730), *op. cit.*, p. 331 e 344.

221 FERREIRA. *Op. cit.* Tratado I, vol. 1, n. 2, p. 229.

222 FERREIRA. *Ibidem.* Tratado III, vol. 1, n. 45-49, p. 331-333.

223 FERREIRA. *Erário Mineral.* Tratado IV, Observação III, vol. 1. n. 1, p. 479-480. Sobre outros casos relacionados à mineração, ver os comentários em: DIAS, Maria Odila Leite da Silva. Sertões do Rio das Velhas e das Gerais: vida social numa frente de povoamento (1710-1733). In: FERREIRA. *Op. cit.*, vol. 1, p. 84-85.

224 A teoria hipocrática dos humores considerava que o organismo era constituído pela harmonia dos quatro humores: a bile, a melancolia, o sangue e o fleuma. Outros princípios foram gradativamente acrescentados a essa teoria, como a influência da propedêutica fundamentada nos quatro elementos: o

envolviam a ingestão dos sudoríferos e as sangrias: purgar era a principal forma de tratamento, pois facilitava a desobstrução e esvaziava o corpo dos vapores malignos.[225] No sistema das curas, as águas eram aplicadas de diversas formas. Na ingestão, associadas, geralmente, ao cozimento das plantas nativas, como a raiz de butua ou de capeba, utilizadas para sarar, por exemplo, as pontadas no peito sofridas pelo escravo João Gonçalves da Costa,[226] e os chás que traziam "grandíssimos proveitos na saúde".[227]

Mas era preciso cuidado em certas ocasiões: se o corpo estivesse cansado ou suado, de modo algum se deveria beber água fria. O próprio Luís Gomes Ferreira, depois de remar no rio São Francisco, ao ingerir o líquido gelado "caiu como morto em terra" e quando acordou se achou com uma pontada que custou a curar.[228] A expressão "água da fonte" aparece com frequência no *Erário Mineral*, aludindo ao emprego do líquido límpido e puro nos preparos terapêuticos a serem ingeridos. Para curar as pontadas moderadas, designadas como pleuríticas, o cirurgião ditava:

> Tomem duas mãos cheias de poejos e, depois de lavados, se ponham a ferver com água da fonte em panela de barro com duas canadas de água até diminuir a metade; deste cozimento, se dará a beber ao doente seis onças, com duas ou três colheres de açúcar, com toda a quentura que puder sofrer; e assim que o acabar de beber, se abafará na cama com bastante roupa

---

fogo, seco e quente; a água, fria e úmida; a terra, fria e seca; o ar, quente e úmido. O sangue seria quente e úmido como o ar; o fleuma, frio e úmido como a água; a bile, quente e seca como o fogo; a melancolia, fria e seca como a terra. Quando havia o desequilíbrio dos humores, a prática terapêutica procurava restabelecer a ordem natural do organismo. COELHO, Ronaldo Simões. O Erário Mineral divertido e curioso. In: FERREIRA. *Op. cit.*, vol. 1, p. 156-157.

225 COELHO. *O Erário Mineral divertido e curioso, op. cit.*, vol. 1, p. 158.

226 FERREIRA. *Op. cit.* Tratado I, capítulo XIII, vol. 1, n. 1, p. 250-251.

227 FERREIRA. *Ibidem.* Tratado X, vol. 2, n. 17, p. 666.

228 FERREIRA. *Ibidem.* Tratado X, vol. 2., n. 18, p. 666.

> para suar, e, depois que tiver suado bastante, mudará a camisa e a mais roupa que tiver molhada, ou úmida, com tal condição que, quando *alimpar o corpo do suor e mudar a roupa*, lhe não dê ar de vento algum, o qual medicamento tomará duas vezes cada dia, longe dos comeres, não sendo de manhã, por ser tempo mais frio, mas será pelas nove ou dez horas, de tarde antes do Sol posto, enquanto os ares estão quentes; e assim as vezes necessárias.[229]

Os cuidados com os enfermos exigiam a ingestão adequada dos preparos, combinada às horas e a atenção à transpiração do corpo. "Alimpar o corpo do suor e mudar a roupa toda vez que estivesse molhada" são indicativos tanto de uma prática de cura fundamentada na dissipação dos vapores pútridos, como de asseio, desvinculada das águas e a serviço das roupas. A vestimenta servia para absorver todos os elementos nocivos concentrados no organismo, expurgados pelos poros e presos aos tecidos. O ato de trocar-se era uma maneira de livrar-se das produções insalubres, do sujo e corrompido, de afastar a doença. As roupas molhadas de suor eram a materialização das purgações expelidas pelo corpo debilitado. Trocar-se era limpar-se. E limpar-se era uma forma de afastar a doença. A roupa suada, segundo Gomes Ferreira, não seria só danosa à saúde, como não poderia mais receber "as fuligens e vapores maus que os corpos doentes, sensível e insensivelmente estão continuamente exalando". Neste sentido, as trocas assíduas eram necessárias para absorver e levar para longe os odores venenosos, e, se possível, as novas vestimentas deviam ser defumadas com alecrim, que em muito favorecia o restabelecimento da saúde.[230] Nas lojas e vendas mineiras não faltavam perfumes e águas de cheiro, como no estabelecimento de um comerciante anônimo de Vila

---

229 FERREIRA. *Ibidem*. Tratado I, capítulo XIV, v 1, n. 1, p. 252. (grifos nossos).

230 FERREIRA. *Ibidem*. Tratado III, vol. 1, n. 285, p. 412.

Rica, no qual constavam a água da Rainha da Hungria,[231] alfazemas, óleos e sabonetes de cheiro.[232]

A imersão nos cheiros e a troca das roupas pareciam fazer parte do universo dos mineiros, pelo menos entre aqueles que eram medicados pelos profissionais da arte de curar.[233] Para abolir os odores desconcertantes ou afugentar insetos, o perfume das plantas nativas estava entre as recomendações do cirurgião. O aroma da erva-cidreira verde, esfregada nas mãos e rosto, afastava as abelhas;[234] vinagre era indicado para sovacos e pés com mau cheiro;[235] um pedaço de ouro na boca e bochechos com folha de alecrim curavam o mau hálito.[236]

Quanto à imersão parcial ou total dos corpos, a decisão do prático dependia do diagnóstico da doença. Em alguns casos, as águas mornas ou frias poderiam aumentar a debilitação do corpo e, em outros, mostravam-se um sudorífero precioso. Na obstrução do baço, banho de canoa ou água corrente eram proibidos e, mesmo depois de tomar todos os medicamentos, no período de dois meses, o enfermo estava impedido de molhar o corpo, permanecer com os pés úmidos ou camisa suada.[237] A terapia dos banhos estava condicionada à alteração da natureza do humor, se quente ou fria, daí a importância desse profissional, que deveria adequar sua experiência acumulada às condições locais e às propriedades dos indivíduos e das doenças. Em certos episódios, a prática terapêutica,

---

231 As águas da Rainha da Hungria eram à base de alecrim, utilizadas nos desmaios, flatos histéricos ou nos hipocondríacos. Cf. FURTADO, Júnia F. Barbeiros, cirurgiões e médicos na Minas colonial. *Revista do Arquivo Público Mineiro*, Belo Horizonte, vol. 41, jul./dez. 2005, p. 102.

232 PEREIRA, Alexandra Maria. Uma loja em Vila Rica. In: CARRARA, Ângelo A. (org.). *À vista ou a prazo: comércio e crédito nas Minas Setecentistas*. Juiz de Fora: Ed. UFJF, 2010, p. 41.

233 FURTADO. *Arte e segredo, op. cit.*, vol. 1, p. 3-4.

234 FERREIRA. *Op. cit.* Tratado III, vol. 1, n. 213, p. 386.

235 FERREIRA. *Ibidem*. Tratado III, vol. 1, n. 243, p. 395.

236 FERREIRA. *Ibidem*. Tratado III, vol. 1, n. 226, p. 389.

237 FERREIRA. *Ibidem*. Tratado II, capítulo V, vol. 1, n. 3, p. 301; n. 12, p. 303.

mesmo que receitada, era vista com receio. O capitão João de Sousa Neto, preocupado com a febre contínua de sua escrava, foi orientado por um médico a dar-lhe banhos de água fria em canoa "metendo todo o corpo nela, ficando só a cabeça de fora, para temperar e refrescar aquele grande incêndio de febre". O senhor, com medo de lhe aplicar tal tratamento dos banhos, mandou chamar Gomes Ferreira que indicou chás purgantes.[238]

No caso das disenterias dos cursos – as diarreias – os banhos locais, quando cercados dos devidos cuidados, eram o tratamento adequado. "Lavar-se por baixo com água todos os dias à noite evitava a corrupção do intestino reto"[239] e levava à recomposição da saúde. Se a intemperança procedia de origem quente, o enfermo deveria tomar pelo menos cinquenta banhos em tinas ou canoas com águas tépidas, de pelo menos uma hora, à espera da ação do líquido que "obra lentamente".[240] A medicina dos excrementos era, em muitos casos, a mais adequada, como os banhos em urina do próprio doente ou de alguém sadio, que aliviavam a dor dos gotosos.[241] Ao lado das virtudes ocultas, a fé era importante ingrediente para a cura das doenças. A cura era graça divina, o que "elevava a mente do doente e do médico aos céus".[242]

Propriamente, a água aparece como um remédio ao corpo debilitado, capaz de infiltrar pelos poros e absorver as secreções contaminadas. A sua função antisséptica, em muitos casos quando misturada às ervas da região, tornava-a um antídoto precioso. Mas enquanto um fluido que penetra pela pele no organismo, o seu uso contínuo era inundado por desconfianças e dúvidas. Afinal, não se sabia o que o líquido poderia trazer e levar do interior dos corpos saudáveis.

---

238 FERREIRA. *Ibidem.* Tratado II, vol. 1, n. 10, p. 308-309.

239 FERREIRA. *Ibidem.* Tratado III, vol. 1, n. 254, p. 398.

240 FERREIRA. *Ibidem.* Tratado III, vol. 1, n. 260, p. 400-401. Cf. também Tratado II, vol. 1, n. 1, p. 290; Tratado VII, vol. 2. n. 1-3, p. 578-579.

241 FERREIRA. *Ibidem.* Tratado III, vol. 1, n. 373, p. 442-442; Tratado III, vol. 1, n. 284, p. 412.

242 FURTADO. *Barbeiros, cirurgiões e médicos na Minas colonial, op. cit.,* p. 87.

Distanciando-se dos métodos autorizados da cura, em que as águas eram aplicadas como um medicamento sudorífero e purgativo, em diferentes locais das Minas, a certas águas foram conferidas propriedades milagrosas. Segundo Augusto de Lima Júnior, no caminho entre Mariana e Vila Rica existia um chafariz de águas férreas,[243] construído no início do século XVIII por Dom Pedro Maria Xavier de Ataíde e Melo, para jorrar uma água com propriedades místicas. O líquido que por ali escorria, de acordo com o relato de um frade de 1726, provocava "a soltura de costumes dos moradores de Vila Rica". A água vinha do demônio, inflamava as carnes e estimulava "as violações de donzelas e viúvas sem contemplação nem de dia nem de hora". Ao mesmo tempo, a mesma água teria possibilitado curas poderosas, como a que sucedeu ao frei João de Santa Cruz, que chegara à vila "deitando sangue por todas as vias naturais" e, depois de beber da tal água por algum tempo, "prosseguia a viagem completamente curado".[244]

Dois casos apresentam certa semelhança, um ocorrido na Vila Nova de Mochique (Portugal) e o outro na Lagoa Grande, nas redondezas de Sabará, Capitania de Minas Gerais. No primeiro, o funcionário Tristão José Monteiro da Fonseca, em 1788, escreveu para a Secretaria dos Negócios do Reino sobre as propriedades das águas da paragem conhecida como Barranco da Água Quente, distante uma légua e meia da vila, e a que muitos vassalos se dirigiam em busca da cura que suas águas proporcionavam. A intenção do funcionário era conseguir uma finta ou ação de caridade para dar princípio a uma casa de banho e uma para abafo, para servir aos "cegos, coxos e aleijados, gotosos, surdos, paralíticos", "que ali formão o triste espetáculo de cada dia".[245] O mesmo

243 SAINT-HILAIRE. *Viagem pelas Províncias do Rio de Janeiro e Minas Gerais* (1816-1817), *op. cit.*, p. 78.

244 LIMA JÚNIOR, Augusto. *Vila Rica do Ouro Preto: síntese histórica e descritiva.* Belo Horizonte: Edição do Autor, 1957, p. 207.

245 AHU. Reino, Cx. 13, Pasta 32.

descreveu como as tais águas conquistaram fama pelas redondezas. Um menino teria se dirigido a elas para lavar as pernas:

> [...] as quais tinha cheia de chagas, e muito inchadas, sem poder calçar sapatos, nem polainas: assim o fez o rapaz, e no outro dia apareceu inteiramente são e livre desta moléstia que desde tenros anos padecia. Passaram alguns dias, e lhe sobreveio uma nova chaga ao peito; tornou a lavar-se por mandado dos ditos seus pais, que já tinham visto o efeito nas outras; e ficou inteiramente são, e livre dela, sem que daí em diante lhe sobreviesse mais alguma, nem ainda lhe renovassem as antigas: com esta melhora redobrou o moço outra saúde, e uma melhor cor da que antes tinha.[246]

Sem demora, os "efeitos maravilhosos" daquelas águas atraíram enfermos de várias partes, desejosos de curar suas moléstias. Nas palavras do oficial, aquele remédio universal era obra divina, em que a "fé foi inflamando os ânimos" e as águas provocando milagres do "supremo autor da natureza". Nas diligências feitas na paragem das "águas santas", foram observadas as características físicas do líquido, onde brotava, o gosto e o cheiro sulfúreo que exalava. Durante sua averiguação, Tristão José Monteiro da Fonseca observou as propriedades físicas daquelas águas e as capacidades sobrenaturais empiricamente constatadas. Interessa-nos, especialmente, observar o interesse do oficial em organizar um espaço para o seu consumo naquela paragem, a fim de evitar as desordens causadas pelos tumultos dos enfermos. No sítio pedregoso, homens e mulheres cheios de achaques:[247]

> [...] lavam-se, e bebem dela a toda a hora, e sem preparo algum, estão ali expostos as injurias do tempo; e falta-lhes o devido agasalho ou abafo, que deverão ter;

---

246 AHU. Reino, Cx. 13, Pasta 32.
247 AHU. Reino, Cx. 13, Pasta 32.

porque até mesmo o terreno é úmido, e usam por isso de meter algum mato por baixo, sobre o qual fazem sua forma de encosto ou de cama.[248]

Em terreno mineiro, quando a notícia de certas águas de uma lagoa próxima a Sabará chegou ao Reino, em 1749, semelhantes operações foram observadas nas diligências realizadas.[249] Felipe Rodrigues Gomes, acometido com setenta e duas gomas abertas, depois de lavar as chagas com aquelas águas por dois meses, achava-se inteiramente são.[250] As águas, distantes a seis léguas da vila, brotavam de um olho d'água que emanava de seu centro, e não se misturavam às chuvas, sangue ou sabão.[251] Não bastou muito tempo para que três mil pessoas se achassem ao redor daquelas águas. A fama que alcançaram foi tão grande que garrafas da água prodigiosa foram vendidas em Portugal, fazendo o percurso inverso das "águas da Inglaterra".[252]

---

248 AHU. Reino, Cx. 13, Pasta 32.

249 MARQUES, Vera Regina B. Medicinas Secretas: Magia e Ciência no Brasil Setecentista. In: CHALHOUB, Sydney *et al.* (org.). *Artes e ofícios de curar no Brasil:* capítulos de história social. Campinas: Editora da Unicamp, 2003, p. 163.; MARQUES, Rita de Cássia. A saúde na terra dos bons ares, poucos médicos e muita fé. In: VILLALTA; RESENDE. (org.) *História de Minas Gerais*, vol. 2, p. 325. Em 1749, João Cardoso Miranda escreveu um livro sobre as águas milagrosas da Lagoa Santa, no qual descreveu os 107 casos de curas, bem como relatou os estudos realizados pelo médico italiano Antônio Cialli a respeito das virtudes químicas daquelas águas. MIRANDA, João Cardoso. Prodigiosa Lagoa descoberta nas congonhas das minas do Sabará. Organização de Augusto da Silva Carvalho. Coimbra: Imprensa da Universidade, 1925.

250 MARQUES. *Op. cit.*, p. 163.

251 MARQUES. *Ibidem*, p. 164.

252 As "águas da Inglaterra" eram um preparo farmacêutico bastante utilizado e consumido por automedicação no século XVIII e início do Oitocentos, à base de quinina, para as "febres intermitentes, terças, sezões e maleitas" no Reino e na América Portuguesa. O medicamento foi inicialmente produzido na Inglaterra e exportado para Portugal, mas, a partir de 1762, ampla comercialização difundiu sua fabricação entre os lusitanos. DIAS, José Pedro Felripa de Sousa. A *"Água de Inglaterra" no Portugal das Luzes:* contributo para o estudo do papel do segredo na terapêutica do século XVIII. Lisboa, 1986, p. 6-7.

Nos casos das "águas santas" apresentados, no Reino e na Colônia, se por um lado, a crença no poder de cura atraiu enfermos, habitantes e indivíduos de toda a sorte, por outro as instituições de poder não tardaram em tentar de alguma maneira regular o consumo do líquido consagrado nestes lugares. No caso português, o funcionário defendia a construção das casas de banho para nelas distribuir os enfermos; na Lagoa Grande das Minas, a Câmara de Sabará arruou e demarcou uma paragem adequada para os indivíduos realizarem suas abluções,[253] enquanto o bispo D. Frei Manoel da Cruz ergueu um altar dedicado a Nossa Senhora da Saúde ao pé da Lagoa, onde missas eram realizadas em agradecimento à tamanha graça.[254] O Chafariz das Águas Férreas, no caminho de Mariana, construído por iniciativa de um particular, nesses termos, também não deixava de ser uma forma de organizar o consumo daquelas águas.

Não podemos deixar de mencionar que, em Portugal, enquanto a moda das hidroterapias e casas de banho estava se firmando na segunda metade do século XVIII,[255] no Brasil – colônia essa prática se consolidaria ao longo da primeira metade do século XIX.[256] No Oitocentos, as águas estagnadas permaneceram nos tratados urbanos como um dos principais entraves à conservação da salubridade nas cidades coloniais,[257] e, ao mes-

---

253 MARQUES, Vera Regina B. *Ibidem*, p. 164

254 GROSSI, Ramon Fernandes. Considerações sobre a arte médica na Capitania das Minas (Primeira metade do século XVIII). *LPH – Revista de História* n. 8, Mariana, 1998/1999. p. 21.

255 CASTIGLIONI, Arturo. *História da Medicina*, vol. 2. São Paulo: Companhia Editora Nacional. p. 175; MADUREIRA, Nuno L. *Op. cit.*, p. 49-50.

256 A respeito das fontes minerais e suas propriedades curativas, ver a descrição de José Joaquim da Silva sobre essas águas em vários pontos da Província de Minas Gerais em sua memória publicada em 1878. SILVA, José Joaquim da. *Tratado de geografia descritiva especial da província de Minas Gerais*. Introdução de Oswaldo Bueno Amorim Filho. Belo Horizonte: Centro de Estudos Históricos e Culturais. Fundação João Pinheiro, 1997. p. 63-66.

257 Como exemplos de tratados urbanos que tocaram na questão das águas estagnadas no Rio de Janeiro, cf. SILVA, Manoel Vieira da. Reflexões sobre alguns dos meios proposto por mais conducentes para melhorar o clima

mo tempo, jardins e passeios públicos ganharam terreno nas políticas de salubridade urbana, sobretudo no governo de D. João VI.[258] Ao longo do século xix foram incorporadas às águas a capacidade de arrastar o que estivesse corrompido.[259]

O líquido era propriamente fluido e, talvez por isso, controverso, místico e mágico, onde confluíam medos, virtudes e atributos. Parecia que sua propriedade translúcida e incolor dava-lhe a capacidade de absorver distintas impressões e apropriações no âmbito social.

A ingestão diária das águas exigia a transparência, então observada a olho nu, livre das impurezas. Sobre o corpo saudável ou doente, o uso temperado, comedido e receoso. À parcimônia dos recursos hídricos condensou-se a desconfiança do contato prolongado ou repetitivo com a pele. As águas estagnadas e os ambientes úmidos exalavam os ares nocivos, e por isso, nas casas e nas ruas, o medo dos vapores corrompidos

---

da cidade do Rio de Janeiro. [1808] p. 67-83; PEIXOTO, Domingos Ribeiro dos Guimarães Peixoto. Aos sereníssimos Príncipes Reais do Reino Unido de Portugal e do Brasil e Algarves, os senhores, D. Pedro de Alcântara e D. Carolina Josefa Leopoldina oferece, em sinal de gratidão, amor respeito, e reconhecimento estes prolegômenos, ditado pela obediência, que servirão às observações, que for dando das moléstias cirúrgicas do país, em cada trimestre. [1820] p. 87-118. In: SCLIAR, Moacyr (org.). *A Saúde pública no Rio de D. João*. Rio de Janeiro: Senac 2008.

258 O jardim do Palácio dos Bispos de Mariana, onde foi construído um tanque e a Fonte da Samaritana, foi influenciado por uma geração que se encantava com a botânica. A respeito destes suportes de água, construídos no início do século xix, cf. a análise de MAIA, Moacir Rodrigo de Castro. Uma quinta portuguesa no interior do Brasil ou A saga do ilustrado dom Frei Cipriano e o jardim do antigo palácio episcopal no final do século xviii. *História, Ciências, Saúde-Manguinhos*. vol. 16, n. 3, out-dez. Rio de Janeiro, 2009. p. 891. Sobre a ciência botânica nos jardins portugueses e coloniais, cf. FILHO, Oswaldo M.; MELO, Mariana F. de. Os jardineiros da Rainha – o mundo natural ultramarino na época da Rainha D. Maria I e do Príncipe D. João. In: FILHO, Oswaldo Munteal; MELO, Mariana Ferreira de (orgs.). *Minas Gerais e História Natural das Colônias*: política colonial e cultura científica no século xviii. Belo Horizonte: Fundação João Pinheiro, 2004, p. 23-100. (Coleção Mineiriana)

259 VIGARELLO, Georges. *O limpo e o sujo... op. cit.*, p. 170.

se ajustava à limpeza a seco, dos invólucros do corpo e dos espaços: secar, ventilar, enxugar, varrer e trocar a roupa de baixo bastavam. Para eliminar a sujeira, quantidades pequenas do fluido atendiam as partes visíveis da superfície, rostos e mãos diariamente aguados.

As impressões deixadas pelo cirurgião Gomes Ferreira referem-se ao estado da doença e a um modelo português da cura, que previa em si as interações entre o organismo e o meio, entre os homens e as águas. O uso do líquido era uma terapia a ser prescrita, adequada a cada caso. Também se mesclavam a essa medicina, feitiços e magias, sensações diferenciadas entre portugueses, negros e índios, os quais não nos propusemos a analisar neste trabalho.[260]

As "águas santas" encontradas em alguns pontos da Capitania seduziam o imaginário coletivo. Nestas ocasiões, o fluido assumia a função de dádiva divina, com propriedades capazes de devolver a saúde aos homens. Afinal, a doença poderia ser considerada um castigo de Deus às faltas cometidas e, por isso, "muitas vezes [vinha] enfermar o corpo por não ter saúde a alma".[261] Quando a carne e o espírito padeciam, o líquido milagroso era o remédio para ambos. A ele era confiada a habilidade de transcender entre os dois espaços, penetrar pelo corpo e alcançar a alma. E o inverso também ocorria: o líquido poderia estar associado às forças diabólicas que acordavam os destemperos da carne. Em ambos os casos, o fluido era o veículo de conexão entre o sobrenatural e os homens.

As águas urbanas eram o depositário do imaginário e das representações sobre o corpo e o espaço, sobre o limpo e o sujo, o são e o malsão, a saúde e a doença. O líquido parecia ser capaz de absorver e apreender um universo de significados, que firmavam consumos e usos (in)

---

260 Cf. FURTADO. Barbeiros, cirurgiões e médicos na Minas colonial.; MELLO E SOUZA, Laura. *O Diabo e a Terra de Santa Cruz*. São Paulo: Companhia das Letras, 1987.; THOMAS, Keith. *Religião e o declínio da magia*. São Paulo: Companhia das Letras, 1983.

261 DEL PRIORE. Ritos da vida privada, *op. cit.*, p. 304. Cf. também da mesma autora. *Ao sul do corpo*: condição feminina, maternidades e mentalidades no Brasil Colonial. Rio de Janeiro: José Olympio/Ed. Unb, 1993.

apropriados. Entre as tantas capacidades do fluido, uma aparece como lhe sendo inata e indelével, a faculdade de penetrar e invadir. As águas entravam pela superfície porosa do corpo, penetravam as ruas, invadiam as casas e alcançavam a alma. O líquido poderoso e precioso transportava as diversas sensações, maléficas ou benéficas. Não havia como saber o que as águas translúcidas levavam ou deixavam nos caminhos percorridos. Sabia-se apenas que o líquido tinha o poder de apropriar-se dos espaços e dos corpos, mas não o que estaria escondido na sua transparência.

3.3 O serviço das águas

No universo das unidades produtivas mineiras Setecentistas, as águas serviam à multiplicidade das atividades mineradoras, pecuárias e agrícolas, às roças e engenhos. Em muitos casos, uma mesma propriedade comportava mais de uma dessas atividades. No *Códice Costa Matoso*, vários relatos descrevem a presença de moinhos e rodas d'água nos engenhos de cana e produção de aguardente. Na fazenda de Domingos Coelho e Antônio Carvalho, próximo a Guarapiranga, as águas que moviam moinhos eram as mesmas que moviam a roda das lavras da mineração.[262] Em relação às técnicas de cul-

---

262 FERREIRA, Luís José. "Informação das antiguidades da freguesia de Guarapiranga", p. 258-260. A respeito dos moinhos, cf.: "Cana de Açúcar". Autoria Anônima, 1750, p. 770 e 772.; MATOSO, Caetano da Costa. "Engenho de Açúcar e aguardente, azeite e mamona e farinhas de mandioca e de milho", p. 781. Também de sua autoria: "Diário da Jornada que fez o ouvidor Caetano da Costa Matoso para as Minas Gerais", 1749, p. 894. In: FIGUEIREDO; CAMPOS. (org.). *Códice Costa Matoso. Op. cit.*, vol. 1. A respeito da diversidade de atividades produtivas desenvolvidas ao longo do Caminho Novo, cf. terceiro capítulo de SCARATO, Luciane Cristina. *Caminhos e descaminhos do ouro nas Minas Gerais*: administração, territorialidade e cotidiano (1733-1783). Dissertação (Mestrado em História) – Instituto de Filosofia e Ciências Humanas, Universidade Estadual de Campinas, Campinas 2009. Também chamamos atenção para as diferenças geográficas que interferiam no emprego útil das águas, como as "trilhas" fluviais utilizadas entre os paulistas para chegar as minas de Cuiabá, tema abordado por Sérgio Buarque de Holanda. Cf. o capítulo "transporte fluvial" em HOLANDA, Sérgio B. *Monções*. 3 ed. São Paulo: Editora Brasiliense, 1990, p. 19-42.

tivo, era preciso respeitar, como no caso do plantio do tabaco e do milho, o tempo das águas. A captação do líquido também era essencial ao beneficiamento dos produtos. Para fabricar a farinha de milho, o grão era conservado por alguns dias em tanques d'água e depois socado nos monjolos ou pilões, de onde seguiam para os fornos, ficando bem miúdo e seco para o uso.[263] Para além de saciar a sede e possibilitar o plantio, nestas propriedades, as águas serviram como força motriz a mover pilões, monjolos e as pás dos engenhos.[264] Fosse qual fosse a natureza da atividade, o serviço das águas era essencial ao funcionamento destes empreendimentos.

As terras que contavam com o recurso hídrico seriam mais valorizadas, como demonstramos no capítulo anterior.[265] Em um ambiente em que o maquinário era limitado e os braços dos escravos valorizados, a água era mais uma força motriz cobiçada.

No conjunto dos litígios envolvendo as águas, o tema da mineração tem maior representatividade no conjunto das notificações para o Termo de Mariana.[266] Segundo Andréa Lisly Gonçalves, as formas de obtenção

---

263 CARRARA, Ângelo. *Minas e Currais, op. cit.*, p. 215.

264 A respeito do emprego dos monjolos e da água utilizada como força motriz nos engenhos e moinhos cf. HOLANDA, Sérgio Buarque de. *Caminhos e Fronteiras*. 3. ed. São Paulo: Companhia das Letras, 1994, p. 178-179 e 193. Sobre as lavouras e engenhos ver os comentários acerca do emprego das águas em outras regiões da colônia. Cf. MARANHO, Milena F. *O moinho e o engenho*: São Paulo e Pernambuco em diferentes contextos e atribuições no Império colonial português (1580-1720). Tese (Doutorado em História). Faculdade de Filosofia, Letras e Ciências Humanas, Universidade de São Paulo, 2006, p. 83, 96, 122 e 155.

265 AHCSM. Ação Cível. Códice 467. Auto 10352. 1º ofício. 18/10/1740. Ação em que o Coronel Alves Rodrigues cedeu à órfã, filha do Capitão João da Silva Guimarães, a utilização de seus regos d'água em sua propriedade, que possuía uma roda de moer mandioca, para aumentar seu valor de venda.

266 As notificações consistiam num procedimento jurídico através do qual um ou mais indivíduos eram citados para comparecer em juízo e responder a uma determinada demanda de forma ágil. Todos os dados referentes a esse tipo documental pertencem ao banco de dados do projeto *Inventário Analítico das Notificações do Arquivo da Casa Setecentista de Mariana*, cedido, generosamente, pelos historiadores Álvaro de Araújo Antunes e Marco

do ouro nas Minas Gerais, em meados do século XVIII, exigiram técnicas mais elaboradas para encontrar o metal e evitar os desmoronamentos e inundações provenientes do avanço da mineração sobre os morros.[267] Vale destacar, contudo, que em qualquer destes métodos (aluvião, tabuleiro, catas ou talho aberto) não seria possível separar o cascalho sem a presença das águas. Dessa forma, à medida que os mineradores foram se distanciando do leito dos rios em direção às encostas e seguidamente ao alto das serras, à procura das grandes pintas, inversamente se afastavam dos cursos d'água, tão necessários.

A ocorrência do metal deslocava mineradores poderosos com seus escravos para o alto dos morros e requeria procedimentos técnicos onerosos para transportar as águas e expedi-las das minas. A pressão desmedida do líquido e a infiltração em catas e galerias poderiam ocasionar os temíveis desmoronamentos e a ruptura dos diques e canais de condução, ao passo que a escassez ou falta do líquido impediam o exercício da prática mineral.[268] Entre a utilidade e o perigo do fornecimento das águas

---

Antônio Silveira, coordenadores do mesmo. Agradeço também ao Gilson, que me auxiliou na pesquisa no referido banco de dados.

267 GONÇALVES, Andréa L. As técnicas de mineração nas Minas Gerais do século XVIII. In: RESENDE; VILLALTA (org.). *As Minas Setecentistas*. Belo Horizonte: Autêntica/Companhia do Tempo, 2007, vol. 2, p. 188. Sobre o tema das técnicas de mineração utilizadas nas Minas Setecentistas, cf. REIS, Flávia Maria da Mata. *Entre faisqueiras, catas e galerias*: explorações do ouro, leis e cotidiano nas Minas do século XVIII (1702-1762). Dissertação (Mestrado em História) – Faculdade de Filosofia e Ciências Humanas, Universidade Federal de Minas Gerais, Belo Horizonte, 2007.; RENGER, Friedrich E. Direito Mineral e Mineração no Códice Costa Matoso (1975). *Varia História*, Belo Horizonte, n. 21, jul.,1999.; ESCHWEGE, Wihelm L. Von. *Pluto Brasiliensis*. Tradução de Domício de Figueiredo Murta. Belo Horizonte: Itatiaia; São Paulo: Edusp, 1979.; FERRAND, Paul. *O ouro em Minas Gerais*. Belo Horizonte: Fundação João Pinheiro, 1998.

268 GUIMARÃES, Carlos Magno. A água na mineração colonial: uma abordagem a partir da arqueologia (Minas Gerais – Goiás/Brasil Século XVIII). 52º *Congreso Internacional de Americanistas,* Sevilla, 2006, p. 7-8.

nas lavras, mineradores se muniam de artificiosos meios e técnicas para conduzir e controlar o seu fluxo dentro do empreendimento.

A *Provisão das Águas* de 1720 foi o primeiro regimento a tratar da repartição das águas nas lavras dos morros. De acordo com o documento régio, os homens mais poderosos estariam se apropriando das águas, enquanto os demais ficavam obrigados a comprá-las a "preços exorbitantes". Para tentar colocar limite a essa prática, ficou determinado que ninguém poderia se apropriar das fontes de água sem a licença por escrito do guarda-mor. Contudo, este funcionário só deveria concedê--la àqueles que tivessem condições para lavrar, com terras e escravos, e arcar com as despesas para a sua captação. Deste modo, a *Provisão* privilegiava os mineradores com recursos e proibia homens não capacitados e sem terras minerais de se aproveitarem da situação para se apossarem do líquido e vendê-lo. Fica claro que o regimento respondia aos interesses da Coroa, pois a cessão das águas estava condicionada à extração do ouro. A posse das águas estava garantida enquanto durassem os serviços da mineração.[269]

O bando de 1721, do governador D. Lourenço Almeida, tratou da mineração no Morro de Matacavalos, na então Vila de Nossa Senhora do Carmo, nas terras consideradas realengas.[270] Nelas era permitido a qual-

---

269   "Regimento das águas, as quais se concede ao mineiro o uso delas enquanto tem terras para trabalhar, e acabando o lavor tornam as águas para a repartição do guarda-mor, e por isso o mineiro empossado das águas as não pode dar, nem vender a outrem, nem também mineiro algum pode apropriar-se das águas sem ter concessão delas por escrito do guarda-mor, o que regularmente chamamos Provisão d' águas"[1720]. apud LEME, Pedro Taques de Almeida P. *Notícias das minas de São Paulo e dos sertões da mesma Capitania.* São Paulo, 1954. p. 219. Sobre o regimento mineral de 1702, que discorre sobre a repartição das datas minerais, cf. "Regimento Original do Superintendente, guardas-mores e mais oficiais deputados paras as minas de ouro que há nos sertões do Estado do Brasil"[1702]. In: FIGUEIREDO; CAMPOS. (org.). *Op. cit.*, vol. 1, p. 311-323.

270   APM. SC. Bando de D. Lourenço de Almeida. Códice 21.26/09/1721. fls. 4-5v. Agradeço a Dejanira Resende pela transcrição do documento. As minas, os cursos de água e as madeiras eram patrimônios da Coroa, por isso, realengas.

quer um cavar buracos para minerar, desde que se respeitasse à distância de 40 palmos uns dos outros, fossem tapados ao fim da exploração e não prejudicassem as lavras repartidas no nível inferior.[271] De acordo com Dejanira Resende, nessas terras minerais a posse e a apropriação dependiam do serviço que se fazia no local.[272] Assim, poderosos mineradores conviviam em suas lavras com os faiscadores que circulavam pelo alto dos morros. Os primeiros canalizavam as "águas nativas" desde que obtivessem provisão, conforme o relato anônimo "Modos e estilos de minerar", de 1750:

> Águas nativas: para se adquirir domínio nelas e tirá-las do seu nascimento para outra parte, há de haver provisão de quem tem o dito poder e fazer serviços para as tirar e levá-las para onde trabalhe com elas. Aliás, passando-se tempos que não façam, as poderá outro tirar com títulos mais modernos, que se lhes dá mais vigor pelos serviços que nelas faz – que parece não é razão que esteja água impedida sem utilidade, havendo quem dela careça. E se com a continuação destes regos lhes for preciso passar por sítios e roças de outros donos, os não poderão impedir a dita continuação do rego, pagando-lhes, porém, os prejuízos e danos que lhes fizer.[273]

A carta de data mineral constituía uma concessão da Coroa ao requerente, que em troca ficava obrigado a entregar-lhe parte de seu rendimento, o quinto. Os demais terrenos, que não haviam sido concedidos, continuavam a ser realengos e de utilidade comum. RESENDE, Dejanira. *"Arraia-miúda" nos morros das Minas:* conflitos sociais na Vila do Carmo, década de 1710. Monografia (Bacharelado em História) – Instituto de Ciências Humanas e Sociais, Universidade Federal de Ouro Preto, Mariana, 2010, p. 15.

271 APM. SC. Bando de D. Lourenço de Almeida. Códice 21. 26/09/1721. fls. 4-5v.

272 RESENDE. *"Arraia-miúda" nos morros das Minas, op. cit.,* p. 16.

273 "Modo e estilo de minerar nos Morros de Vila Rica e de Mariana". Anônimo, 1750. In: FIGUEIREDO; CAMPOS. (org.). *Op. cit.,* vol. 1, p. 769.

As águas deveriam correr para servirem os que dela necessitavam e tinham condições de requerer seu uso, como já havia definido anteriormente a *Provisão das Águas* de 1720. Afinal, "não é razão que esteja água impedida sem utilidade, havendo quem dela careça". Os mineradores ainda deveriam se preocupar com os possíveis danos aos regos mais antigos que estivessem acima ou abaixo da sua canalização, tomando as medidas cabíveis "para não haver utilidade própria com prejuízo alheio".[274] Segundo o desembargador Tomé Gomes Moreira, em 1749, para fazer essas conduções era preciso abrir regos por montes e penhascos, atravessar vales com "andaimes de grandes madeiros e, sobre estes, canos de tabuados para a corrente das águas vencer e chegar à altura de outros montes sobre que a querem levar". Todo esse esforço poderia superar distâncias de até três léguas, demandando serviços de muitos homens, anos a fio, para conduzir a água até as lavras. Todo esse empenho onerava a fábrica dos mineradores, os quais não sabiam ao certo se e quando seus investimentos seriam recompensados pela dádiva do ouro.

Diante das incertezas e dos altos custos, a constituição de sociedades entre os mineradores das serras surgiu como uma alternativa interessante, sobretudo na divisão das despesas para captação das águas. Contudo, não impediu o surgimento de desavenças quando se tratava de conservar os condutos ou eliminar o líquido empregado nos desmontes. Em 1735, o sargento Paulo Rodrigues Durão entrou em conflito com os seus sócios, exatamente porque não haviam conservado a vala que trazia água para sua extração. Neste caso, os mineradores João Fanacho Roubão, Anna Graces de Moraes e José Rodrigues Durão, juntamente com o autor da notificação, o referido Durão, utilizavam em comum as águas que conduziram "das cabeceiras do Bromado para o Inficcionado". Entretanto, os sócios as teriam empregado para "suas melhores conveniências" e "deixaram arruinar e entupir o valo". O referido sargento solicitava ao sócio José Rodrigues Durão que, em três dias, "ponha prontos dez negros com

---

274 *Idem.*

suas ferramentas para limparem e refazerem o dito valo", para assim dar continuidade a seu serviço de minerar.[275]

As razões dos desentendimentos em torno das águas nos altos dos morros variavam entre a sua posse, condução e expedição. Respectivamente, era preciso garantir uma fonte de água, investir na sua condução e tratar que a expedição do líquido não arruinasse os serviços de minerar no nível inferior. Foi o que ocorreu em 1787 nas terras minerais localizadas no córrego do São Lourenço, na freguesia de Guarapiranga, Termo de Mariana. Nesta ocasião, João Duarte Pinto pedia o embargo do desmonte de uma cachoeira que se localizava na terra do réu, Carlos Pinto Brandão, pois a operação "entulhava sua mineração rio abaixo". O advogado do réu, Cláudio Manuel da Costa, concordava que o desmanche trazia prejuízo ao minerador, autor do processo, mas argumentou que "em Direito, deve o prédio inferior servidão ao superior" e que o réu tinha o direito de procedência, uma vez que, "por seus antecessores, tinha a posse da data mineral há mais de 40 anos".[276] Na mesma freguesia, D. Anna pediu a intervenção da justiça no conflito que estabeleceu com o Furiel Antônio Francisco, alegando que o mesmo havia desviado as águas que serviam a suas lavras.[277]

Aos menos abonados, restava circular ao sabor das oportunidades pelas margens dos córregos, terras realengas e sertões desconhecidos. A faiscação era exercida por escravos, libertos ou homens brancos pobres, às margens das minerações de grande rendimento, estando a serviço do

---

275 AHCS. Notificação. Códice 178. Auto 4400. 2º ofício. 24/08/1745.

276 ACHSM. Códice 211. Auto 5264. 2º Ofício. *Apud* ANTUNES, Álvaro. *Fiat Justitia:* os advogados e a prática da Justiça em Minas Gerais. 2005. Tese (Doutorado em História) – Instituto de Filosofia e Ciências Humanas, Universidade Estadual de Campinas, Campinas, 2005, p. 343. De acordo com Antunes, Cláudio Manuel da Costa, que também possuía terras minerais em Mariana, parecia ser um especialista nas ações que envolviam a posse, demarcação e extração em terras minerais.

277 AHCSM. Notificação. Códice 174. Auto 4240. 2º ofício. 1810.

senhor ou em benefício próprio.[278] Enquanto no período das invernadas, com a ausência das chuvas as explorações se concentraram no leito dos rios, no período das cheias os faiscadores se dirigiam para o alto dos morros, improvisando as lavagens com o almocrafe e a bateia à mão.[279] Encontramos evidências de que a atividade aurífera continuou a manifestar-se no interior e nos arrabaldes de Mariana na segunda metade do Setecentos. A disputa que envolveu a Câmara e os irmãos João e Antônio Botelho, mencionada nos capítulos anteriores, apesar de se tratar da primeira metade do século XVIII, elucida a indefinição entre as terras municipais e minerais, marcante do processo urbanizador das Minas auríferas.[280] Outro caso ocorrido em 1755, envolveu Manoel Teixeira Romão e Agostinho Dias de Abreu, notificados pela Câmara a pedido dos moradores da Rua Direita para não continuarem a trabalhar a "talho aberto" na paragem do Bucão. Como resposta, os mineradores argumentaram que não cabia ao governo local interferir nestas questões, já que o assunto era de competência do Superintendente.[281] Nos arrabaldes de

---

278 Os jornaleiros lavravam nas partes de ribeiros abandonadas ou não reclamadas e usavam também faiscar nos depósitos que resultavam das lavagens dos mineradores. ANDRADE, Francisco E. de. Viver à Gandaia: Povo Negro nos Morros das Minas. In: PAIVA, Eduardo F.; IVO, Isnara P. (org.) *Escravidão, mestiçagem e histórias comparadas*. São Paulo: Annablume; Belo Horizonte: PPGH-UFMG, 2008, p. 163.

279 "Modo e estilo de minerar nos Morros de Vila Rica e de Mariana". Anônimo, 1750. In: FIGUEIREDO; CAMPOS. (org.). *Op. cit.*, vol. 1, p. 768. A exploração do leito do ribeirão era conhecida como tabuleiro. Nesta forma de extração, o principal entrave era o aumento do volume de água dos ribeiros no período das cheias. Para apuração do ouro, à margem das águas eram feitos sistemas de represamento, diques e canais, chamados "serviços de rio". GONÇALVES. As técnicas de mineração nas Minas Gerais do século XVIII, *op. cit.*, p. 194. ANDRADE. Viver à Gandaia, *op. cit.*, p. 165-166.

280 APM. CMM. Códice 15. 25/09/1745. fls. 128-129.

281 AHCSM. Notificação. Códice 178. Atuo 4405. 2° ofício. 1755. De acordo com o Regimento de 1702, ao Superintende cabia resolver todas as demandas cíveis e criminais, dentro dos limites das Minas, com apelação e agravo para a Relação da Bahia. "Regimento Original do Superintendente, guardas-mores e mais oficiais deputados paras as minas de ouro que há nos sertões do Estado

Santa Ana[282] e Monsus a exploração perdurou. Os sócios Miguel Gomes de Carvalho, Gregório Ribeiro de Carvalho e Pedro Teixeira Siqueira utilizavam os serviços de roda, em que trabalhavam carpinteiros, ferreiros e vários negros no ribeirão do Carmo.[283] A presença dos rosários ou rodas de minerar indica ainda que a mineração ali desenvolvida era de alto custo e, de acordo com relato do período, o maquinário seria avaliado em mais de seiscentas oitavas de ouro.[284] A função deste artefato era trazer água de um nível mais baixo para um mais elevado, com o objetivo de escoar o líquido que se infiltrava pelas catas e trazia risco a continuidade do empreendimento.[285] A mineração nas proximidades ou mesmo em regiões centrais da cidade de Mariana também está evidente no caso já mencionado no segundo capítulo envolvendo Agostinho Dias dos Santos. Conforme já apresentamos, este havia comprado as casas de Estevam Leite na Rua do Piolho para demoli-las e continuar seus serviços de minerar.[286] Não sabemos se a demarcação de ambos os moradores eram foros ou datas minerais.[287] Da mesma forma fica explícito que, mes-

---

do Brasil" [1702]. In: FIGUEIREDO; CAMPOS (org.). *Op. cit.*, vol. 1, p. 323. A respeito dos abusos cometidos pelos guardas-mores e Superintende, merece destaque o relato de José João Teixeira Coelho acerca da repartição das águas minerais. COELHO, José João T. *Instrução para o governo da Capitania das Minas Gerais*. Introdução de Francisco Iglesias. Belo Horizonte: Fundação João Pinheiro1994, p. 179-182. (Coleção Mineiriana).

282 "Modo e estilo de minerar nos Morros de Vila Rica e de Mariana". Anônimo, 1750. In: FIGUEIREDO; CAMPOS (org.). *Op. cit.*, vol. 1, p. 769.

283 AHCSM. Notificação. Códice 167. Auto 4000. 2º ofício. 1732.

284 "Papel feito acerca de como se estabeleceu a capitação nas Minas Gerais e em que se mostra ser mais útil o quintar-se o ouro, porque assim só paga o que o deve". Autoria: desembargador Tomé Gomes Moreira, 1749. In. FIGUEIREDO; CAMPOS (org.). *Op. cit.*, vol. 1, p. 484.

285 GUIMARÃES. *A água na mineração colonial, op. cit.*, p. 9.

286 AHCSM. Notificação. Códice 178. Auto 4406. 2ºofício. 1748

287 A Rua do Piolho, margeada pelo ribeirão, foi uma das primeiras da povoação; situava-se na parte central do núcleo urbano, atrás da Rua Direita. Cf. FONSECA. *O espaço urbano de Mariana, op. cit.*, p. 45.

mo se tratando de um ou de outro, a compra ou cessão das terras entre os moradores/mineradores não envolveu nem a permissão foral da Câmara nem a concessão do guarda-mor.

Nas outras povoações do termo, os limites entre o serviço mineral e as habitações urbanas também não eram claras, por vezes, eram concomitantes ou bem próximas. Em 1783, o sargento-mor Francisco José Marques, morador do Arraial do Inficcionado e proprietário de umas casas atrás da Igreja Matriz, indispunha-se com a construção da casa de Antônio Moreira à sua frente, porque, além de impedir a vista, aquelas eram terras minerais que lhe pertenciam por direito.[288] Na freguesia do Sumidouro, Tereza Pereira Lago, proprietária de umas terras minerais, requeria a Bento Alves demolir suas casas para continuar a "minerar livremente", propondo-lhe pagar o valor delas.[289] Em São Caetano, Manoel Francisco de Azevedo, "com sua morada para os fundos da Ponte do [Gualaxo]", se indispunha com Antônio Rozales e seus escravos que mineravam no Rio, de modo a deixar que as águas represadas para as lavras arrombassem sua casa.[290]

Os conflitos não envolveram apenas os proprietários de datas e moradas. Ao lado dos empreendimentos de maior custo, encontramos nos editais da Câmara tentativas de coibir a ação dos faiscadores nas ruas da cidade. Em 1745, vários negros causavam a ruína da ponte que transpunha o córrego do pissarão, que passava "ao meio da vila" em razão dos entulhos e desmoronamentos causados pela mineração improvisada.[291] Diogo Borsoi encontrou evidências de faiscadores agindo pelos vários cantos da cidade. Com ferro e pau, negros andavam a destruir as calçadas, as ruas e a minerar no ribeirão em busca do metal.[292] Estes homens percorriam

---

288 AHCSM. Notificação. Códice 327. Auto 7137. 1º ofício. 1783.

289 AHCSM. Notificação. Códice 168. Auto 4025. 2º ofício. 1748.

290 AHCSM. Notificação. Códice 171. Auto 4161. 2º ofício. 1781.

291 AHCMM. Edital. Códice 554. 04/03/1745. fl. 44.

292 BORSOI. *Por dentro de mapas e planos, op. cit.*, p. 78-80.

rios e lavras desertas[293] procurando nos interstícios das terras minerais repartidas, nos terrenos realengos e da cidade qualquer possibilidade de se extrair o ouro. Na mineração dos ribeiros, esses indivíduos permaneciam metidos com os pés nas águas gélidas para separarem o cascalho ou, então, mergulhavam nos rios de maior profundidade a fim de retirarem com o almocrafe um saco cheio de sedimentos para batearem nas margens. Na correição de 1795, o ouvidor foi informado pelo procurador do Concelho sobre o abuso de aforamentos na praia do Carmo. O empenho dos habitantes em aforar áreas próximas ao ribeirão, enquanto grande parte das ruas destinadas aos edifícios e casas achavam-se "despovoadas", constitui forte indício de que moradores, mesmo diante dos perigos das enchentes, estavam dispostos a permanecer próximos às águas frias do Carmo, onde havia possibilidade de se encontrar ouro e o líquido necessário para apurá-lo.[294]

As contendas colocam em pauta o convívio e o imbricamento de datas minerais e foros urbanos, o que nos leva a indagar qual teria sido a política metropolitana diante de tais disputas: a promoção do bem comum favorecia a exploração das datas minerais de interesse da Coroa ou o assentamento dos foros municipais, essenciais às rendas municipais e à ordenação dos núcleos urbanos? A quem cabia resolver sobre as demandas da povoação e dos mineradores quando entravam em conflito?

Não pretendemos responder essas questões neste trabalho, apenas não podemos deixar de mencionar que os conflitos entre instituições e jurisdições territoriais fizeram parte da constituição fundiária do espaço urbanizado e minerador. Tanto homens poderosos como faiscadores se adequavam às suas condições de investimento e recursos disponíveis para auferir o metal valioso. Enquanto os primeiros investiam em

---

293 "Papel feito acerca de como se estabeleceu a capitação nas Minas Gerais e em que se mostra ser mais útil o quintar-se o ouro, porque assim só paga o que o deve". Autoria: desembargador Tomé Gomes Moreira, 1749. In: FIGUEIREDO; CAMPOS (org.). *Op. cit.*, vol. 1, p. 485.

294 AHCMM. Correição. Códice 174. 1795. fls. 78-80v.

técnicas e equipamentos mais complexos para captar água para suas lavras no alto dos morros, escravos e desclassificados se aproveitavam do favorecimento de certas ocasiões. No período das chuvas iam à "gandaia" para lavrarem nos buracos improvisados ou nos resíduos dos desmontes abandonados.[295] Nos morros, o investimento na captação das águas exigia disponibilidade de tempo e capital. Faiscadores e mineradores menos desprovidos procuravam alternativas mais convenientes para extrair o ouro. No equilíbrio entre os gastos e ganhos, acreditamos que não faltaram interessados em tentar a sorte nas águas urbanas carmelitanas, mesmo que do seu leito não pudessem ser extraídos grandes volumes do metal ao longo da segunda metade do século XVIII. Todavia, qualquer pinta se mostrava compensadora a estes homens de pouco cabedal. A água era indispensável à prática mineradora e, de certa forma, no caso dos pequenos mineradores e faiscadores, era preciso procurar ouro onde havia água.

---

295 GONÇALVES. *Op. cit.*, p. 194. Ver também sobre a atuação dos negros gandaieiros nas Minas: ANDRADE. *Op. cit.*, p. 161-178

Conclusão

Ao longo deste trabalho, analisamos algumas das formas de apropriação das águas em Mariana, no período de transformação do espaço físico da cidade. Desde a fundação do arraial em fins do século XVII, as águas do ribeirão do Carmo e afluentes influenciaram na organização fundiária da povoação. Nas margens do Carmo, à procura do ouro de aluvião, instalaram-se as primeiras ocupações, marcando o início do desenho físico do arraial. No decorrer dos anos, sobretudo entre as décadas de 1730 e 1740, a proximidade das águas revelou-se um grande entrave à sobrevivência do mesmo. Para remediar o problema das enchentes e, assim, garantir a estabilidade e continuidade do povoado, a partir de 1745, o Senado dirigiu uma reforma urbana da cidade, na qual, além de outras intervenções, construiu uma "nova" cidade dignamente apropriada, longe da fúria das águas. A ação urbanizadora da Câmara se dividiu entre tentativas de controlar, se desviar e se sobrepor ao líquido. Ao lado dos cercos, a fuga para terrenos mais distantes e elevados e ao mesmo tempo a edificação das pontes, equipamentos indispensáveis à comunicação entre os bairros da cidade, marcaram o convívio entre habitantes e as águas do Carmo. O espaço físico da cidade precisou adaptar-se à contingência natural, adequar-se ao acesso das revoltas águas urbanas, criando artifícios e formas para a continuidade do convívio social.

No segundo capítulo, procuramos demonstrar que houve uma outra trajetória do líquido no interior da cidade, desta vez artificialmente edificada pelo engenho humano para levar as preciosas águas à população de Mariana. Tratamos da maneira como a Câmara se apropriou do líquido e o tornou adequado ao espaço urbanizado a partir da implantação de uma rede de abastecimento público das águas. Assim, paralelamente às visíveis águas do Carmo, passou a existir um itinerário invisível de canos secretos que transportavam o precioso líquido para os chafarizes públicos. Em nossa abordagem, consideramos a interdependência que se estabeleceu no enredo urbano entre os recursos hídricos disponíveis, as técnicas de adução e a amplitude de ações e atores envolvidos na sua fabricação.

A Câmara foi vista como mais um personagem na disputa com os mineradores e agricultores pelos olhos d'água em meados do século XVIII. Na fabricação do circuito de distribuição das águas, as técnicas empregadas se adequaram à disponibilidade dos recursos hídricos e à matéria-prima, bem como à topografia da região. Vimos que fatores de ordem natural foram determinantes para a imposição de um circuito das águas na cidade. O aqueduto subterrâneo, construído em 1749, alimentou 11 dos 14 chafarizes e fontes públicos construídos na segunda metade do século XVIII e início do século XIX. O Senado também soube aproveitar das nascentes d'água dentro do espaço urbano, construindo as Fontes do Seminário, Monsus e São Gonçalo. Constatamos, igualmente, que a existência de uma rede de fornecimento das águas fundou um novo e insistente assunto para a administração urbana, exigindo do órgão local investimentos na sua ampliação e conservação, a fim de se manter o serviço de abastecimento nos vários chafarizes públicos. Vimos como os oficiais construtores se valeram do saber fazer para tecer redes de sociabilidade dentro do próprio grupo de mecânicos e com os oficiais da Câmara. Indivíduos como José Pereira Arouca e João Caldas Bacelar, renomados construtores, chegaram a fazer parte do corpo camarário, mesmo portando o chamado "defeito manual" que os impediria de assumir tais funções. Os vínculos estratégicos permitiram também a estes homens burlar os procedimentos de arrematação das obras públicas e se beneficiarem do cargo de conservadores das águas.

Ademais, mostramos que a construção do aqueduto ocorreu em um momento propício, de altas arrecadações do Concelho, entre 1745-1750, e que a fabricação da rede de abastecimento representava a conquista da estabilidade do espaço físico e da sedimentação dos vínculos sociais.

No terceiro capítulo, abordamos a pluralidade de consumos das águas urbanas, privilegiando três eixos: os usos dos chafarizes públicos, as águas na salubridade urbana e o uso do líquido nas atividades produtivas, com especial atenção para a mineração. Procuramos apontar como o chafariz público esteve revestido de significados políticos e sociais, símbolo do municipalismo e do espaço governado, que conferia distinção e prestígio e, ao mesmo tempo, representava a atuação do poder local na cidade. Enquanto pontos de abastecimento das águas, os chafarizes e fontes públicos estavam organizados interna e espacialmente para atender habitantes, lavadeiras e animais. A disposição dessas "peças" nos diferentes espaços da cidade demonstrou como o governo local tratou de distribuir as águas, privilegiando as zonas de fronteira urbana, a proximidade de templos religiosos e os locais de ampla circulação social, e utilizando-se da trasladação e reconstrução dessas obras para manter a ordem no espaço físico e social de Mariana.

O uso inadequado dos chafarizes, o furto e a falta d'água nas bicas públicas, no entanto, consistiram nos três principais problemas enfrentados pelo poder local na administração do abastecimento urbano. Entre as táticas dos consumidores e as estratégias do Concelho, o consumo das águas foi marcado por disputas e conflitos. Ao mesmo tempo, vimos que não houve uma legislação definida acerca da repartição das águas e que na Câmara de Mariana a concessão das penas d'água do aqueduto subterrâneo foi uma prática político-administrativa comum. Nos momentos de falta do líquido, os ânimos dos moradores se exaltavam nas bicas e nas audiências do Concelho, contra a política desmedida que favorecia o abastecimento a particulares. A inexistência de um regimento não impediu o estabelecimento de um senso comum sobre a precedência que deveria existir no abastecimento de água nas fontes públicas. O serviço de fornecimento das águas deveria favorecer o bem comum, mesmo que, conforme demonstramos, as águas conduzidas pelo aqueduto se perdessem por caminhos autorizados, canos ocultos, concessões indevidas e furtos d'água. Nos momentos de escassez, porém, era o fornecimento de água à população que antecedia os demais e, pelo menos em tese, deveria ser restabelecido. Com a construção do aqueduto e, por consequência, de uma corrente de água subterrânea escondida pelas ruas da cidade, não faltaram tentativas dos habitantes de furtar e desviar porções d'água para obterem com maior ligeireza o líquido precioso.

Ainda no terceiro capítulo observamos que a presença das "águas servidas", charcos e águas estagnadas também importunaram a ordem urbana. Neste caso, as águas impróprias eram percebidas como focos dos miasmas pestilentos, a causa das doenças, a ameaça da salubridade da cidade. Para apreender essas impressões, foi necessário entender os princípios definidores de um corpo saudável e doente, bem como onde se encontrava o sujo e o limpo e de que forma o uso das águas poderia melhorar ou alterar o funcionamento do organismo humano. A concepção "aerista" e a medicina dos humores, aceitas na época, consideravam o limpo como ausência do sujo e o saudável como o estado natural dos corpos. As águas eram percebidas como elementos capazes de se infiltrar pela pele porosa e alterar o funcionamento dos humores. O líquido poderia ser tanto a causa como o remédio para as doenças e, por isso, seu emprego esteve cercado de cuidados. O fluido teria ainda a capacidade de manifestar poderes sobrenaturais, ser o veículo das bênçãos divinas ou o estímulo aos destemperos da carne. Pairavam sobre o líquido diferentes impressões e sensações. A parcimônia e a desconfiança pareciam fazer parte do contato entre a pele e o líquido.

Nas atividades produtivas, prevaleceram os conflitos ligados à mineração. Enquanto elemento essencial para apurar o metal, os diversos mineradores, faiscadores e potentados, procuraram meios de se apropriarem do líquido. Os mais poderosos investiam na captação das águas até as suas lavras no alto dos morros, enquanto os menos favorecidos recorreram às táticas possíveis, como aguardar o tempo das chuvas para faiscar nos montes ou tentar a sorte nas águas do Carmo, onde não havia mais o ouro fácil, mas era possível e oportuno tentar a sorte.

Por último, e não menos importante, cabe reconhecermos que, do mesmo modo que a trajetória das águas instigou o início desta pesquisa, também mostrou a importância de estabelecer um limite. Não seria possível conhecer todos os caminhos e percursos das águas. Foi preciso seguir os vestígios, entender quais veículos deram formas ao precioso líquido, e também admitir, como um rio que transborda, seca, morre, vive, se alimenta da chuva, se infiltra e se esconde nas paisagens, a impossibilidade de desvelar todos os caminhos, todos os interstícios por onde a água se escondia e se espraiava. Não foi nossa pretensão colocar um fim ao universo das apropriações das águas urbanas. Do olhar inquieto do historiador sempre surgem novas questões, aventam-se possibilidades, mas é preciso colocar um ponto. Não o ponto final, mas o de interrogação, para que incite outros a iniciar um novo parágrafo.

Fontes e bibliografia

Fontes manuscritas

Arquivos do Brasil

Arquivo Histórico da Câmara Municipal de Mariana – AHCMM

Livros de Arrematação

Códice 180 (1732-1743)

Códice 122 (1742-1748)

Códice 135 (1748-1755)

Códice 220 (1756-1764)

Códice 377 (1764-1798)

Códice 210 (1798-1833)

Listas de Receita e Despesa

Códice 572 (1745);

Códice 679 (1746, 1747, 1750);

Códice 201 (1748-1749);

Códice 660 (1751);

Códice 176 (1752, 1753, 1754, 1755, 1756, 1757, 1758, 1759, 1760, 1761, 1762);

Códice 151 (1766, 1767, 1768);

Códice 649 (1769);

Códice 73 (1770);

Códice 75 (1771);

Códice 384 (1774);

Códice 701 (1775);

Códice 382 (1776);

Códice 141 (1777, 1778, 1779, 1780, 1781, 1782, 1783);

Códice 202 (1784, 1785, 1786, 1787, 1788);

Códice 277 (1789, 1790, 1791, 1792, 1793, 1794, 1795);

Códice 124 (1796, 1797, 1798, 199, 1800).

Acórdãos, Editais e Posturas.

Códices: 462, 209, 660, 274, 554 e 687

Correições

Códice 173 (1755-1824)

Miscelâneas

682, 705, 703, 740, 736, 723 e 687.

Livro de Tombo

Códices 416 e 417

Arquivo Histórico da Casa Setecentista de Mariana – AHCSM

Ação Cível

Ação Cível. Códice 467. Auto 10352. 1ºofício. 1740

Ação Cível Códice 207, Auto 5167. 2º ofício. 1770

Notificações

Notificação. Códice 178. Auto 4400, 2º Ofício, 1745

Notificação. Códice 174. Auto 4240, 2º Ofício, 1810

Notificação. Códice 327. Auto 7137, 1º Ofício, 1783

Notificação. Códice 168 Auto 4025, 2º Ofício, 1748

Notificação. Códice 171. Auto 4161, 2º Ofício, 1781

Notificação. Códice 178. Atuo 4405, 2º Ofício, 1755

Notificação. Códice 178. Auto 4406, 2º Ofício, 1748

Notificação. Códice 173 Auto 4212, 2º Ofício, 1794

Testamentos e Inventários

1º ofício. Códice 92. Auto 1928, Inventário de João de Caldas Bacelar.

Livro e Registro de testamentos, livro 44, fls. 74v-75, José Pereira Arouca.

1º ofício. Códice 114. Auto 2368, Inventário de Manuel Brás Ferreira.

Arquivo Público Mineiro – APM

Seção Colonial (sc). Códices: 18, 45 e 21

Câmara Municipal de Mariana (cmm). Códice. 15

Coleção Municípios Mineiros MM-175.

Instituto do Patrimônio Histórico e Artístico Nacional – IPHAN

IPHAN, Belo Horizonte, Pasta Mariana, Fotos.

Arquivos de Portugal

Arquivo Histórico Ultramarino – AHU

Arquivo Histórico Ultramarino, Avulsos, Minas Gerais. Documentos Manuscritos da Capitania de Minas Gerais. Projeto Resgate de documentação Histórica Barão do Rio Branco.

Site: http://www.cmd.unb.br/resgateahu.php

Caixa 01, Documento 24

Caixa 45, Documento 15

Caixa 41, Documento 86

Caixa 50, Documento 61

Caixa 40, Documento 1

Caixa 51, Documento 45

Caixa 39, Documento 64

Caixa 45, Documento 92

Caixa 64, Documento 63

Caixa 47, Documento 41

Caixa 27, Documento 32

Caixa 47, Documento 63

Caixa 53, Documento 53

Caixa 45, Documento 15

Arquivo Histórico Ultramarino, Lisboa, Portugal.

Planta em que se mostra a obra a se fazer para evitar a inundação das de Mariana pelo rio que ali corre. AHU- CARTm-011. D1157

AHU. Reino. Caixa 13, Pasta 32.

AHU. Reino. Caixa 31, Pasta 17.

AHU. Reino, Caixa 41, Pasta 30.

Arquivo Nacional da Torre do Tombo – ANTT

ANTT. Registro Geral de Mercês. D. João V. Livro 29. fls. 358 /457.

Arquivo Histórico da Câmara Municipal de Lisboa – AHCML

Águas-Livres, Cx. 95. "Representação do segundo Arquitecto da obra das Águas Livres, do primeiro mestre da mesma, juntamente com o Sargento-Mor Francisco Rodrigues em virtude de um aviso da Junta, apresentando o levantamento das nascentes que poderão ser canalizadas para o Aqueduto Geral, especificando as suas medições em anéis".

Biblioteca Nacional de Lisboa

Biblioteca Nacional de Lisboa. Memórias Históricas relativas ao Magnífico Aqueduto das Agoas Livres. Seção Reservada, cx. 189, nº 13, fls. 8-11v. Parecer resultante da uma conferência feita para exame da pretensão dos mestres empreiteiros da obra das Águas Livres, em que requererem os pagamentos dos "vão cheios" dos arcos de Alcântara e outras regalias na medição e pagamento das obras.

Fontes impressas

Tratados

ALPOIM, José Fernandes Pinto. *Exame de artilheiros*. 2. ed. Nota biográfica e análise crítica de Paulo Pardal. Prefácio de Lygia Fonseca Fernandes da Cunha. Rio de Janeiro: Xérox do Brasil, 1987. Edição fac-similar.

FERREIRA, Luís G. *Erário Mineral*. Organização de Júnia F. Furtado. Belo Horizonte: Fundação João Pinheiro; Rio de Janeiro: Fundação Oswaldo Cruz, 2002. (Coleção Mineiriana, 2 vol.).

HENRIQUE, Francisco da Fonseca. *Âncora Medicinal, para conservar a vida com saúde* [1731]. Segunda impressão, correta e aumentada pelo seu autor. Lisboa: Oficina Augustiana, 1731.

HOLANDA, Francisco de. *Da Fábrica que falece à cidade de Lisboa, 1571*. Madrid: Archivo Español de Arte y Arqueología, 1929.

PEIXOTO, Domingos Ribeiro dos Guimarães. "Aos sereníssimos Príncipes Reais do Reino Unido de Portugal e do Brasil e Algarves, os senhores D. Pedro de Alcântara e D. Carolina Josefa Leopoldina oferece, em sinal de gratidão, amor respeito, e reconhecimento estes prolegômenos, ditados pela obediência, que servirão às observações, que for dando das moléstias cirúrgicas do país, em cada trimestre". [1820] In: SCLIAR, Moacyr (org.). *A Saúde pública no Rio de D. João*. Rio de Janeiro: Editora Senac, 2008, p. 87-118.

SANCHES, Antônio Nunes R. *Tratado da Conservação e Saúde dos Povos: Obra útil e, igualmente, necessária aos Magistrados, Capitães Generais, Capitães de Mar e Guerra, Prelados, Abadessas, Médicos e Pais de Famílias. Com um Apêndice Considerações sobre os Terramotos, com a notícia dos mais consideráveis, de que faz menção a História, e dos últimos que se sentiram na Europa desde o I de Novembro 1755.* Publicado em Paris, 1756. (Edição publicada por Universidade da Beira Interior de Covilhã, Portugal).

SILVA, Manoel Vieira da. "Reflexões sobre alguns dos meios proposto por mais conducentes para melhorar o clima da cidade do Rio de Janeiro" [1808]. In: SCLIAR, Moacyr (org.). *A Saúde pública no Rio de D. João.* Rio de Janeiro: Editora Senac, 2008, p. 67-83.

VITRÚVIO. *Tratado de arquitectura.* Tradução e notas de M. Justino Maciel; Thomas Noble Howe. Lisboa: IST Press, 2006.

Legislação e Regimentos

Códice Costa Matoso. Coleção das notícias dos primeiros descobrimentos das minas na América que fez o doutor Caetano da Costa Matoso sendo ouvidor-geral das de Ouro Preto, de que tomou posse em fevereiro de 1749, & vários papéis. 2 vol. Coordenação Geral de Luciano Raposo de Almeida Figueiredo e Maria Verônica Campos. Belo Horizonte: Fundação João Pinheiro, 1999 (Coleção Mineiriana). Documentos utilizados:

– Relação do rendimento que teve a Fazenda Real das Minas Gerais no ano de 1749, Provedoria da Fazenda de Minas Gerais, 1750;

– Informação das Antiguidades da Cidade de Mariana. Autoria: Caetano da Costa Matoso, 1750;

– Notícias dos primeiros descobridores das primeiras minas do ouro pertencentes a estas Minas Gerais, pessoas mais assinaladas nestes empregos e dos mais memoráveis casos acontecidos desde os seus princípios. Autoria: Bento Fernandes Furtado, 1750;

– Informação das Antiguidades da freguesia de Catas Altas. Autoria: José de Lemos Gomes., 1750;

– Informação das antiguidades da freguesia de Guarapiranga. Autoria: Luis José Ferreira de Gouveia. 1750;

– Cana de Açúcar. Autoria Anônima, 1750;

– Engenho de Açúcar e aguardente, azeite e mamona e farinhas de mandioca e de milho. Autoria: Ouvidor Caetano da Costa Matoso, 1750;

– Diário da Jornada que fez o ouvidor Caetano da Costa Matoso para as Minas Gerais. Autoria: Caetano da Costa Matoso, 1749;

– Modo e estilo de minerar nos Morros de Vila Rica e de Mariana. Anônimo, 1750;

– Regimento Original do Superintendente, guardas-mores e mais oficiais deputados paras as minas de ouro que há nos sertões do Estado do Brasil, 1702;

– Papel feito acerca de como se estabeleceu a capitação nas Minas Gerais e em que se mostra ser mais útil o quintar-se o ouro, porque assim só paga o que o deve Autoria: desembargador Tomé Gomes Moreira, 1749.

OLIVEIRA, Eduardo Freire de. *Elementos para a história do município de Lisboa*. Tomo III, V, X, XII, XIII, XIV, XVII,. Lisboa: Publicação da Câmara Municipal de Lisboa, 1885-1911.

Ordenações Filipinas. Livro 1. Título LXVI. Dos Vereadores. Lisboa: Fundação Calouste Gulbenkian. Edição de Cândido Mendes de Almeida, 1985, p. 151. Disponível em: http://www1.ci.uc.pt/ihti/proj/filipinas/ordenacoes.htm.

Provisão das águas

"Regimento das águas, as quais se concedem ao mineiro o uso delas enquanto tem terras para trabalhar, e acabando o lavor tornam as águas para a repartição do guarda-mor, e por isso o mineiro empossado das águas as não pode dar, nem vender a outrem, nem também mineiro algum pode apropriar-se das águas sem ter concessão delas por escrito do Guarda-mor, o que regularmente chamamos Provisão d' águas" Apud. LEME, Pedro Taques de Almeida P. Notícias das minas de São Paulo e dos sertões da mesma Capitania. São Paulo, 1954. p. 219.

Termo de Ereção da Vila de Nossa Senhora do Carmo. 08/04/1711. Revista do Arquivo Público Mineiro, Belo Horizonte, vol. 2, n. 1, jan./ mar.,1897, (digitalizado).

Memórias e literatura de viajantes

ANTONIL, André João. Cultura e opulência do Brasil: por suas drogas e minas [1711]. 2. ed. São Paulo: Melhoramentos; Brasília: INL, 1976.

CASAL, Aires de. Corografia Brasílica [1817]. Prefácio de Mario G. Ferri. Belo Horizonte. Ed. Itatiaia; São Paulo: Editara da USP, 1976.

COELHO, J. J. Teixeira. Instrução para o governo da capitania de Minas Gerais [1780]. Belo Horizonte: Fundação João Pinheiro, 1994 (Coleção Mineiriana).

Discurso Histórico e Político sobre a sublevação que nas Minas houve no ano de 1720. Estudo Crítico. Laura de Mello e Souza. Belo Horizonte: Fundação João Pinheiro. 1994 (Coleção Mineiriana).

GARDNER, George. Viagem ao Interior do Brasil (1836-1841). São Paulo: Edusp, Belo Horizonte: Itatiaia, 1975.

KIDDER, Daniel Parish; FLETCHER, James Cooley. O Brasil e os Brasileiros (1855-1865). Vol. 2. São Paulo: Companhia Editora Nacional, 1941.

LUCCOCK, John. *Notas Sobre o Rio de Janeiro e Partes Meridionais do Brasil (1808-1818)*. São Paulo/Belo Horizonte: Edusp/Itatiaia, 1975.

MAWE, John. *Viagens ao Interior do Brasil (1807-1810)*. São Paulo/Belo Horizonte: Edusp/Itatiaia, 1978.

MELO, Sebastião José de Carvalho e. *Memórias Secretíssimas do Marquês de Pombal e outros escritos*. Mem. Martins: Europa-América, 1984.

Museu da Casa Brasileira. *Arquivo Ernani Silva Bruno: Equipamentos da Casa Brasileira: usos e costumes*. Disponível em: <http://www.mcb.sp.gov.br/mcbText.asp?sMenu=P007>.

ROCHA, José Joaquim da Rocha. *Geografia Histórica da Capitania de Minas Gerais: Descrição Geográfica, topográfica e política da capitania de Minas Gerais*. Estudo Crítico de Maria Efigênia Lage de Resende. Belo Horizonte: Fundação João Pinheiro, 1995 (Coleção Mineiriana).

SAINT-HILAIRE. *Viagem pelas Províncias do Rio de Janeiro e Minas Gerais*. Belo Horizonte: Itatiaia, 1975.

SILVA, José Joaquim da. *Tratado de geografia descritiva especial da província de Minas Gerais*. Introdução de Oswaldo Bueno Amorim Filho. Belo Horizonte: Centro de Estudos Históricos e Culturais. Fundação João Pinheiro, 1997 (Coleção Mineiriana).

VASCONCELLOS, Diogo P. Ribeiro de. *Breve descrição Geográfica, Física e política da Capitania de Minas Gerais*. Estudo crítico: Carla Maria Junho Anastásia. Belo Horizonte: Fundação João Pinheiro, 1994. (Coleção Mineiriana)

VEIGA, José Xavier da. *Efemérides mineiras (1664-1897)*. Introdução de Edilane Maria de Almeida Carneiro e Marta Eloísa Melgaço Neves. Belo Horizonte: Centro de Estudos Históricos Culturais. Fundação João Pinheiro, 1998, vol. 3 e 4. (Coleção Mineiriana, 4v.)

Bibliografia

Obras de referência

ÁVILA, Afonso. *Barroco Mineiro*: Glossário de Arquitetura e Ornamentação. Belo Horizonte: Fundação João Pinheiro, 1996. (Coleção Mineiriana).

BARBOSA, Waldemar de A. *Dicionário Histórico–Geográfico de Minas Gerais*. Belo Horizonte: Itatiaia, 1995.

BLUTEAU, Raphael. *Vocabulario Portuguez e Latino*. Coimbra, Collegio das Artes da Companhia de Jesus, 1712 (ed. fac-símile, CD-ROM, Rio de Janeiro, UERJ, s.d.).

Guia dos Bens Tombados. Rio de Janeiro: Expressão e Cultura, 1980. Versão atualizada: Instituto do Patrimônio histórico e Artístico Nacional. *Bens Móveis e Imóveis Inscritos nos Livros do Tombo do Instituto do Patrimônio (1938-2009)*. 5. ed. rev. e atual. Rio de Janeiro: IPHAN, 2009. Disponível em: http://portal.iphan.gov.br/portal/baixaFcdAnexo.do?id=1356.

MARTINS, Judith. *Dicionário de artistas e artífices dos séculos XVIII e XIX em Minas Gerais*. 2 vol. Rio de Janeiro: Ministério da Educação e Cultura/IPHAN, 1974.

MORAES SILVA, Antônio de. *Diccionario de Língua Portuguesa*. 2ª ed. 2 vol. Rio de Janeiro: Typografia Fluminense, 1822.

SILVEIRA, Marco A.; ANTUNES, Álvaro de A. (org.). *Inventário Analítico das Notificações do Arquivo da Casa Setecentista de Mariana.* Mariana: Universidade Federal de Ouro Preto, Departamento de História, Instituto de Ciências Humanas e Sociais. Inédito

TEDESCHI, Denise M. R; ALFAGALI, C.; *Índice de Obras públicas de Mariana (1715-1863).* Inédito

VITERBO, Sousa. *Dicionário Histórico e Documental dos Arquitectos, Engenheiros e construtores portugueses.* 3v. Lisboa: Imprensa Nacional-Casa da Moeda, 1988. Edição fac-similada de Lisboa: Imprensa Nacional, 1899-1922.

Artigos, Livros e Teses

AGUIAR, Marcos Magalhães. *Negras Minas Gerais*: uma História da Diáspora africana no Brasil Colonial. Tese (Doutorado em História) –FFLCH, Universidade de São Paulo, São Paulo, 1999.

ALCÂNTARA, Pedro. Ouro Preto, concretização do espaço existencial barroco nas Minas Gerais dos séculos XVII e XVIII. In: ARAÚJO, Renata; CARITA, Helder; ROSSA, Walter (coord.). *Actas do Colóquio Internacional Universo Urbanístico Português, 1415-1822.* Lisboa: Comissão Nacional para as Comemorações dos Descobrimentos Portugueses, 2001.

ALCIDES, Sérgio. *Estes penhascos:* Cláudio Manoel da Costa e a paisagem das Minas, 1753-1773. São Paulo: Hucitec, 2003.

ALFAGALI, Crislayne G. M. Ferro em obras: oficiais do Ferro. Vila Rica (1750-1795). Monografia (Bacharelado em História) – Instituto de Ciências Humanas e Sociais, Universidade Federal de Ouro Preto, Mariana, 2009.

ALGRANTI, Leila M. Famílias e vida doméstica. In: MELLO E SOUZA, Laura de. (org.). *Cotidiano e Vida Privada na América Portuguesa*. vol. 1; NOVAIS, Fernando (dir.). *História da Vida Privada no Brasil*. São Paulo: Companhia das Letras, 1997.

ALVARENGA, Thábata A. de. *Homens e Livros em Vila Rica*: 1750-1808, Dissertação (Mestrado em História) – Faculdade de Filosofia, Letras e Ciências Humanas, Universidade de São Paulo, 2003.

ANDRADE, Francisco E. de. Viver à Gandaia: Povo Negro nos Morros das Minas. In: PAIVA, Eduardo F.; IVO, Isnara P. (org.) *Escravidão, mestiçagem e histórias comparadas*. São Paulo: Annablume; Belo Horizonte: PPGH-UFMG, 2008.

ANDRADE, José Sérgio V. *Memória sobre Chafarizes, Bicas, Fontes e Poços Públicos de Lisboa, Belém e Muitos logares do Termo*. Lisboa: Imprensa Silviana, 1851.

ANTUNES, Álvaro de A. Palco e Ato: o exercício e a administração da Justiça nos auditórios da Câmara de Mariana. In: CHAVES, C.; PIRES, M.; MAGALHÃES, S. *Casa de Vereança de Mariana*: 300 anos de História da Câmara Municipal. Ouro Preto: UFOP, 2008.

_____. *Fiat Justitia*: os advogados e a prática da Justiça em Minas Gerais. 2005. Tese (Doutorado em História) – Instituto de Filosofia e Ciências Humanas, Universidade Estadual de Campinas, Campinas, 2005.

ARAÚJO, Ana Cristina; CARDOSO, José L.; MONTEIRO, Nuno G.; ROSSA, Walter; SERRÃO, José V. (org.). *O Terremoto de 1755*: Impactos Históricos. Lisboa: Livros Horizonte, 2007.

ARAÚJO, Renata Malcher. *As cidades da Amazônia no século XVIII*: Belém, Macapá e Mazagão. Porto: FAUP, 1998.

ARAÚJO, Renata; CARITA, Helder (coord.). *Colectânea de Estudos Universo Urbanístico Português, 1415-1822*. Lisboa: Comissão Nacional para as Comemorações dos Descobrimentos Portugueses, 1998.

ARAÚJO, Renata; CARITA, Helder; ROSSA, Walter (coord.). *Actas do Colóquio Internacional Universo Urbanístico Português, 1415-1822*. Lisboa: Comissão Nacional para as Comemorações dos Descobrimentos Portugueses, 2001.

ATAÍDE, Manuel Maia. O Aqueduto das Águas Livres: descrição e alguns comentários técnicos a propósito. In: MOITA, Irisalva (org.). *D. João V e o abastecimento de água em Lisboa*. Lisboa: Câmara Municipal de Lisboa, 1990. 2 vol.

ÁVILA, Cristina; GOMES, Maria do Carmo Andrade. O negro no Barroco Mineiro: o caso da Igreja do Rosário de Ouro Preto. *Revista do Departamento de História*, Belo Horizonte, n. 6, jun. 1988.

AZEVEDO, Paulo Ormindo de. Urbanismo de traçado regular nos dois primeiros séculos da colonização brasileira – Origens. In: ARAÚJO; CARITA (coord.). In: ARAÚJO; CARITA (coord.). *Colectânea de Estudos Universo Urbanístico Português, 1415-1822*. Lisboa: Comissão Nacional para as Comemorações dos Descobrimentos Portugueses, 1998.

BAETA, Alenice *et al*. *Evidenciação e Resgate do Patrimônio Arqueológico do quintal do imóvel identificado como Casa Setecentista, município de Mariana-MG*. Relatório Final. 13ª SR/IPAHNA. NOVEIS, 2006.

BAETA, Alenice; PILÓ, H.; TEDESCHI, D. M. R. *Monitoramento do Patrimônio Arqueológico Rua Dom Silvério e Adjacências*. Mariana: Prefeitura Municipal de Mariana: ENCEL, 2008.

BARRETO, Paulo Thedim. Análise de alguns documentos relativos à Casa de Câmara e Cadeia de Mariana. *Revista do Patrimônio Artístico e Nacional*. n. 16. Rio de Janeiro: Ministério da Educação e Cultura, 1967.

_____. Casas de Câmara e Cadeia. *Revista do Patrimônio Artístico e Nacional.* Rio de Janeiro: Ministério da Educação e Saúde, n. 11, 1947.

BARROS, José D'Assunção. A história cultural francesa – caminhos de investigação. *Fênix* – Revista de História e Estudos Culturais. out-dez., vol. 2, Ano II, n. 4, 2005.

BASTOS, Rodrigo Almeida. Regularidade e ordem das povoações mineiras no século XVIII. *Revista do Instituto de Estudos Brasileiros,* São Paulo, n. 44, p. 27-54, fev. 2007.

_____. *A arte do urbanismo conveniente*: o decoro na implantação de novas povoações em Minas Gerais na primeira metade do século XVIII. Dissertação (Mestrado em Arquitetura e Urbanismo) – Faculdade de Arquitetura, Universidade Federal de Minas Gerais, Belo Horizonte, 2003.

_____. O decoro e o urbanismo conveniente luso-brasileiro na formação da cidade de Mariana, Minas Gerais, meados do século XVIII. *Barroco,* Belo Horizonte, n. 19, maio, 2005.

BAZIN, Germain. *A Arquitetura Religiosa no Brasil.* Tradução: Glória Lúcia Nunes. Vol. 1. Record: Rio de Janeiro, 1956.

BENZONI, Kelly Adriana de Campos. *O poder dos homens bons:* aspectos da administração camarária em Mariana no século XVIII. Monografia (Bacharelado em História) – Instituto de Ciências Humanas e Sociais, Universidade Federal de Ouro Preto, Mariana, 2003.

BERGER, Francisco José G. *Lisboa e os arquitectos de D. João V:* Manuel da Costa Negreiros no estudo sistemático do barro joanino na região de Lisboa. Lisboa: Edições Cosmos, 1994.

BICALHO, Maria Fernanda B. *A cidade e o império:* o Rio de Janeiro na dinâmica Colonial Portuguesa, séculos XVII e XVIII. Tese (Doutorado em História) – Faculdade de Filosofia, Letras e Ciências Humanas, Universidade de São Paulo, São Paulo, 1997.

_____. As Câmaras Ultramarinas e o governo do Império. In. FRAGOSO, João; BICALHO, Maria Fernanda B.; GOUVEIA, Maria de Fátima S. *O Antigo Regime nos Trópicos*: a dinâmica imperial portuguesa. Rio de Janeiro: Civilização Brasileira, 2001.

_____. As Câmaras Municipais no Império Português: o exemplo do Rio de Janeiro. *Revista Brasileira de História,* São Paulo, vol. 18, n. 36, 1998.

BLOCH, Marc. *Apologia da História ou o ofício de historiador.* Rio de Janeiro: Jorge Zarah Editor, 2001.

BOLDÓ, Amparo Pérez; LLERA, Fernando A. Madrid: Água, Corte y Capital: em los siglos XVI al XVIII. *Boletín de la R. S. G.*, vol. CXXXIX--CXL, Madrid, 2003-2004.

BORREGO, Maria Aparecida de Menezes. *Códigos e práticas*: o processo de constituição urbana em vila Rica colonial (1702-1748). São Paulo: Annablume, 2004.

BORSOI, Diogo Fonseca. *Por dentro de mapas e planos*: práticas cotidianas e dinâmica urbana em Mariana-MG (1740-1800). Monografia (Bacharelado em História) – Instituto de Ciências Humanas e Sociais, Universidade Federal de Ouro Preto, Mariana, 2008.

BOSCHI, Caio César. *Os Leigos e o Poder*: Irmandades leigas e política colonizadora em Minas Gerais. São Paulo: Ática, 1986.

BOXER, Charles R. *A idade do ouro do Brasil*: dores de crescimento de uma sociedade colonial. Rio de Janeiro: Nova Fronteira, 2000.

_____. *O Império Marítimo Português*: 1415-1825. São Paulo: Companhia das Letras, 2002.

BRANDÃO, Michelle C. *Estado e quadro fiscal na Era Moderna*: Portugal e Brasil. Monografia (Bacharelado em História) – Instituto de Ciências Humanas e Sociais, Universidade Federal de Ouro Preto, Mariana, 2005.

BRAUDEL, Fernand. *Civilização Material, Economia e Capitalismo, Séculos XV- XVIII*: as estruturas do cotidiano, o possível e o impossível. Vol. 1. São Paulo: Marins Fontes, 2005.

BRENNA, Giovanna. *Medieval ou Barroco*: proposta de leitura do espaço urbano colonial. *Barroco*, Belo Horizonte, n. 12, 1982/1983.

BUENO, Beatriz P. S. O Engenheiro artista: as aquarelas e as tintas nos mapas do Novo Mundo. In: FURTADO, Júnia F. (org.). *Sons, Formas, Cores e Movimentos na Modernidade Atlântica*: Europa, América e África. São Paulo: Annablume, 2008 (Coleção Olhares).

_____. De quanto serve a Ciência do Desenho no serviço das obras de El-Rei. In: ARAÚJO, Renata; CARITA, Helder; ROSSA, Walter (coord.). *Actas do Colóquio Internacional Universo Urbanístico Português, 1415-1822*. Lisboa: Comissão Nacional para as Comemorações dos Descobrimentos Portugueses, 2001.

CAETANO, Carlos. *A Ribeira de Lisboa na época da Expansão Portuguesa* (Séculos XV a XVIII). Lisboa: Pandora, 2004.

CAETANO, Joaquim O. Arquitectos, Engenheiros e Mestres de Obras do Aqueduto das Águas Livres. In: MOITA, Irisalva (org.). *D. João V e o abastecimento de água de Lisboa*. Lisboa: Câmara Municipal de Lisboa, 1990.

_____. *Chafarizes de Lisboa*. Lisboa: Distri Editora, 1991.

CALDEIRA, Júnia Marques. *A Praça Brasileira*: trajetória de um espaço urbano, origem e modernidade. Tese (Doutorado em História)

– Instituto de Filosofia e Ciências Humanas, Universidade Estadual de Campinas, Campinas, 2007.

CAMPOS, Maria Eliza de C. Ouvidores de comarcas, legislação e estrutura. *Varia História*, Belo Horizonte, n. 21, jul., 1999.

CARDIM, Pedro. Administração e governo, uma reflexão sobre o vocabulário do Antigo Regime. In: MATOSO, José (org). *História de Portugal*: o Antigo Regime. Lisboa: Editorial Estampa, 1993.

CARITA, Helder; CARDOSO, Homem. *Tratado da Grandeza dos Jardins em Portugal*. 2 ed. Venda Nova: Bertrand Edtiora, 1998.

CARRARA, Ângelo. *Minas e Currais*: Produção Rural e mercado interno de Minas Gerais. Juiz de Fora: UFJF, 2006.

_____. Paisagens rurais do Termo de Mariana. In: GONÇALVES, A. L.; OLIVEIRA, R. P. (org.) *Termo de Mariana II*: História e Documentação. Mariana: Imprensa UFOP, 2004.

CARVALHO, Feu de. *Pontes e Chafarizes de Vila Rica Ouro Preto*. Belo Horizonte: Edições Históricas, [s.d.].

CASTIGLIONI, Arturo. *História da Medicina*. 2v. São Paulo: Companhia Editora Nacional, 1947.

CAVALCANTI, Nireu. *O Rio de Janeiro Setecentista*: a vida e a construção da cidade da invasão francesa até a chegada da Corte. Rio de Janeiro: Jorge Zahar Editor, 2004.

CHALHOUB, Sydney et al (org). *Artes e ofícios de curar no Brasil*: capítulos de história social. Campinas: Editora da Unicamp, 2003.

CHARTIER, Roger. *A história cultural*: entre práticas e representações. Rio de Janeiro: Difel, 1988.

_____. Mundo como representação. *Estudos Avançados*, São Paulo, vol. 11, n. 5, jan-abr. 1991.

CHAVES, C.; PIRES, M.; MAGALHÃES, S. *Casa de Vereança de Mariana*: 300 anos de História da Câmara Municipal. Ouro Preto: UFOP, 2008.

CONCEIÇÃO, Luis Filipe Pires da. *A consagração da água através da Arquitectura*: para uma Arquitectura da água. Tese (Doutorado em Arquitetura) – Faculdade de Arquitectura, Universidade Técnica de Lisboa, Lisboa, 1997.

CORBIN, Alain. *Saberes e odores*: o olfato e o imaginário social nos séculos XVIII e XIX. Tradução de Ligia Watanabe. São Paulo: Companhia das Letras, 1987.

CORREIA, José Eduardo Horta. Urbanismo da época barroca em Portugal. In: ARAÚJO; CARITA (coord.). *Colectânea de Estudos Universo Urbanístico Português, 1415-1822*. Lisboa: Comissão Nacional para as Comemorações dos Descobrimentos Portugueses, 1998.

COSTA, Antônio Gilberto (org). *Cartografia da conquista do território da Minas*. Belo Horizonte: Editora UFMG, 2004.

COSTA, Lúcio. Risco Original de Antônio Francisco Lisboa. *Revista do Patrimônio Histórico e Artísitico Nacional*, n. 17, Rio de Janeiro, 1969.

COUTO, Mia. *Um rio chamado tempo, uma casa chamada terra*. São Paulo: Companhia das Letras, 2003.

CRUZ, Ernesto. *A água de Belém*: sistema de abastecimento usado na capital desde os tempos coloniais aos dias hodiernos. Belém: Composto e impresso na oficina da Revista da Veterinária, 1944.

CURTIS, James R. Praças, Place, ande Public Life in Urban Brazil. *Geographical Review*, vol. 90, n. 4, oct., 2000.

D'ASSUMPÇÃO, Sílvia Romanelli. Considerações sobre a formação do espaço urbano Setecentista nas Minas. *Revista do Departamento de História*, Belo Horizonte, n. 9, 1989.

DE CERTEAU, Michel. *A Cultura no Plural*. Tradução Enid Abreu Dbránszky Campinas: Papirus, 1995.

_____. *A invenção do cotidiano*: artes de fazer. Vol. 1. Petrópolis: Vozes, 1994.

DEL PRIORE, Mary. *Ao sul do corpo*. Condição feminina, maternidades e mentalidades no Brasil Colonial. Rio de Janeiro: José Olympio; Edunb, 1993.

_____. Ritos da vida privada. In: MELLO E SOUZA, Laura de. (org.). *Cotidiano e Vida Privada na América Portuguesa*. Vol. 1; NOVAIS, Fernando (dir.). *História da Vida Privada no Brasil*. São Paulo: Companhia das Letras, 1997.

DELSON, Roberta M. Planners and Reformers: Urban Architects of Late Eighteenth-Century Brazil. *Eighteenth-Century Studies*, vol. 10, n. 1, 1976,

_____. *Novas Vilas para o Brasil – Colônia*: planejamento espacial e social no século XVIII. Brasília: Alva Ciord, 1997.

DIAS, José Pedro Felripa de Sousa. A "*Água de Inglaterra*" no Portugal das *Luzes*: contributo para o estudo do papel do segredo na terapêutica do século XVIII. Lisboa, 1986.

DIAS, Maria Odila Leite da Silva. Corpo, Natureza e Sociedade nas Minas (1680-1730). *Projeto História*, São Paulo, n. 25, dez., 2002.

DOUGLAS, Mary; ISHERWOOD, Baron. *O mundo dos bens*: para uma antropologia do consumo. Rio de Janeiro: Editora UFRJ, 2004.

ELIAS, Norbert. *O processo civilizador*. Rio de Janeiro: Jorge Zahar Editor, 1993, 2v.

ENES, Tiago. *De Como Administrar Cidades e Governar Impérios*: almotaçaria portuguesa, os mineiros e o poder (1745-1808). Dissertação

(Mestrado em História) –Instituto de Ciências Humanas e Filosofia, Universidade Federal Fluminense, Rio de Janeiro, 2010.

EUGÊNIO, Danielle de Fátima. *Arrematantes de obras públicas*: oficialato mecânico na cidade de Mariana (1745-1800). Monografia (Bacharelado em História) – Instituto de Ciências Humanas e Sociais, Universidade Federal de Ouro Preto, Mariana, 2010.

FAORO, Raimundo. *Os donos do poder*: formação do patronato político brasileiro. 5 ed. Porto Alegre: Globo, 1979.

FERNANDES, Lídia. *A água na habitação em Lisboa antes e após a construção do Aqueduto das Águas Livres*. Tese (Mestrado em Arquitetura) – Faculdade de Arquitetura, Univ. Técnica de Lisboa, 2002.

FERRAND, Paul. *O ouro em Minas Gerais*. Belo Horizonte: Fundação João Pinheiro, 1998.

FILHO, Nestor G. R. *Contribuição ao estudo da Evolução urbana do Brasil* (1500-1720). São Paulo: USP, 1968.

FILHO, Oswaldo M.; MELO, Mariana F. de. Os jardineiros da Rainha – o mundo natural ultramarino na época da Rainha D. Maria I e do Príncipe D. João. In: *Minas Gerais e História Natural das Colônias*: política colonial e cultura científica no século XVIII. Organização e Estudo Crítico de Oswaldo Munteal Filho e Mariana Ferreira de Melo. Belo Horizonte: Fundação João Pinheiro, 2004(Coleção Mineiriana).

FISCHER, Mônica. *Mariana*: os dilemas da preservação histórica num contexto social adverso. Dissertação (Mestrado em Sociologia) – Faculdade de Filosofia e Ciências Humanas, Universidade Federal de Minas Gerais, Belo Horizonte, 1993.

FLEXOR, Maria H. O. Oficiais Mecânicos e a vida quotidiana no Brasil. In: *Oceanos*, Lisboa, n. 42, abr./jun. 2000.

_____. *Oficiais Mecânicos da cidade de Salvador*. Salvador: Prefeitura Municipal de Salvador, 1974.

FONSECA, Alberto de F. C. *Controle e uso da água na Ouro Preto dos séculos XVIII e XIX*. Dissertação (Mestrado em Recursos Hídricos) – Escola de Minas Universidade Federal de Ouro Preto, Ouro Preto, 2004.

FONSECA, Cláudia D. As vilas e os territórios: processos de formação e evolução da rede urbana na capitania de Minas Gerais. In: ARAÚJO, Renata; CARITA, Helder; ROSSA, Walter (coord.). *Actas do Colóquio Internacional Universo Urbanístico Português, 1415-1822*. Lisboa: Comissão Nacional para as Comemorações dos Descobrimentos Portugueses, 2001.

_____. *Arraiais e vilas d'el rei*: espaço e poder nas Minas Setecentistas. Belo Horizonte: Editora UFMG, 2011.

_____. Do arraial à cidade: trajectória de Mariana no contexto do urbanismo colonial. In: ARAÚJO, Renata; CARITA, Helder (coord.). *Colectânea de Estudos Universo Urbanístico Português, 1415-1822*. Lisboa: Comissão Nacional para as Comemorações dos Descobrimentos Portugueses, 1998.

_____. Funções, hierarquias e privilégios urbanos: a concessão dos títulos de Vila e cidade na capitania de Minas Gerais. *Revista Varia História*, Belo Horizonte, n. 29, jan. 2003.

_____. *Mariana*: gênese e transformação de uma paisagem cultural. Dissertação (Mestrado em Geografia) – Instituto de Geociências, Universidade Federal de Minas Gerais, Belo Horizonte, 1995.

_____. O espaço urbano de Mariana: sua formação e suas representações. In: *Termo de Mariana*: história e documentação. Mariana: UFOP, 1998,

_____. Rossios, chãos e terras. *Revista do Arquivo Público Mineiro*, Belo Horizonte, vol. 42, n. 1, jul./dez., 2006.

FRAGOSO, João; BICALHO, Maria Fernanda B.; GOUVEIA, Maria de Fátima S. *O Antigo Regime nos Trópicos*: a dinâmica imperial portuguesa. Rio de Janeiro: Civilização Brasileira, 2001.

FREYRE, Gilberto. *Sobrados e mucambos*: decadência do patriarcado rural e desenvolvimento do urbano. 14. ed. São Paulo: Global, 2003.

FURTADO, Júnia F (org.) *Sons, formas, cores e movimentos na modernidade atlântica*: Europa, Américas e África. São Paulo: Annablume, 2008 (Coleção Olhares).

FURTADO, Júnia F. Arte e segredo: o licenciado Luís Gomes Ferreira e seu caleidoscópio de imagens, vol. 1 In: FERREIRA, Luís Gomes. *Erário Mineral*. Organização de Júnia F. Furtado. Belo Horizonte: Fundação João Pinheiro; Rio de Janeiro: Fundação Oswaldo Cruz, 2002.(Coleção Mineiriana, 2 vol.).

_____. Barbeiros, cirurgiões e médicos na Minas colonial. *Revista do Arquivo Público Mineiro*, Belo Horizonte, vol. 41, jul./dez., 2005.

GEORGE, Rosen. Da polícia médica à a medicina social: ensaios sobre a História da Assistência Médica. Rio de Janeiro: Graal, 1979.

GODINHO, Vitorino Magalhães. *Estrutura da antiga sociedade portuguesa*. 3. ed. Lisboa: Editora Arcádia, 1977.

GODOY, Marcelo Magalhães; SILVA, Leonardo Viana da. As artes manuais e mecânicas na província de Minas Gerais: um perfil demográfico de artífices e oficiais. *LPH*: Revista de História, Universidade Federal de Ouro Preto, Mariana, n. 9, 1999.

GONÇALVES, Andréa L. As técnicas de mineração nas Minas Gerais do século XVIII. In: RESENDE; VILLALTA (org.). *As Minas Setecentistas*. Vol. 2. Belo Horizonte: Autêntica/Companhia do Tempo, 2007.

GONÇALVES, Iria. Relação entre os Concelhos e o espaço, segundo o Corpus Legislativo da Produção Local, na Idade Média. ARAÚJO; CARITA; ROSSA (coord.) *Actas do Colóquio Internacional Universo Urbanístico Português, 1415-1822*. Lisboa: Comissão Nacional para as Comemorações dos Descobrimentos Portugueses, 2001.

GOUVÊA, Maria de Fátima Silva. *Dos Poderes de vila Rica do Ouro Preto*: Notas preliminares sobre a organização político-administrativa na primeira metade do século XVIII. Varia História, n º 31, Janeiro, 2004.

GROSSI, Ramon Fernandes. Considerações sobre a arte médica na Capitania das Minas (Primeira metade dos século XVIII). LPH–Revista de História, Mariana, n. 8,1998/1999.

GUIMARÃES, Carlos Magno. A água na mineração colonial: uma abordagem a partir da arqueologia, Minas Gerais – Goiás, Século XVIII. In: *52º Congreso Internacional de Americanistas*. Sevilla, 2006.

HOLANDA, Sérgio B. *Monções*. 3 ed. São Paulo: Editora Brasiliense,1990.

_____. *Caminhos e Fronteiras*. 3ed. São Paulo: Companhia das Letras, 1994.

_____. *Raízes do Brasil*. 26. ed. São Paulo: Companhia das Letras, 1995.

HONOR, André Cabral. *Sociedade e cotidiano*: as fontes d'água na formação da cidade de João Pessoa no período colonial. (Bacharelado em História) – Centro de Ciências Humanas, Letras e Artes, Universidade Federal da Paraíba, João Pessoa, 2006.

JANCSÓ, István; KANTOR, Íris (org.). *Festa*: cultura e sociabilidade na América Portuguesa. São Paulo: Hucitec/Fapesp, 2v., 2001.

KANTOR, Íris. Entradas episcopais na capitania de Minas Gerais (1743-1748). In: JANCSÓ, István; KANTOR, Íris (org.). *Festa*: cultura e sociabilidade na América Portuguesa. São Paulo: Hucitec/Fapesp, vol. 1, 2001.

KUPER, Adam. *Cultura*: a visão dos antropólogos. Bauru: Edusc, 2002.

LANGHANS, Franz-Paul de Almeida. *As Corporações dos Ofícios Mecânicos*: subsídios para sua história. Lisboa: Imprensa Nacional de Lisboa, 1943. 2 vol.

LARA, Silvia H. *Fragmentos Setecentistas*: escravidão, cultura e poder na América Portuguesa. São Paulo: Companhia das Letras, 2007.

LEAL, Daniela V. A análise e o estudo histórico das técnicas construtivas do século XVIII – A cantaria na Arquitetura mineira. In: *Atas do IV Encontro de História da Arte*: entre a produção e a reflexão. Campinas: Unicamp, 2008.

LEITE, Silvio F. *Fontes e chafarizes do Brasil*. São Bernardo do Campo, SP: Mercedes-Benz do Brasil, 1991.

LEME, Pedro Taques de Almeida P. *Notícias das Minas de São Paulo e dos sertões da mesma Capitania*. São Paulo,1954.

LEMEUNIER, Guy. Gestión Pública e Gestión Privada em los regadíos murcianos: La emergência de los heredamientos (1480-1800), *Miscelánea Medieval Murciana*, Madrid, vol. XIX-XX, 1995-96.

LEMOS, Carlos A. C. *Cozinhas etc.* Um estudo sobre as zonas de serviço da casa paulista. São Paulo: Perspectiva, 1976.

_____. *História da Casa Brasileira*. São Paulo: Contexto, 1989.

LENOBLE, Robert. *História da Idéia de Natureza*. Lisboa: Edições 70, [s.d.].

LEPETIT, Bernard. Evolução da noção de Cidade segundo os Quadros Geográficos e Descrições da França (1650-1850). In: Salgueiro, H. A. (org.). *Por uma nova História urbana*. São Paulo: Edusp, 2001.

LIMA JÚNIOR, Augusto. *Vila Rica do Ouro Preto*: síntese histórica e descritiva. Belo Horizonte: Edição do Autor, 1957.

LIMA, Carlos A. M. *Artífices do Rio de Janeiro (1790-1808)*. Rio de Janeiro: Apicuri, 2008.

LOPES, Francisco Antônio. *Os Palácios de Vila Rica*: Ouro Preto no ciclo do ouro. Belo Horizonte, 1955.

LOPES, Maria Antônia. A intervenção da Coroa nas instituições de proteção social de 1750-1820. *Revista de História das Idéias*, Coimbra, vol. 29, 2008.

MACEDO, Concessa Vaz de. Da lavagem de roupa às branquearias comerciais: sobre o papel das lavadeiras na Escócia Setecentista. *Projeto História*, São Paulo, n. 16, fev., 1998.

MACHADO, Maria de Fátima. *O central e o Local*: a vereação do Porto de D. Manuel a D. João III. Edições Afrontamento, Porto, 2003.

MACHADO, Roberto; LOUREIRO, Ângela; LUZ, Rogério; MURICY, Kátia. *Danação da Norma*: medicina social e constituição da psiquiatria no Brasil. Rio de Janeiro: Graal, 1978.

MADUREIRA, Nuno Luis. *Lisboa: Luxo e Distinção*. Lisboa: Editorial Fragmentos, 1990.

MAGALHÃES, Beatriz Ricardina. A demanda do trivial: vestuário, alimentação e habitação. *Revista Brasileira de Estudos Políticos*, Belo Horizonte, n. 65, jul. 1987.

MAIA, Moacir R. de. Uma quinta portuguesa no interior do Brasil ou A saga do ilustrado dom Frei Cipriano e o jardim do antigo Palácio Episcopal no final do século XVIII. *História, Ciência, Saúde-Manguinhos*, Rio de Janeiro, vol. 16, n. 4, out.-dez. 2009.

MARANHO, Milena F. *O moinho e o engenho*: São Paulo e Pernambuco em diferentes contextos e atribuições no Império colonial português (1580-1720). Tese (Doutorado em História). Faculdade de Filosofia, Letras e Ciências Humanas, Universidade de São Paulo, 2006.

MARQUES, Rita de Cássia. A saúde na terra dos bom ares, poucos médicos e muita fé. VILLALTA; RESENDE (org.) *História de Minas Gerais*. vol. 2. Belo Horizonte: Autêntica; Companhia do Tempo, 2007.

MARQUES, Vera Regina B. Medicinas Secretas: Magia e Ciência no Brasil Setecentista. In: CHALHOUB, Sydney *et al.* (org.). *Artes e ofícios de curar no Brasil*: capítulos de história social. Campinas: Editora da Unicamp, 2003.

MARX, Murillo. *Cidade no Brasil, terra de quem?* São Paulo: Nobel, USP, 1991.

MASCARENHAS, José M. de.; ROUILLARD, J.; BERTHIER, K.; BENOÎT, P.; JORGE, V. A exploração dos recurso hídricos no convento Franciscano de Varatojo (Torre Vedras). *Boletim Cultural da Assembléia Distrital*, Lisboa, nº 95, vol. 2, 2010.

MASCARENHAS, José Manuel; BECASIS, M. H.; JORGE, V. F. *Hidráulica Monástica Medieval e Moderna*. Lisboa: Fundação Oriente, 1996.

MATA, Sérgio da. *Chão de Deus*: catolicismo popular, espaço e proto-urbanização em Minas Gerais, Brasil. Século XVIII e XIX. Berlim:Wissenschaftlicher Verlag, 2002.

_____. O espaço do poder. *Revista do Arquivo Público Mineiro*, Belo Horizonte, vol. 42, n. 2, jul./dez. 2006.

MELLO E SOUZA, Laura de. *Desclassificados do Ouro*: poder e miséria no século XVIII. 4ª ed. Rio de Janeiro: Graal, 2002.

_____. Festas barrocas e vida cotidiana em Minas Gerais. In: JANCSÓ, István; KANTOR, Íris (org.). *Festa*: cultura e sociabilidade na América Portuguesa. São Paulo: Hucitec/Fapesp, vol. 1, 2001.

_____. *O Diabo e a Terra de Santa Cruz*. São Paulo: Companhia das Letras, 1987.

MELLO, Suzy. *Barroco Mineiro*. São Paulo: Brasiliense, 1985.

MENESES, José Newton C. Ensinar com Amor uma geometria prática, despida de toda a teoria da ciência e castigar com caridade: aprendizagem do artesão no mundo português, no final do século XVIII. *Varia História*, Belo Horizonte, vol. 23, n. 37, jan./jun., 2007.

_____. Homens que não mineram: oficiais mecânicos nas Minas Gerais Setecentistas. In: RESENDE, E. L; VILLALTA Luiz C. (org.) *História de Minas Gerais*: as Minas Setecentistas. Vol. 1. Belo Horizonte: Autêntica, Companhia do Tempo, 2007.

_____. *Artes Fabris e Serviços Banais*: ofícios e as Câmaras no final do Antigo Regime. Minas Gerais e Lisboa (1750-1808). Tese (Doutorado em História) – Instituto em Ciências Humanas e Filosofia, Universidade Federal Fluminense, Niterói 2003,

MENEZES, Ivo Porto de. José Pereira Arouca. *Anuário do Museu da Inconfidência*, Ouro Preto, vol. 5, 1978.

MENEZES, José Luís M. Instrumentos para a percepção do espaço da "Escola portuguesa de urbanismo". Geometria prática. In: ARAUJO, Renata; CARITA, Helder; ROSSA, Walter (coord.). *Actas do Colóquio Internacional Universo Urbanístico Português 1415-1822*,. Lisboa: Comissão Nacional para as Comemorações dos Descobrimentos Portugueses, 2001.

MOITA, Irisalva. O Aqueduto das Águas Livres e Abastecimento de Água a Lisboa. In: MOITA, Irisalva (org.). *D. João V e o abastecimento de água de Lisboa*. Vol. 1. Lisboa: Câmara Municipal de Lisboa, 1990.

MÓL, Cláudia Cristina. Mulheres forras: cotidiano e cultura material em Vila Rica (1750-1800). Dissertação (Mestrado em História) – Faculdade de Filosofia e Ciências Humanas, Universidade Federal de Minas Gerais, Belo Horizonte, 2002.

MONTEIRO, Nuno G. Os Concelhos e as comunidades. In: HESPANHA, A. M. (coord.). *História de Portugal*: Antigo Regime (1620-1807). Lisboa: Estampa, 1993.

MONTENEGRO, Augusto Pinto de Miranda. *Memória sobre as águas de Lisboa*. Lisboa: Imprensa, 1875.

MORAES, Fernanda Borges. De arraiais, vilas e caminhos: a rede urbana das Minas coloniais. In: RESENDE; VILLALTA. *História de Minas Gerais*: as Minas Setecentistas. Vol. 1. Belo Horizonte: Autêntica/ Companhia do tempo, 2007.

MOREIRA, Rafael. *Um tratado português de arquitectura do século XVI*. Dissertação (Mestrado em História da Arte) – Faculdade de Ciências Sociais e Humanas, Universidade Nova de Lisboa, Lisboa, 1982.

MOURÃO, Paulo Kruger C. O abastecimento de água em Minas nos tempos da Colônia. *Kriterion*. Revista da Faculdade de Filosofia da UFMG, Belo Horizonte, n. 35-36, jan./jun. 1956.

NOVAIS, Fernando A. Condições da privacidade na colônia. In: MELLO E SOUZA, Laura. (org). *Cotidiano e vida privada na América Portuguesa*. Vol. 1. NOVAIS, F. (dir.) *História da Vida Privada no Brasil*. São Paulo: Companhia das Letras, 1997.

OLIVEIRA, Kelly Eleutério M. José Pereira Arouca: sujeito histórico e projeto urbanizador em Mariana Setecentista. In: *Anais eletrônicos do XVI Encontro Regional de História*. Cidade: ANPUH-MG, 2008.

OMEGNA, Nelson. *A cidade colonial*. Rio de Janeiro: J. Olympio, 1961.

PEREIRA, Alexandra Maria. Uma loja em Vila Rica. In: CARRARA, Ângelo A. (org.). *À vista ou a prazo: comércio e crédito nas Minas Setecentistas*. Juiz de Fora: Ed. UFJF, 2010.

PEREIRA, Carlos A.; LICCARDO, Antônio; SILVA, Fabiano G. *A arte da Cantaria*. Belo Horizonte: C/Arte, 2007.

PEREIRA, Magnus. R. de Mello. Considerações sobre o direito de almotaçaria nas cidades de Portugal. *Revista Brasileira de História*, São
Paulo, vol. 21, n. 42, 2001.

PEREIRA, Margareth da S. Visão da cidade e do território no período joani-
no: a acção do brigadeiro Alpoim. In: *Actas do Colóquio Internacional
Universo Urbanístico Português 1415-1822*. (coord.) ARAÚJO, Renata;
CARITA, Helder; ROSSA, Walter. Lisboa: Comissão Nacional para as
Comemorações dos Descobrimentos Portugueses, 2001.

PINTO, Luís Leite. *Subsídios para a História do Abastecimento de Água da
Cidade de Lisboa*. Lisboa: Typographia Universal, 1903.

PIRES, Maria do Carmo. Câmara Municipal de Mariana no século XVIII:
formação, cargos e funções. In: CHAVES, C.; PIRES, M.; MAGALHÃES,
S. *Casa de Vereança de Mariana*: 300 anos de História da Câmara
Municipal. Ouro Preto: UFOP, 2008.

PRADO JR., Caio. *Formação do Brasil Contemporâneo*; Colônia. São Paulo:
Brasiliense, 1996.

PRECIOSO, Daniel. "Artes mecânicas" em Vila Rica Setecentista: os pardos,
forros e livres. *Histórica – Revista do Arquivo Público do Estado de
São Paulo*, São Paulo, n. 32, 2008.

PRESTES, Maria Elice B. *A investigação da natureza no Brasil Colônia*. São
Paulo: Annablume/Fapesp, 2000.

PUNTONI, Pedro. Como coração no meio do corpo. In: MELLO E SOUZA,
Laura de; FURTADO, Júnia F.; BICALHO, Maria F.(org.). *O governo
dos povos*. São Paulo: Alameda, 2009.

REIS FILHO, Nestor G. *Contribuição ao estudo da Evolução urbana do
Brasil (1500-1720)*. São Paulo: Edusp, 1968.

_____. Notas sobre o urbanismo no Brasil, Primeira Parte: Período Colonial.
In: ARAÚJO, Renata; CARITA, Helder (coord.). *Colectânea de Estudos*

Universo Urbanístico Português, 1415-1822. Lisboa: Comissão Nacional para as Comemorações dos Descobrimentos Portugueses, 1998.

REIS, Flávia Maria da Mata. *Entre faisqueiras, catas e galerias*: explorações do ouro, leis e cotidiano nas Minas do século XVIII (1702-1762). Dissertação (Mestrado em História) – Faculdade de Filosofia e Ciências Humanas, Universidade Federal de Minas Gerais, Belo Horizonte, 2007.

REIS, José de Souza. Arcos da Carioca. *Revista do Patrimônio Histórico e Artístico Nacional*. nº12. Rio de Janeiro: Ministério da Educação e Cultura, 1955.

RENGER, Friedrich E. Direito Mineral e Mineração no Códice Costa Matoso (1975). *Varia História*, Belo Horizonte, n. 21, jul.,1999.

RESENDE, Dejanira. *"Arraia-miúda" nos morros das Minas*: conflitos sociais na Vila do Carmo, década de 1710. Monografia (Bacharelado em História) – Instituto de Ciências Humanas e Sociais, Universidade Federal de Ouro Preto, Mariana, 2010, p. 15.

_____. *Mineração do ouro*: direitos e práticas exploratórias na América Portuguesa. Relatório de Iniciação Científica, Instituto de Ciências Humanas e Sociais, Universidade Federal de Ouro Preto, Mariana, 2010.

RIBEIRO, Márcia Moisés. *A Ciência dos trópicos*: a arte médica no Brasil do século XVIII. São Paulo: Hucitec, 1997.

RIOS, Wilson de Oliveira. *A lei e o Estilo*: a inserção dos ofícios mecânicos na sociedade colonial brasileira. Salvador e Vila Rica (1690-1790). Tese (Doutorado em História) – Instituto de Ciências Humanas e Filosofia, Universidade Federal Fluminense, Niterói, 2000.

ROCHE, Daniel. *História das coisas banais*: nascimento do consumo – século XVII-XIX. Rio de Janeiro: Rocco, 2000.

ROSA, Maria C. *Da pluralidade dos corpos*: educação, diversão e doença na Comarca de Vila Rica. Tese (Doutorado em Educação) – Faculdade de Educação, Universidade Estadual de Campinas, Campinas, 2005.

RUSSELL-WOOD, A. J. R. O Governo local na América Portuguesa: um estudo de divergência cultural. *Revista de História*, São Paulo, n. 109, vol. LV, 1977.

_____. Centro e Periferias no Mundo Luso-Brasileiro, 1500-1808. Tradução de Maria de Fátima Gouveia. *Revista de História*, São Paulo, vol. 18, n. 36, 1998.

SALGADO, Graça. *Fiscais e Meirinhos*: A Administração no Brasil Colonial. Rio de Janeiro: Nova Fronteira, 1985.

SALGADO, Ivone. Condições Sanitárias nas cidades brasileiras de fins do período colonial (1777-1822): teorias e práticas. In: ARAÚJO; CARITA; ROSSA (coord.) *Actas do Colóquio Internacional Universo Urbanístico Português, 1415-1822*. Lisboa: Comissão Nacional para as Comemorações dos Descobrimentos Portugueses, 2001.

_____. Condições Sanitárias nas cidades brasileiras de fins do período colônias (1777-1822): teorias e práticas. ARAÚJO; CARITA; ROSSA (coord.) *Actas do Colóquio Internacional Universo Urbanístico Português, 1415-1822*. Lisboa: Comissão Nacional para as Comemorações dos Descobrimentos Portugueses, 2001.

SALLES, Fritz Teixeria de. *Vila Rica do Pilar*: um roteiro de Ouro Preto. Belo Horizonte: Editara Itatiaia, sd.

SANT'ANNA, Denise Bernuzzi de. Corpo e história. *Cadernos de Subjetividade*, São Paulo, PUC-SP, vol. 1, n. 1, 1993.

_____. *Cidade das águas*: usos de rios, córregos, bicas e chafarizes em São Paulo (1822-1901). São Paulo: Senac, 2007.

SANTIAGO, Camila F. G. *A Vila em Ricas Festas*: celebrações promovidas pela Câmara de Vila Rica, 1711-1744. Belo horizonte: Editora C/ Arte, 2003.

_____. Os gastos do Senado da Câmara de Vila Rica com festas: destaque para Corpus Christi (1720-1750). In: JANCSÓ, István; KANTOR, Íris (org.). *Festa*: cultura e sociabilidade na América Portuguesa. São Paulo: Hucitec/Fapesp, vol. 2, 2001.

SANTOS, Manuela Arruda. Cuidado com o Tigre! *Revista de História da Biblioteca Nacional*, Rio de Janeiro, vol. 3, n. 31, abr. 2008.

SANTOS, Noronha. Aqueduto da Carioca. *Revista do Serviço do Patrimônio Histórico e Artístico Nacional*, Rio de Janeiro, n. 4, 1940.

_____. Fontes e chafarizes do Rio de Janeiro. *Revista do Patrimônio Histórico e Artístico Nacional*, Rio de Janeiro, n. 10, 1946.

_____. Um litígio entre marceneiros e entalhadores no Rio de Janeiro. Autos de Execução de 1759-1761. *Revista do Serviço do Patrimônio Histórico Artístico e Nacional*, Rio de Janeiros, vol. 6, 1942.

SANTOS, Paulo. *Formação de cidades no Brasil colonial*. Rio de Janeiro: Editora UFRJ, 2001.

SCARATO, Luciane Cristina. *Caminhos e descaminhos do ouro nas Minas Gerais*: administração, territorialidade e cotidiano (1733-1783). Dissertação (Mestrado em História) – Instituto de Filosofia e Ciências Humanas, Universidade Estadual de Campinas, Campinas 2009.

SILVA FILHO, Geraldo. *O oficialato mecânico em Vila rica no século XVIII e a participação do escravo e do negro*. Dissertação (Mestrado em História) – Faculdade de Filosofia, Letras e Ciências Humanas, Universidade de São Paulo, São Paulo, 1996.

SILVA, Ana Cristina N. da. *O modelo espacial do Estado Moderno*: reorganização territorial em Portugal nos finais do Antigo Regime. Lisboa: Estampa, 1998.

SILVA, Fabiano G. da. Chafarizes e Máscaras: pequena referência à participação africana na produção artística mineira. In: PAIVA, Eduardo F.; IVO, Isnara P. (org.). Escravidão, mestiçagem e histórias comparadas. São Paulo: Annablume; Belo Horizonte: PPGH-UFMG, 2008.

_____. A construção da urbe. Revista do Arquivo Público Mineiro, vol. XLV, 2009.

_____. Pedra e cal: os construtores de Vila Rica no século XVIII (1730-1800). 2007. Dissertação (Mestrado em História) – Faculdade de Filosofia e Ciências Humanas, Universidade Federal de Minas Gerais, Belo Horizonte, 2007.

SILVA, Ivo Pereira da. Em busca das boas águas: os aguadeiros de Belém e a Companhia das Águas do Gram-Pará. (1855-1885). Anais da ANPUH, Minas Gerais. Encontro Regional de História, Belo Horizonte, FAFI-CH, UFMG, 2008.

SILVA, Marilda Santana da. Poderes locais em Minas Gerais Setecentista: a representatividade do Senado da Câmara de Vila Rica (1760-1808). Tese (Doutorado em História) – Instituto de Filosofia e Ciências Humanas, Universidade Estadual de Campinas, Campinas, 2003.

SILVEIRA, Marco A. O universo do indistinto: Estado e sociedade nas Minas Setecentistas (1735-1808). São Paulo: Hucitec, 1997.

SMITH, Robert. Arquitetura colonial. Salvador: Livraria Progresso, 1955.

SUBTIL, José. "Os poderes do Centro". In: MATOSO, José (org). História de Portugal: o Antigo Regime: Lisboa: Editorial Estampa, 1993.

TEIXEIRA, Armando. Breve notícia sobre abastecimento de água a Lisboa no século XVIII. Serviço de Museu e Aqueduto Águas Livres, Lisboa: EPAL, 1987.

TEIXEIRA, Manuel. C.; VALLA, Margarida. O urbanismo português. Séculos XIII-XVIII. Portugal- Brasil. Lisboa: Livros Horizonte, 1999.

TEIXEIRA, Wilson. *Decifrando a Terra*. São Paulo: Oficina de Textos, 2000.

THOMAS, Keith. *O homem e o mundo natural*: mudanças de atitude em relação às plantas e aos animais. 1500-1800. Tradução de João Roberto Martins Filho. São Paulo: Companhia das Letras, 1988.

_____. *Religião e o declínio da magia*. São Paulo:. Companhia das Letras, 1983.

TORRÃO FILHO, Amílcar. *Paradigma do caos ou cidade da conversão*: a cidade colonial na América Portuguesa e o caso da São Paulo na administração do Morgado de Mateus (1765-1775). Dissertação (Mestrado em História) – Instituto de Filosofia e Ciências Humanas, Universidade Estadual de Campinas, Campinas, 2004.

TRINDADE, Jaelson B. *A produção da Arquitetura nas Minas Gerais na província do Brasil*. 2002. Tese (Doutorado em História) – Faculdade de Filosofia, Letras e Ciências Humanas, Universidade de São Paulo, São Paulo, 2002.

TRINDADE, Raimundo. *Instituições de igrejas no Bispado de Mariana*. Rio de Janeiro: Mec/SPHAN, 1945.

VASCONCELLOS, Diogo de. *História Antiga das Minas Gerais*. 4. ed. Belo Horizonte: Itatiaia, 1999.

_____. *História do Bispado de Mariana*. Belo Horizonte: Biblioteca Mineira de Cultura, 1935.

VASCONCELLOS, Salomão de. Ofícios Mecânicos em Vila Rica durante o século XVIII. *Revista do Patrimônio Histórico e Artístico Nacional*, Rio de Janeiro, n. 4, 1940.

_____. *Breviário histórico e turístico da cidade de Mariana*. Belo Horizonte: Biblioteca Mineira de Cultura, 1947.

_____. *Mariana e seus templos*. Belo Horizonte: Graphica Queiroz Breyner, 1938.

VASCONCELLOS, Sylvio de. *Arquitetura no Brasil, pintura mineira e outros temas*. Belo Horizonte: UFMG, 1959.

_____. *Arquitetura Particular em Vila Rica*. Belo Horizonte, 1951.

_____. *Vila Rica*: formação e desenvolvimento – residências. São Paulo: Perspectiva, 1977.

VEIGA, Afonso Costa Santos. *José Pereira Arouca, mestre pedreiro e carpinteiro*: Mariana – Minas Gerais séc. XVIII. Arouca: Real Irmandade da Rainha Santa Mafalda, 1999.

VELOSO, Tércio. *Olhares sobre o espaço urbano*. Relatório de qualificação de mestrado. Mariana: PPGHIS/UFOP, 2012

VIGARELLO, Georges. *O limpo e o sujo*: uma história da higiene corporal. São Paulo: Martins Fontes, 1996.

VIGARELLO, Georges; PORTES, Roy. Corpo, Saúde e Doenças. In: VIGARELLO, G. (org.). *Da Renascença às luzes*. Vol. 1. CORBIN, A; COURTINE, J. VIGARELLO, G.(dir. geral). *História do Corpo*. Petrópolis: Vozes, 2008.

VILLALTA, Luiz C. Educação: nascimento, "haveres" e gêneros. In: VILLALTA; RESENDE; (org.) *História de Minas Gerais*. Vol. 2. Belo Horizonte: Autêntica, Companhia do Tempo, 2007.

_____. O cenário urbano em Minas Gerais Setecentista: outreiros do sagrado e do profano. In: *Termo de Mariana*: História e Documentação. Mariana: UFOP, 1998.

VILLALTA, Luiz C.; RESENDE, Maria Efigênia L. de. *História de Minas Gerias*: as Minas Setecentistas, Belo Horizonte: Autêntica, Companhia Tempo, 2007, 2 vol.

Anexos

1. Mapa-síntese da cidade de Mariana (1745-1800)

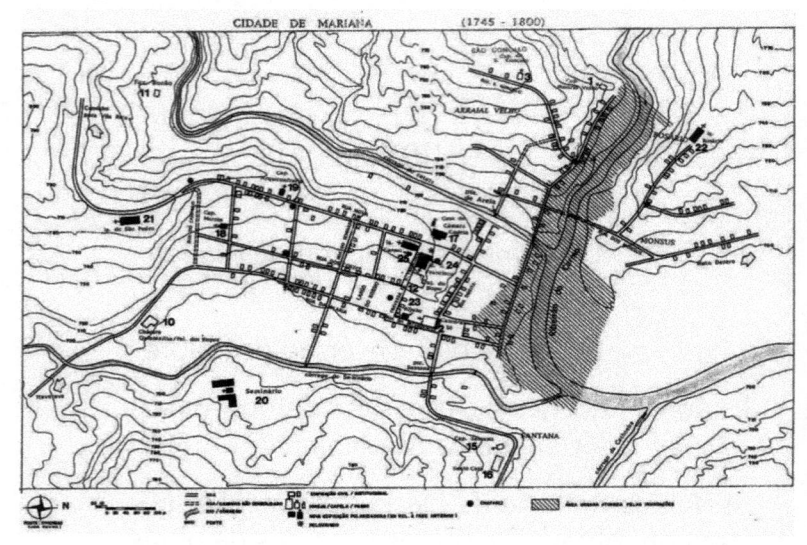

Legenda: (1)Capela de Nossa Senhora do Carmo, (2) Igreja da Sé (3)Primeira Câmara, (10) Palácio dos Bispos;, (12) Palácio do Conde de Assumar, (17) Casa de Câmara e Cadeia, (18) Capela das Mercês, (19) Capela da Arquiconfraria, (21) Igreja de São Pedro, (22) Igreja do Rosário, (23) Aljube, (24) Igreja de São Francisco, (25) Igreja do Carmo.

Fonte: FONSECA, Cláudia D. *Mariana: op. cit.*, p. 84

2. Tabela de Conversão de Valores

Período/ Uma oitava(1/8) de Ouro	Valor de uma oitava em Réis
Até 1725	1.500 réis
01/02/1725 a 24/05/1730	1.200 réis
15/05/1730 a 04/09/1732	1.320 réis
1735 a 1751	1.500 réis
1751 a 1823	1751 a 1823

Fonte: ZEMELLA, Mafalda P. *O abastecimento da capitania de Minas Gerais no século XVIII*. 2 ed. São Paulo: Hucitec: Editora da Universidade de São Paulo, 1990, p. 146.

Valores, pesos e medidas	Valor em réis
1 centavo	10 réis
1 vintém	20 réis
1 tostão	100 réis
1 pataca	320 réis
1 cruzado	400 réis

Fonte: SPIX, Johan Baptista, Carl Friedrich Philipp Von. *Viagem pelo Brasil: 1817-1820*. São Paulo: Edusp, 1981, vol. 1.

3. Receitas x Despesas x Saldos anuais da Câmara de Mariana (1745-1800)

ANO	RECEITA	DESPESA	SALDO
1745	15257958	8432159	6825799
1746	13856221	8514997	5341224
1747	12553133	11979624	573509
1748	10633835	5170336	5463499
1749	14593066	13850048	743018
1750	8480444	8357407	123037
1751	0	0	0
1752	6394880	6514570	-119690
1753	6262674	6043457	219217
1754	6862228	5441812	1420416
1755	5584084	5593722	-9638
1756	4725330	4363122	362208
1757	5987593	4999792	987801
1758	7009766	6973493	36273
1759	5107871	5029182	78689
1760	6516749	6611182	-94433
1761	5089524	5213530	-124006
1762	4722878	4656341	66537
1763	4992279	4915288	76991
1764	4566814	4741385	-174571
1765	3194473	3229776	-35303
1766	6681506	6084789	596717
1767	4888123	4954135	-66012
1768	4593493	4594293	-800
1769	3725362	3725362	0
1770	4140600	4140600	0
1771	4923787	4923787	0
1772	0	0	0
1773	0	0	0
1774	4480973	4480973	0
1775	4429293	4429293	0

1776	6046387	6046387	0
1777	4449384	4216090	233294
1778	6562265	5909973	652292
1779	4288526	4288526	0
1780	5267259	5267259	0
1781	3250463	2823961	426502
1782	5400526	5500242	-99716
1783	6262250	6263906	-1656
1784	4913496	4913496	0
1785	4621828	4621828	0
1786	5578475	5595612	-17137
1787	5017060	5011635	5425
1788	2946442	2946442	0
1789	7809877	7809877	0
1790	4669913	4699913	-30000
1791	5054767	5054767	0
1792	5078146	5086927	-8781
1793	6371172	6395406	-24234
1794	5009704	4746812	262892
1795	5118620	5125085	-6465
1796	3991494	3991494	0
1797	4414687	4414687	0
1798	5389451	5389451	0
1799	4197738	4197738	0
1800	4874163	4874163	0
Total	325320479	293156132	

Fonte: AHCMM. Miscelâneas. Cód. 572 (1745); Cód. 679 (1746, 1747, 1750); Cód. 201 (1748-1749); Cód. 660 (1751, incompleto); Cód. 176 (1752-1762); Cód. 151 (1766- 1768); Cód. 649 (1769); Cód. 73 (1770); Cód. 75(1771); Cód. 384 (1774); Cód. 701(1775); Cód. 382(1776); Cód. 141 (1777-1783); Cód. 202 (1784-, 1788); Cód. 277 (1789- 1795); Cód. 124 (1796-1800). Não foram encontrados os dados para os anos de 1751, 1772 e 1773.

4. Relação da Despesa total x Despesa com obras x

Ano	Despesa Anual	Despesa com obras	Pontes	Água	Calçadas
1745	8432159	249.750,00	44.250,00		
1746	8514997	987.250,00	540.000,00	18.000,00	400.000,00
1747	11979624	4.472.108,00	1.638.000,00		2.834.108,00
1748	5170336	205.918,00	117.000,00		
1749	13850048	8.312.608,00	2.448.998,00	4.581.110,00	714.000,00
1750	8357407	994.892,00		205.855,00	456.375,00
1751	0	574.000,00	30.000,00		
1752	6514570	2.386.512,00	625.400,00		1.538.812,00
1753	6043457	726.325,00	60.000,00	17.325,00	504.000,00
1754	5441812	703.612,00			703.612,00
1755	5593722	1.826.259,00	358.725,00		1.394.447,00
1756	4363122	1.000.000,00	1.000.000,00		
1757	4999792	334.700,00	328.400,00	6.300,00	
1758	6973493	1.903.362,00	329.400,00	48.000,00	1.056.275,00
1759	5029182	1.926.040,00	235.762,00		1.647.228,00
1760	6611182	1.525.587,00	234.700,00	1.270.712,00	
1761	5213530	1.258.502,00	372.110,00		672.000,00
1762	4656341	463.925,00	136.025,00	39.600,00	236.700,00
1763	4915288	518.562,00	371.825,00	74.700,00	
1764	4741385	985.312,00	483.200,00	78.112,00	410.800,00
1765	3229776	565.500,00	495.000,00		
1766	6084789	180.450,00	99.600,00		
1767	4954135	864.674,00	184.800,00	30.187,00	61.200,00
1768	4594293	1.426.615,00	958.450,00	41.125,00	
1769	3725362	544.287,00	135.075,00	36.000,00	343.212,00
1770	4140600	1.253.182,00	418.666,00		580.791,00
1771	4923787	1.373.599,00	342.833,00		986.366,00

espesas por tipos de obras públicas anualmente no Termo de Mariana (1745-1800)

Câmara/ Cadeia	Outros	Obras/vários	Caminho	Avaliação	Conjugadas
150.000,00	55.500,00				
		29.250,00			
	73.918,00			15.000,00	
246.000,00	100.500,00				222.000,00
	332.662,00				
	524.500,00				19.500,00
					222.300,00
115.000,00	30.000,00				
73.087,00					
14.887,00	202.800,00				252.000,00
7.050,00					36.000,00
					20.175,00
115.992,00	60.000,00		38.400,00		
	33.600,00		18.000,00		
72.037,00					
			13.200,00		
16.800,00					53.700,00
					80.850,00
		351.487,00	210.600,00	7.200,00	19.200,00
					30.000,00
13.725,00					240.000,00
					44.400,00

Ano	Despesa Anual	Despesa com obras	Pontes	Água	Calçadas
1772	0				
1773	0				
1774	4480973	1.433.410,00	289.530,00		308.400,00
1775	4429293	1.214.834,00	79.950,00	24.487,00	1.023.300,00
1776	6046387	1.920.235,00	133.200,00	78.824,00	899.056,00
1777	4216090	328.724,00	208.724,00		120.000,00
1778	5909973	3.279.019,00	822.525,00	19.275,00	443.362,00
1779	4288526	546.500,00	513.200,00	25.125,00	
1780	5267259	347.062,00			
1781	2823961	404.253,00	116.666,00	32.062,00	
1782	5500242	2.532.200,00	365.400,00		
1783	6263906	2.537.150,00	345.000,00		116.700,00
1784	4913496	1.823.938,00			
1785	4621828	471.311,00	54.000,00		
1786	5595612	1.302.600,00			978.600,00
1787	5011635	1.615.774,00	170.400,00		
1788	2946442	196.516,00	166.666,00		
1789	7809877	1.951.075,00	258.000,00		183.112,00
1790	4699913	1.479.288,00	680.000,00		
1791	5054767	1.243.200,00			78.300,00
1792	5086927	2.001.988,00	264.000,00	113.962,00	
1793	6395406	1.767.022,00	742.737,00	165.900,00	
1794	4746812	1.018.825,00	840.000,00	13.500,00	160.000,00
1795	5125085	1.540.987,00	37.800,00		
1796	3991494	973.844,00	375.232,00		173.025,00
1797	4414687	1.320.194,00		251.600,00	148.350,00
1798	5389451	1.808.637,00	342.000,00	602.400,00	268.500,00
1799	4197738	819.599,00	206.925,00		
1800	4874163	1.144.262,00	749.324,00	132.888,00	223.200,00
Total	293.156.132	74.585.978	19.749.498	7.907.049	19.663.831
%			26,5%	10,6%	26,4%

Câmara/ Cadeia	Outros	Obras/vários	Caminho	Avaliação	Conjugadas
		62.400,00		761.305,00	11.775,00
32.400,00	9.000,00				
		809.155,00			
	48.262,00	1.626.208,00			19.387,00
8.175,00					
					347.062,00
			255.525,00		
2.000.000,00			60.000,00		106.800,00
2.003.225,00				26.400,00	45.825,00
1.641.463,00		82.275,00			100.200,00
360.237,00		42.112,00			14.962,00
		324.000,00			
1.416.724,00					28.650,00
					29.850,00
1.305.326,00		41.437,00		1.200,00	162.000,00
799.288,00					
1.119.300,00	6.000,00			3.600,00	36.000,00
1.453.989,00				9.200,00	160.837,00
306.123,00		58.012,00		23.650,00	470.600,00
				5.325,00	
	60.000,00	576.187,00			867.000,00
		38.400,00		9.600,00	268.650,00
	316.533,00	541.499,00			62.212,00
		92.400,00		13.437,00	489.900,00
		479.587,00		750	132.337,00
					38.850,00
13.270.828	1.853.275	5.154.409	595.725	876.667	4.633.022
17,8%	2,5%	6,9%	0,8%	1,2%	6,2%

Fonte: AHCMM. Miscelâneas. Cód. 572 (1745); Cód. 679 (1746, 1747, 1750); Cód. 201 (1748-1749); Cód. 660 (1751, incompleto); Cód. 176 (1752-1762); Cód. 151 (1766-1768); Cód. 649 (1769); Cód. 73 (1770); Cód. 75 (1771); Cód. 384 (1774); Cód. 701 (1775); Cód. 382 (1776); Cód. 141 (1777-1783); Cód. 202 (1784-, 1788); Cód. 277 (1789- 1795); Cód. 124 (1796-1800). Não foram encontrados os dados para os anos de 1751, 1772 e 1773. Foram criadas as seguintes categorias de acordo com os tipos de obras descritas nas listas de despesas: Pontes (construções e reparos); Águas (construções e reparos da rede de abastecimento); Calçadas; Câmara e Cadeia; Outros (obras que raramente apareceram nas listas, como: palácios, paredão, risco e pelourinho); Obras/vários (descrição que não especifica o tipo de obra paga); Caminho; Avaliação (pagamentos pelos serviços de exame das obras e bens do Concelho); Conjugadas (obras de natureza diferente, arrematadas em conjunto)

Agradecimentos

Nesta jornada muitos me acompanharam, incentivando, oferecendo um ombro amigo e respeitando a solidão necessária da escrita. Agradeço ao apoio incondicional da minha família. À querida orientadora Leila Mezan Algranti devo muito, por acreditar desde o início neste trabalho. Obrigada pelas sugestões, críticas, incentivo e pela oportunidade de ter convivido e aprendido um pouco mais sobre a paciência e sensibilidade que envolvem o ofício do historiador. Agradeço também ao professor Tiago C. P. Miranda pela orientação durante o tempo em que desbravei as terras portuguesas; a Laura de Mello e Souza, pela valiosa contribuição no exame de qualificação, e à banca formada pelas professoras Milena Fernandes Maranho e Júnia Ferreira Furtado pela leitura criteriosa e sugestões apresentadas.

Agradeço aos meus queridos amigos da UFOP, que deixaram uma lembrança leve e divertida dos tempos de graduação. Obrigada Débora, Julia, Joelma, Maykon, Tágila e Bruno, sempre presentes. Especial agradecimento deixo ao Prof. Carlos, Crislayne e a toda a equipe do Grupo Cantaria; e também ao Grupo JALS. Neste trabalho está presente um pouco da generosidade dos Jalseanos Gilson, Pedrão, Nicole e Dejanira, sem me esquecer, é claro, da valiosa biblioteca e amizade do professor Marco Antônio e Álvaro. Agradeço ainda à professora Cláudia Damasceno Fonseca, que gentilmente me cedeu seus textos e mapas.

Na Unicamp fui premiada ao conviver com Juan e Raphael; encontrei novos e verdadeiros amigos como Camila, Gustavo, Ludmila e Raquel. As minhas queridas amigas de BH, Cris, Flávia, Glau, Bel, Isabella, Nat e

Aninha sempre me apoiaram nos momentos de angústia e vibraram com as minhas conquistas.

Sou grata aos funcionários Felipe e Olinda do Arquivo Histórico da Câmara Municipal de Mariana, à doce Dona Conceição da biblioteca da UFOP e aos funcionários do Arquivo Nacional da Torre do Tombo, Biblioteca Nacional de Portugal e Arquivo Histórico Ultramarino. A simpatia e o bom humor destes guardiões dos documentos minimizaram a sensação de solidão da pesquisa.

Agradeço ao CNPq pela bolsa concedida para o desenvolvimento do mestrado; à Cátedra Jaime Cortesão e o Instituto Camões, que financiaram dois meses de pesquisa nos arquivos portugueses; ao grupo Dimensões do Império Português, que me acolheu durante o mestrado; e a Fapesp que viabilizou essa publicação.

Obrigada Pai pelos gráficos, mapas e tabelas; Mãe, seus cafés foram sopros de carinho nas longas madrugadas silenciosas dedicadas à escrita. Quanta generosidade e respeito... vocês são a razão deste trabalho. Minha querida Família, obrigada por caminhar sempre ao meu lado em terras mineiras, paulistas ou lusitanas.

Com o término deste trabalho ganhei algumas certezas. Além de um par de óculos, vistas cansadas e fios brancos, aprendi a testar e reconhecer minha fé em cada palavra escrita, em cada gesto de amor e amizade da minha família, amigos, mestres e colegas de trabalho. Agradeço a Deus que me permitiu chegar ao fim dessa jornada!

Caderno de imagens

Capítulo I

A água na produção espacial urbana

FIGURA 1: Máquina de Marly, 1723

Fonte: http://www.marlymachine.org/Martin1.jpg. Acesso em: 08 jun. 2010.

Autoria: Pierre-Denis Martin, 1723. A máquina bombeava a água do rio até o aqueduto fundo da paisagem, que seguia até os Palácios de Marly e Versalhes. O sistema de condu das águas pelos aquedutos, utilizado no período moderno na Europa ocidental, obedecia da gravidade. As águas eram canalizadas dos lugares mais altos e levadas à cidade. A Máqu de Marly era uma obra singular, uma inovação com o sistema de elevação do líquido.

FIGURA 2: O Arraial do Ribeirão do Carmo (1696 -1702)
Capela de Nossa Senhora do Carmo no Núcleo de Mata Cavalos.

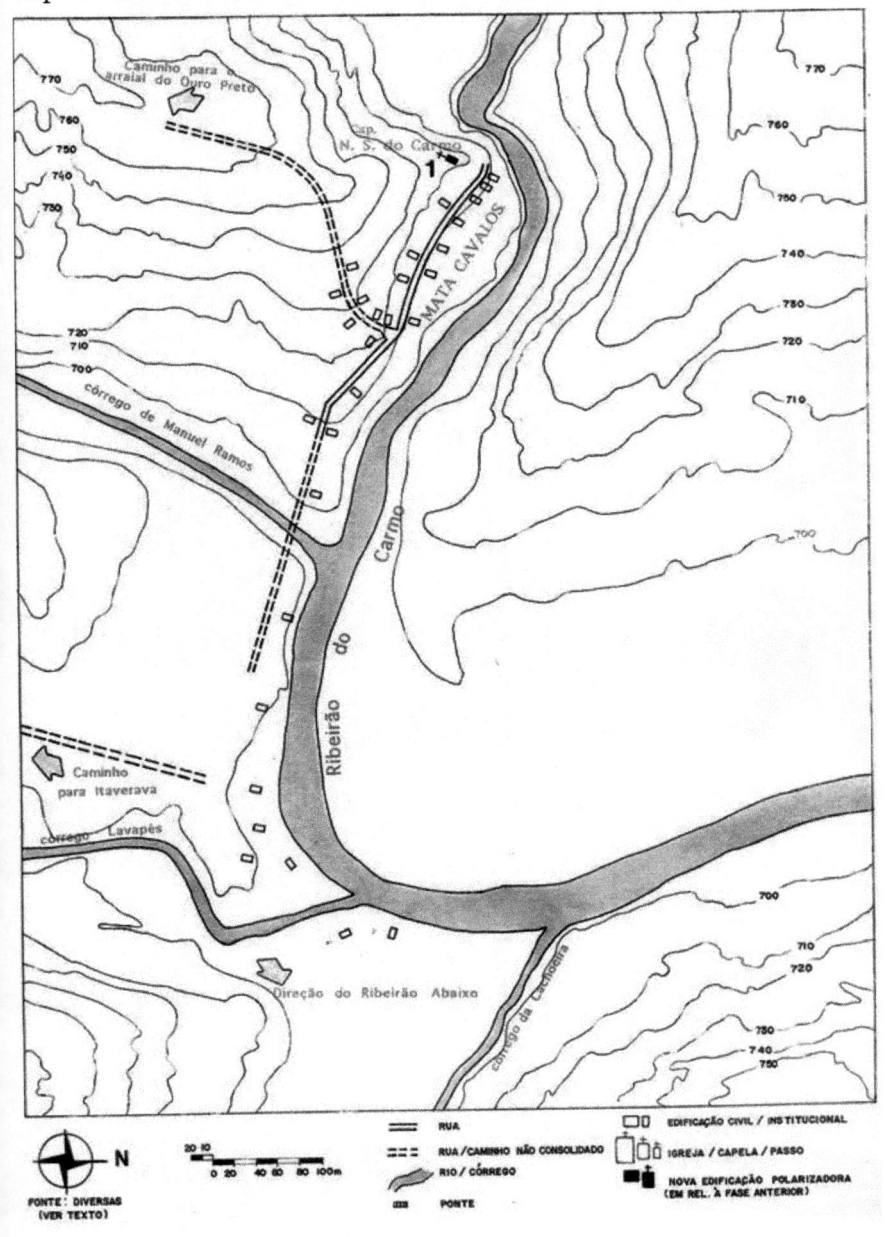

Fonte: FONSECA. *Op. cit.*, p. 52

FIGURA 3: "Mapa das Minas do Ouro e São Paulo e costa do mar que lhe pertence, 1714"

Fonte: COSTA, Antônio Gilberto (org.). *Cartografia da conquista do território da Minas*. Belo Horizonte: Editora UFMG, 2004. (Detalhe)

FIGURA 4: "Planta em que se mostra a obra a se fazer para se evitar a inundação das ruas de Mariana pelo rio que ali corre"

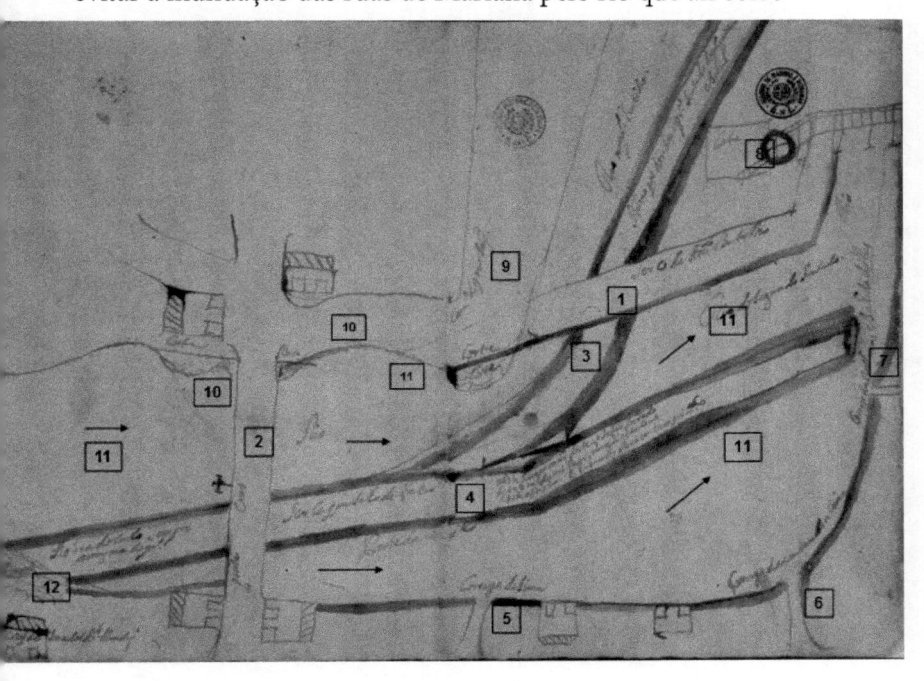

Legenda: (1) cerco de Antônio Botelho, (2) Ponte dos Monsus, (3) antigo cerco, (4) novo cerco, (5) Córrego de Cima, (6) Córrego da Intendência, (7) Córrego da Cachoeira, (8) cata de Antônio Botelho, (9) Caminho dos Monsus, (10) serviços de minerar, (11) Ribeirão do Carmo, (12) Senador Antônio Mendes.

Fonte: AHU- Lisboa- CARTm-011. D. 1157 (setas e números, adaptado pela autora).

FIGURA 5: Planta da cidade de Mariana

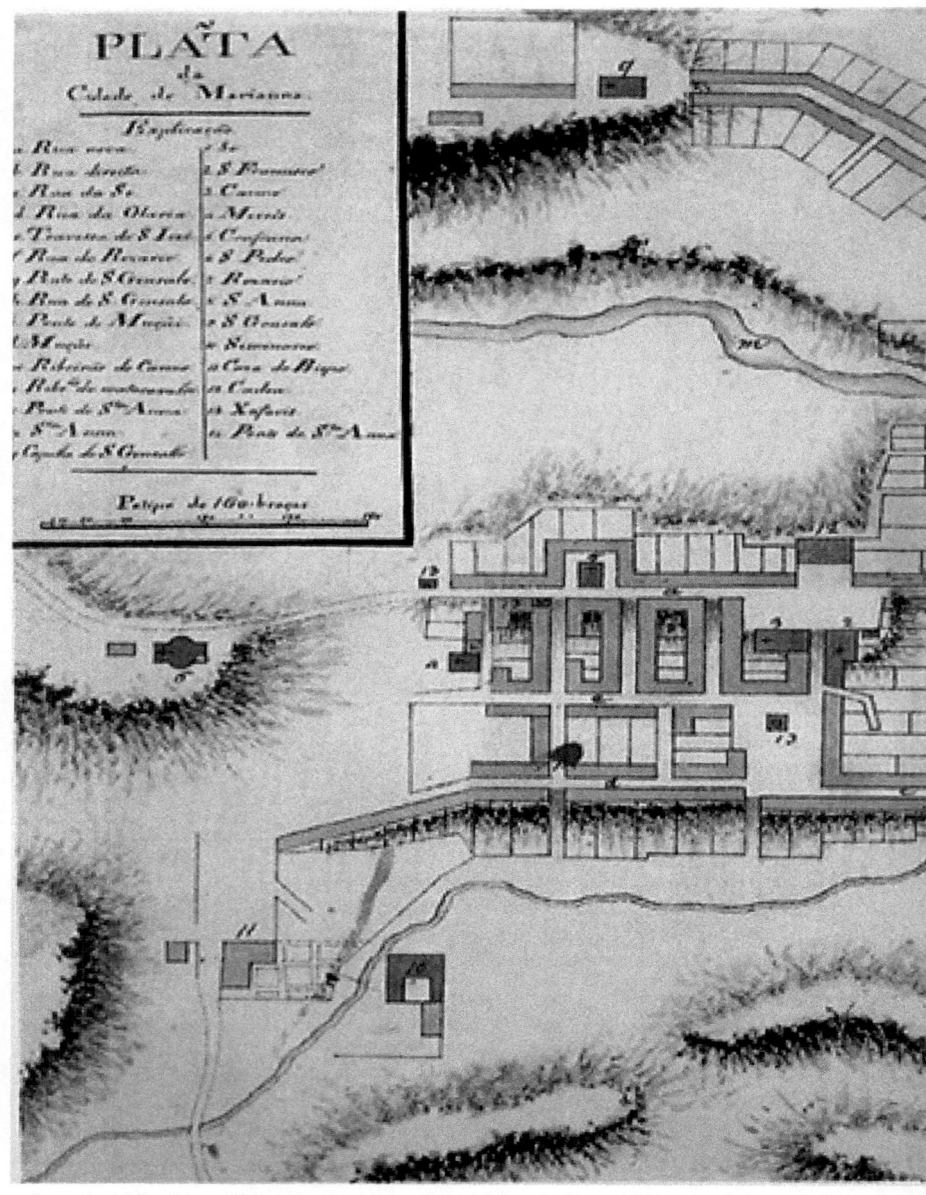

Legenda: (a) Rua Nova, (b) Rua Direita, (c) Rua da Sé, (d) Rua da Olaria, (e) Travessa de São José, (f) Rua do Rosário, (g) Ponte de São Gonçalo, (h) Rua de São Gonçalo, (i) Ponte dos Monsus, (l) Monsus, (m) Ribeirão do Carmo, (n) Ribeirão de Matacavalos, (o) Ponte de Sant'Anna, (p) Santa Anna, (q) Capela de São Gonçalo, (1) Sé, (2) São Francisco, (3) Carmo, (4) Mercês, (5) Confraria, (6) São Pedro, (7) Rosário, (8) Santana, (9) São Gonçalo, (10) Seminário, (11) Casa do Bispo, (12) Cadeia, (13) Chafariz.

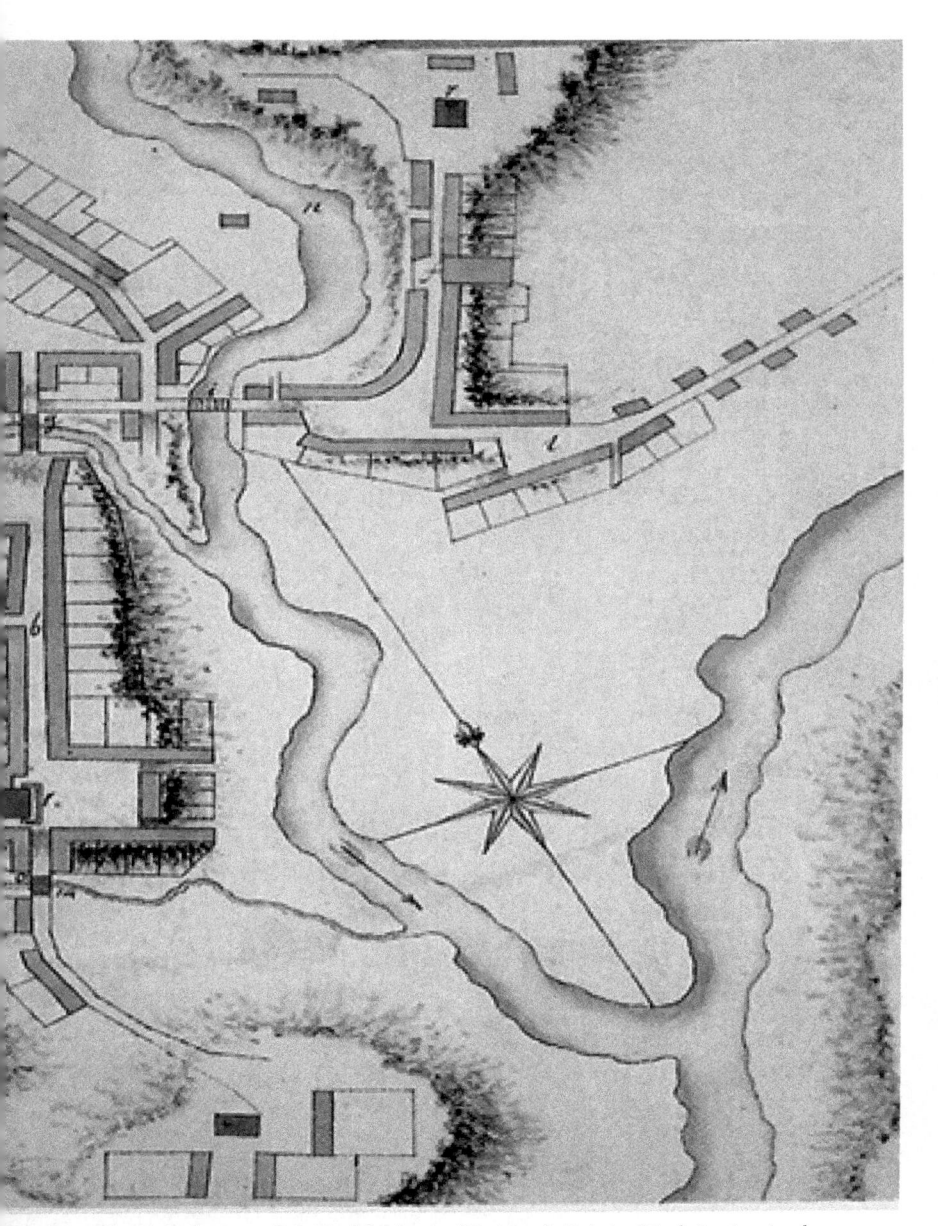

onte: "Plãta da Cidade de Mariana". Original do Arquivo Histórico do Exército, Rio de Janeiro. *Apud* REIS FILHO, Iestor. *Imagens de Vilas e cidades do Brasil Colonial.* São Paulo: Edusp, 2001, p. 217. (Autoria e data desconhecidas).

FIGURA 6: Mapa da cidade de Mariana

Legenda: (A) Sé, (B) Igreja de São Francisco da Ordem Terceira, (C) Igreja do Carmo da Ordem Terceira, (D) Igreja de São Pedro, (E) Igreja do Seminário, (F) Casa de Câmara e Cadeia, (G) Capela de São Gonçalo, (H) Palácio Episcopal, (I) Capela de Santa Ana, (L) Capela Antiga do Rosário, (M) Capela Nova do Rosário, (N) Bairro dos Monsus, (O) Ponte dos Monsus, (P) Ponte da Rua Direita da Sé, (Q) Ponte do Seminário, (R) Praça do Pelourinho, (S) Rua Direita da Sé, (T) Rua Nova, (V) Praça do Chafariz, (X) Casas dos Juízes de Fora, (Z) Ribeirão do Carmo, • Chafariz.

Fonte: "Mapa da cidade Mariana". Original da Mapoteca do Itamarati, Rio de Janeiro. ca. 1798-1801. *Apud.* REIS FILHO, Nestor. *Imagens de Vilas e cidades do Brasil Colonial.* São Paulo: Edusp, 2001, p. 217 (Autoria e data desconhecidas).

FIGURA 7: Ponte da Rua Direita ou Ponte de Areia

Fonte: APM. MM 175. Coleção Municípios Mineiros, Ponte na Rua Direita em Mariana (M
175). [1890-1900 ?]. Autor: Ferber. Construída em fins do século XVIII, a única ponte de ped
da cidade, descrita por Saint-Hilaire, ligava o núcleo de São Gonçalo (à esquerda) à Rua D
reita (à direita), que terminava na Catedral da Sé.

Capítulo II

A rede de abastecimento de água

FIGURA 8: Aqueduto da Água da Prata, Évora, Portugal

As três imagens referem-se ao Aqueduto da Prata de Évora. A entrada do aqueduto, atravessando a muralha que a cerca ainda hoje; os arcos gradativamente diminuindo em solo urbano até o ponto em que a condução se torna totalmente subterrânea na Rua do Cano; e na terceira imagem, a maneira como os habitantes se apropriaram dos arcos do aqueduto na cidade.

FIGURA 10: Reservatório das Amoreiras

Fonte: Coleção de José Edyardi Pisani Burnay. Autoria desconhecida, princípios do século XIX *apud* MOTTA, Irisalva (org.) *Op. cit.*, vol. 2, p. 192.

FIGURA 11: "Figura que representa a Manilha d'água dividida em Anéis e Pen

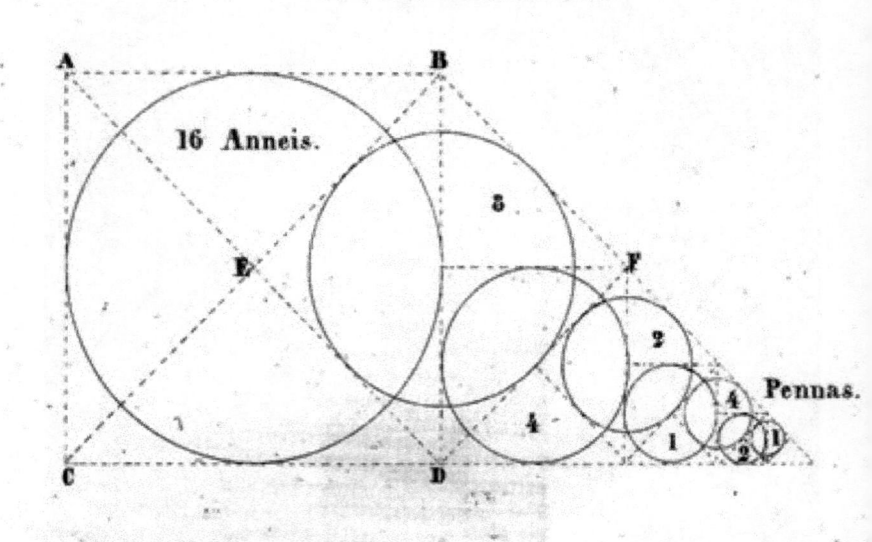

Uma pena d'água, veio da grossura de uma pena de pato, corresponde a 3,308 litros; um an
de água equivale a 8 penas ou 26,4644 litros; uma manilha de água equivale a 16 anéis, o qu
corresponde a 4,234.304 litros.

FIGURA 12: Sistema de distribuição das águas

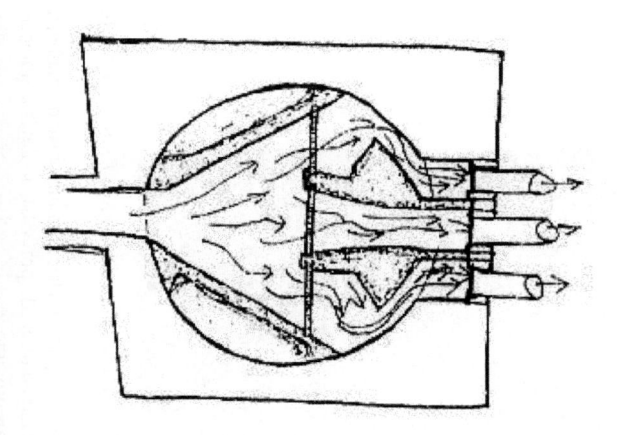

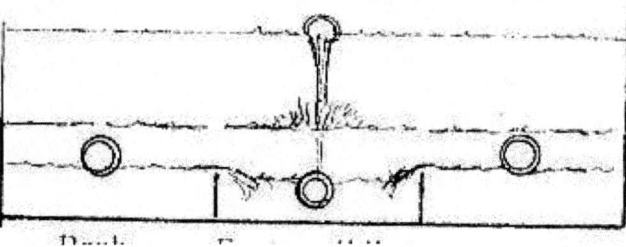

Fonte: VITRÚVIO. *Op. cit.*, p. 320.

FIGURA 13: Caixa de pedra da Rua Nova (Mariana)

Fonte: BAETA, Alenice; PILÓ, H.; TEDESCHI, D. M. R. *Monitoramento do Patrimônio Arqueológico Rua Dom Silvério e Adjacências.* Mariana: Prefeitura Municipal de Mariana: ENCEL, 2008, p. 40.

Na caixa de pedra, a corrente das águas seguia da esquerda para a direita. Na parte inferior, há um corte de diâmetro menor e acima do corte central. Quando a caixa transbordava, procedimento similar ao indicado por Vitrúvio devia acontecer: o líquido corria para o círculo menor, provavelmente levando água ao chafariz mais próximo.

GURA 14: Canaletas de cerâmica do Aqueduto de Mariana

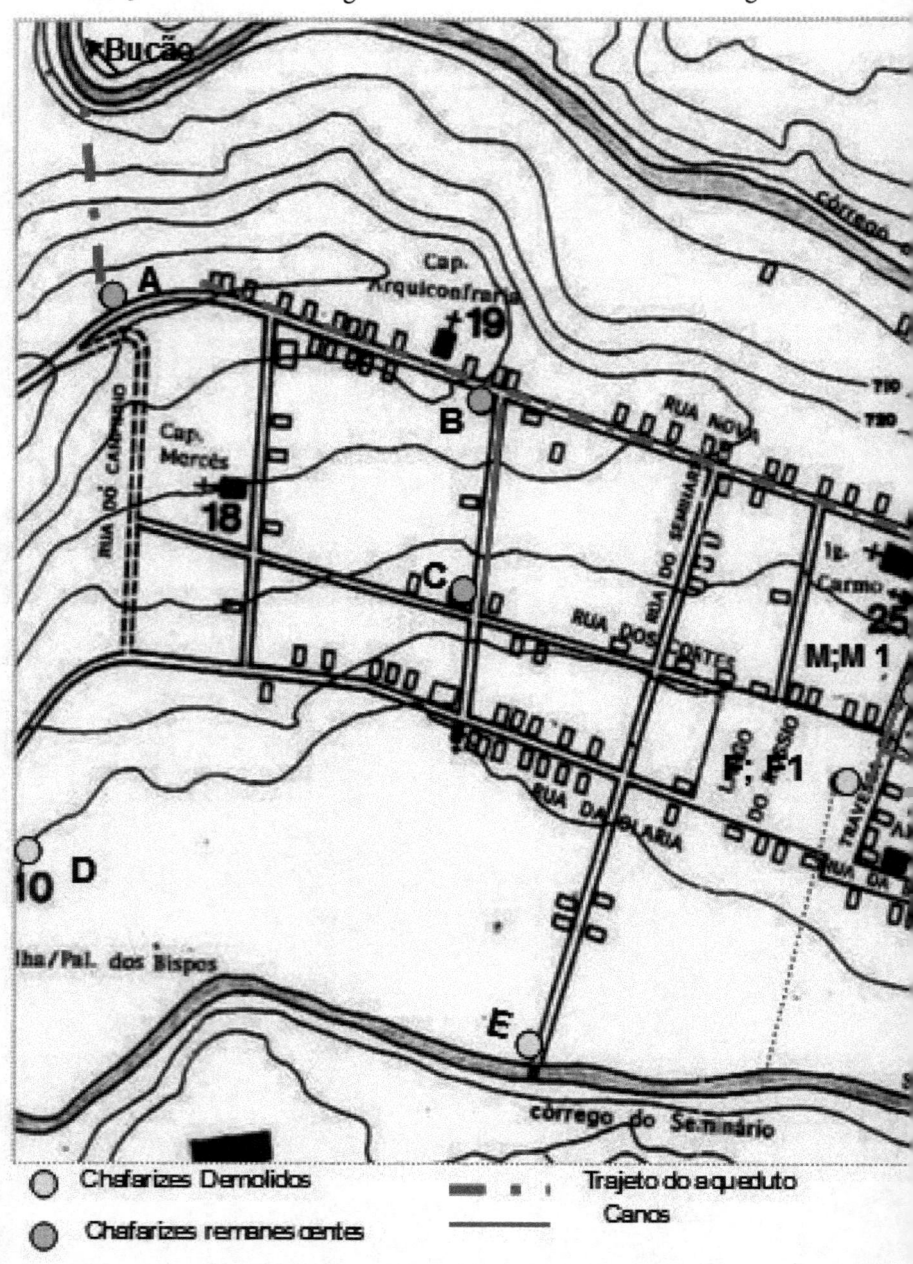

Chafarizes: (A) Chafariz de São Pedro, (B) Chafariz de São Francisco dos Pardos, (C) Chafariz dos Cortes, (D) Fo Tanque da Samaritana do Palácio dos Bispos, (E) Fonte do Seminário, (F) Chafariz do Rossio, 1749-1795; (F1) Chafar Praça, 1795; (G) Chafariz de São Francisco dos Brancos, (H) Possíveis localizações do Chafariz de São Gonçalo, (I) H dos Monsus, (L) Fonte dos Quartéis, (M) Chafariz de Tomé Dias, 1795-1801; (M1) Chafariz do Conde de Assumar (1 (N) Chafariz da Sé, (O) Chafariz da Câmara. Fonte: FONSECA, Cláudia D. *Op. cit.*, p. 84 (Detalhe adaptado)

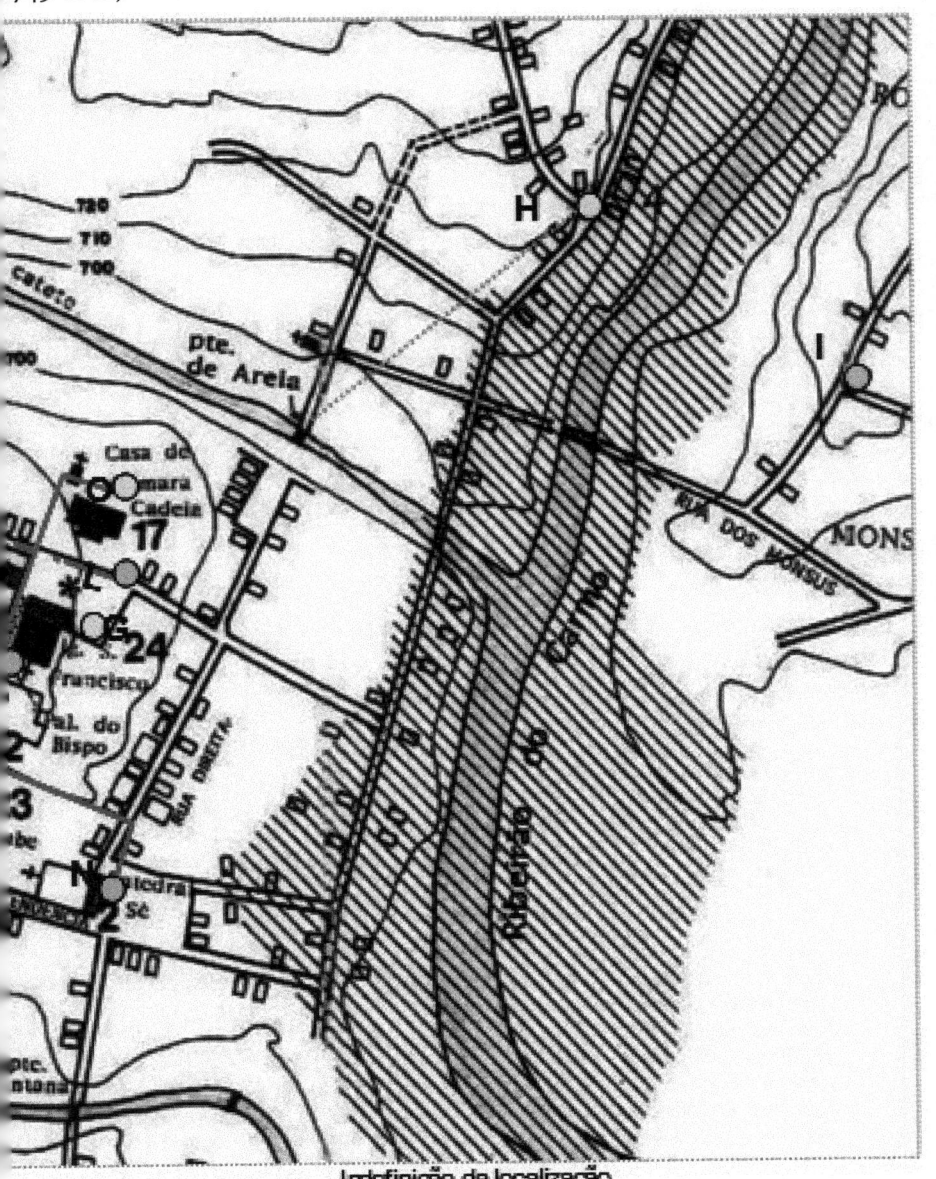

.... Indefinição da localização
.... Cano de expedição das águas

FIGURA 16: Procedimentos para Arrematação de Obras Públicas

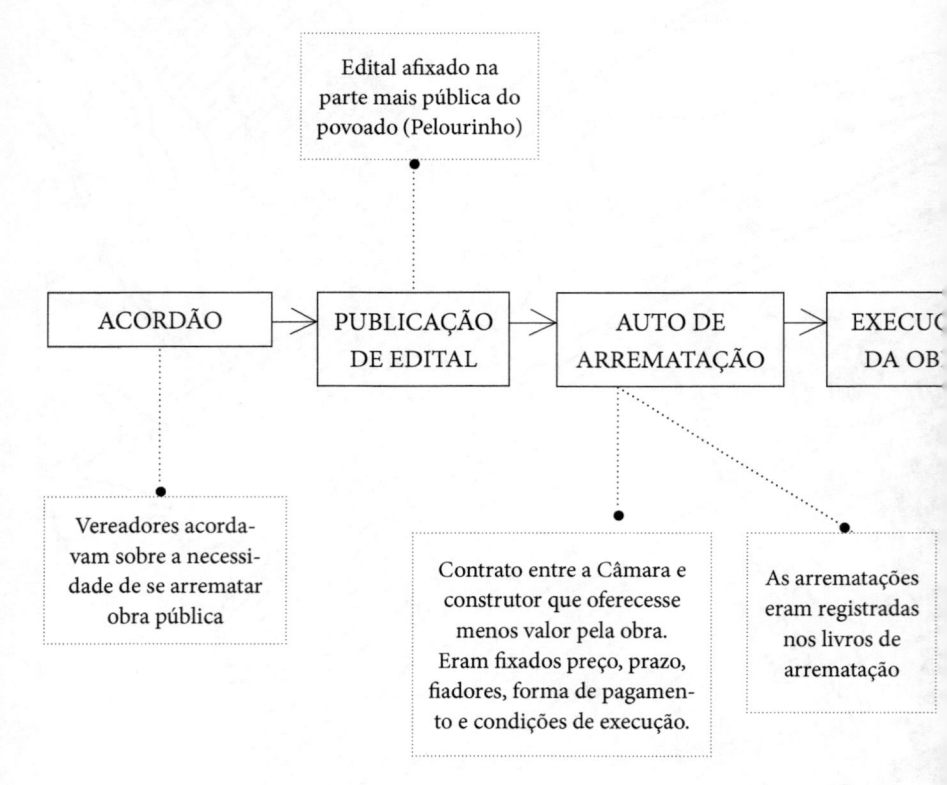

Fonte: Para elaboração deste quadro cruzamos espécies e tipologias documentais: acórdãos, autos de arrematação, recibos, petições de pagamento, juramento de louvados, listas de receitas e despesas, que nos permitiu reconstituir todo o trâmite da arrematação de obra pública. AHCMM: Acórdãos (Códices 209, 660, 705, 674). Editais (Códices 462, 554, 660). Recibos (Códice 687). Petições (Códices 740, 703, 682). Livros de Arrematação (122, 135, 220, 377). Receitas e despesas: Cód. 572 (1745); Cód. 679 (1746, 1747, 1750); Cód. 201 (1748-1749); Cód. 660 (1751); Cód. 176 (1752, 1753, 1754, 1755, 1756, 1757, 1758, 1759, 1760, 1761, 1762,); Cód. 151 (1766, 1767, 1768); Cód. 649 (1769); Cód. 73 (1770); Cód. 75 (1771); Cód. 384 (1774); Cód. 701(1775); Cód. 382(1776); Cód. 141 (1777, 1778, 1779, 1780, 1781, 1782, 1783); Cód. 202 (1784, 1785, 1786, 1787, 1788); Cód. 277 (1789, 1790, 1791, 1792, 1793, 1794, 1795); Cód. 124 (1796, 1797, 1798, 199, 1800).

na Câmara de Mariana (1745-1800)

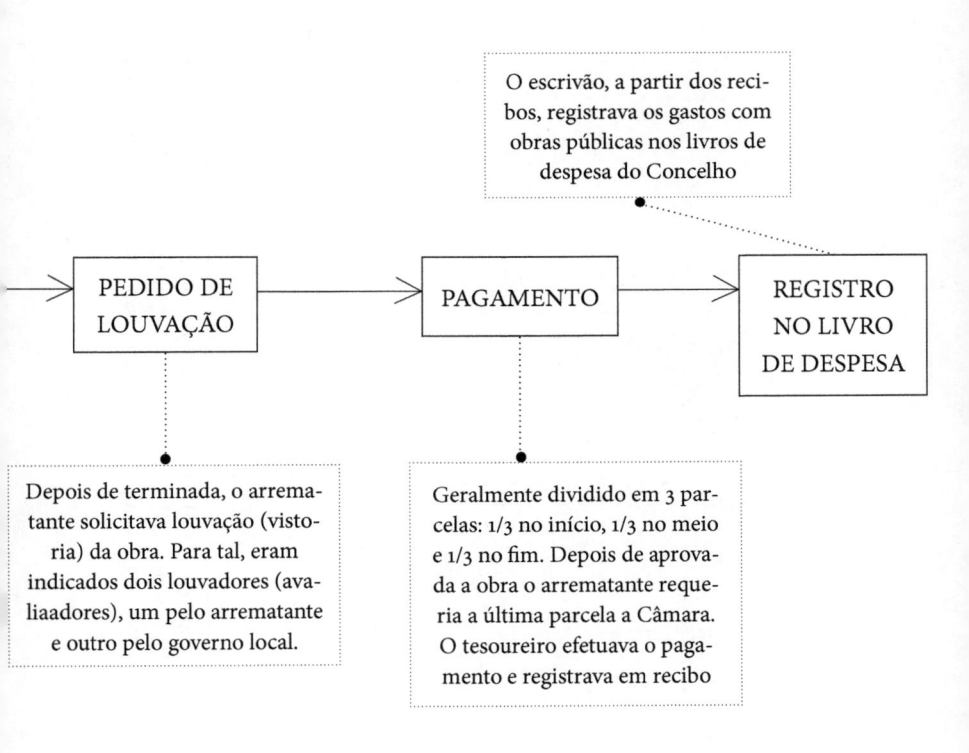

O escrivão, a partir dos recibos, registrava os gastos com obras públicas nos livros de despesa do Concelho

PEDIDO DE LOUVAÇÃO → PAGAMENTO → REGISTRO NO LIVRO DE DESPESA

Depois de terminada, o arrematante solicitava louvação (vistoria) da obra. Para tal, eram indicados dois louvadores (avaliaadores), um pelo arrematante e outro pelo governo local.

Geralmente dividido em 3 parcelas: 1/3 no início, 1/3 no meio e 1/3 no fim. Depois de aprovada a obra o arrematante requeria a última parcela a Câmara. O tesoureiro efetuava o pagamento e registrava em recibo

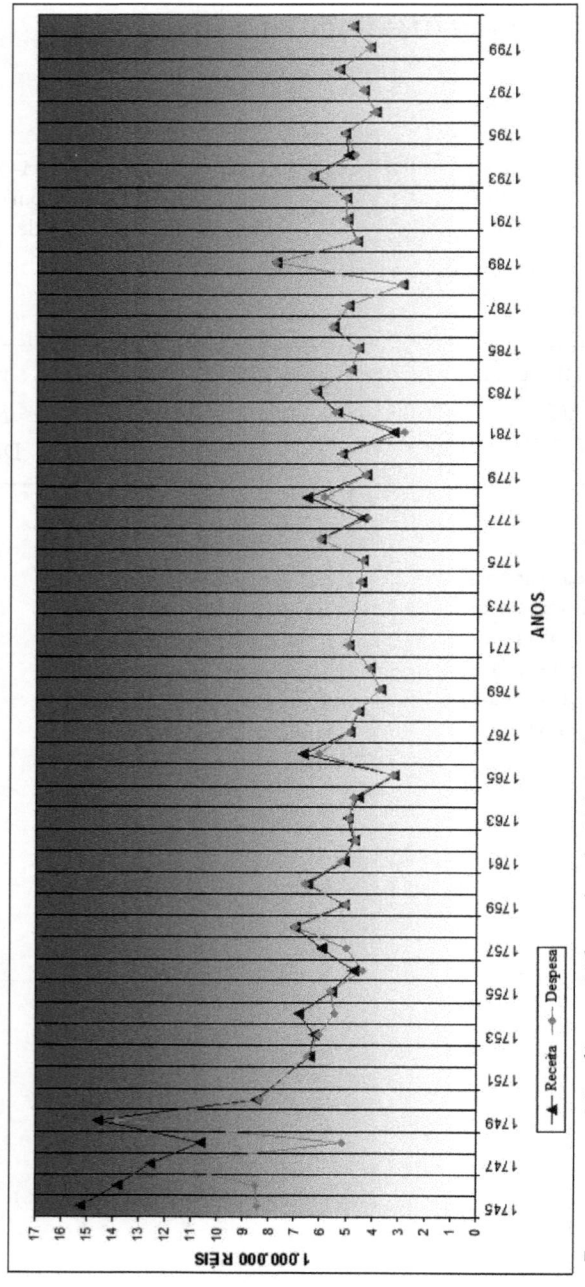

GRÁFICO 1: Receitas e despesas da Câmara de Mariana (1745-1800)

Fonte: AHCMM. Miscelâneas. Cód. 572 (1745); Cód. 679 (1746, 1747, 1750); Cód. 201 (1748-1749); Cód. 660 (1751, incompleto); Cód. 176 (1752-1762); Cód. 151 (1766-1768); Cód. 649 (1769); Cód. 73 (1770); Cód. 75 (1771); Cód. 384 (1774); Cód. 701 (1775); Cód. 382 (1776); Cód. 141 (1777-1783); Cód. 202 (1784-, 1788); Cód. 277 (1789- 1795); Cód. 124 (1796-1800). Não foram encontrados os dados para os anos de 1751, 1772 e 1773. Tabela em anexo.

GRÁFICO 2: Percentual de despesas por tipos de obras públicas no Termo de Mariana (1745-1800)

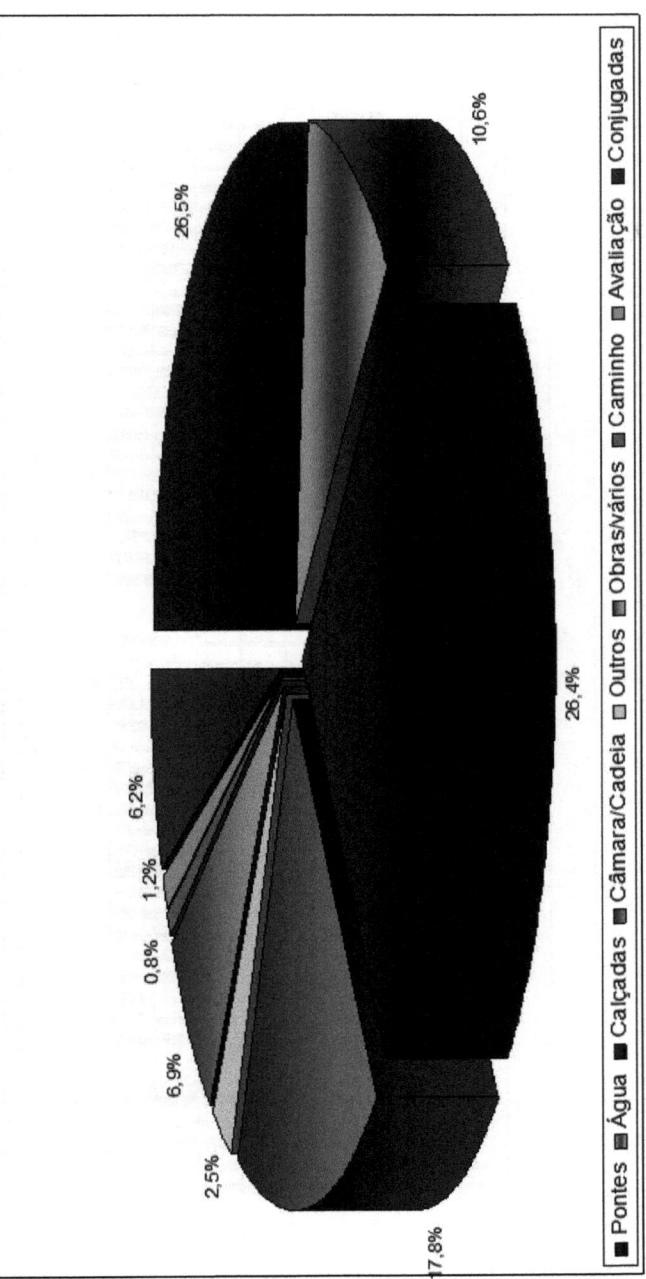

Fonte: AHCMM. Miscelâneas. Cód. 572 (1745); Cód. 679 (1746, 1747, 1750); Cód. 201 (1748-1749); Cód. 660 (1751, incompleto); Cód. 176 (1752-1762); Cód. 151 (1766- 1768); Cód. 649 (1769); Cód. 73 (1770); Cód. 75 (1771); Cód. 384 (1774); Cód. 701(1775); Cód. 382 (1776); Cód. 141 (1777-1783); Cód. 202 (1784-, 1788); Cód. 277 (1789- 1795); Cód. 124 (1796-1800). Não foram encontrados os dados para os anos de 1751, 1772 e 1773. Foram criadas as seguintes categorias de acordo com os tipos de obras descritas nas listas de despesas: Pontes (construções e reparos); Águas (construções e reparos na rede de abastecimento); Calçadas; Câmara e Cadeia; Outros (obras que raramente apareceram nas listas, como: palácios, paredão, risco e pelourinho); Obras/vários (descrição que não especifica a natureza da obra); Caminho; Avaliação (pagamentos pelos serviços de exame das obras e bens do Concelho); Conjugadas (obras de natureza diferente, arrematadas em conjunto). Tabela em anexo.

GRÁFICO 3: Relação da Despesa geral x Despesa com obras públicas x Despesa com obras relativas à rede de abastecimento (1745-1800)

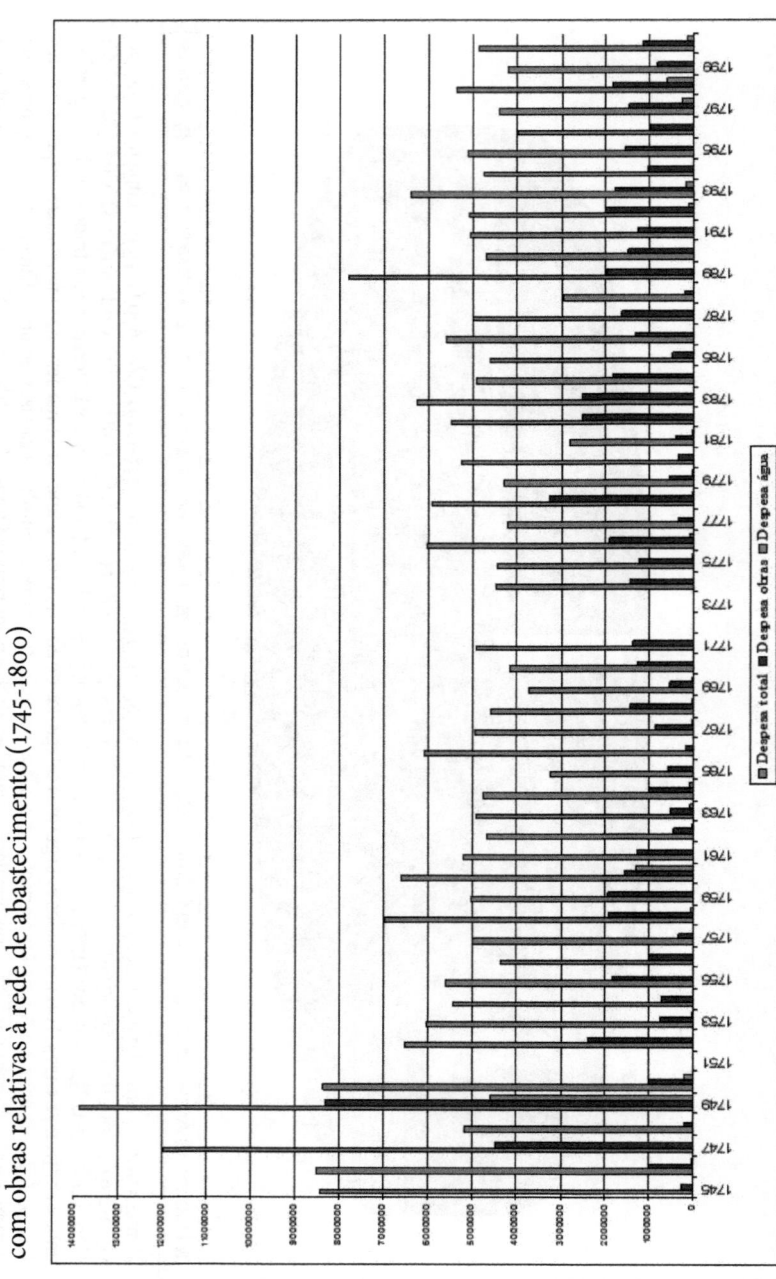

Fonte: AHCMM. Miscelâneas. Cód. 572 (1745); Cód. 679 (1746, 1747, 1750); Cód. 201 (1748-1749); Cód. 660 (1751, incompleto); Cód. 176 (1752-1762); Cód. 151 (1766-1768); Cód. 649 (1769); Cód. 73 (1770); Cód. 75 (1771); Cód. 384 (1774); Cód. 701 (1775); Cód. 382 (1776); Cód. 141 (1777-1783); Cód. 202 (1784-1788); Cód. 277

GRÁFICO 4: A despesa da Câmara na rede de abastecimento das águas em Mariana (1745-1800)

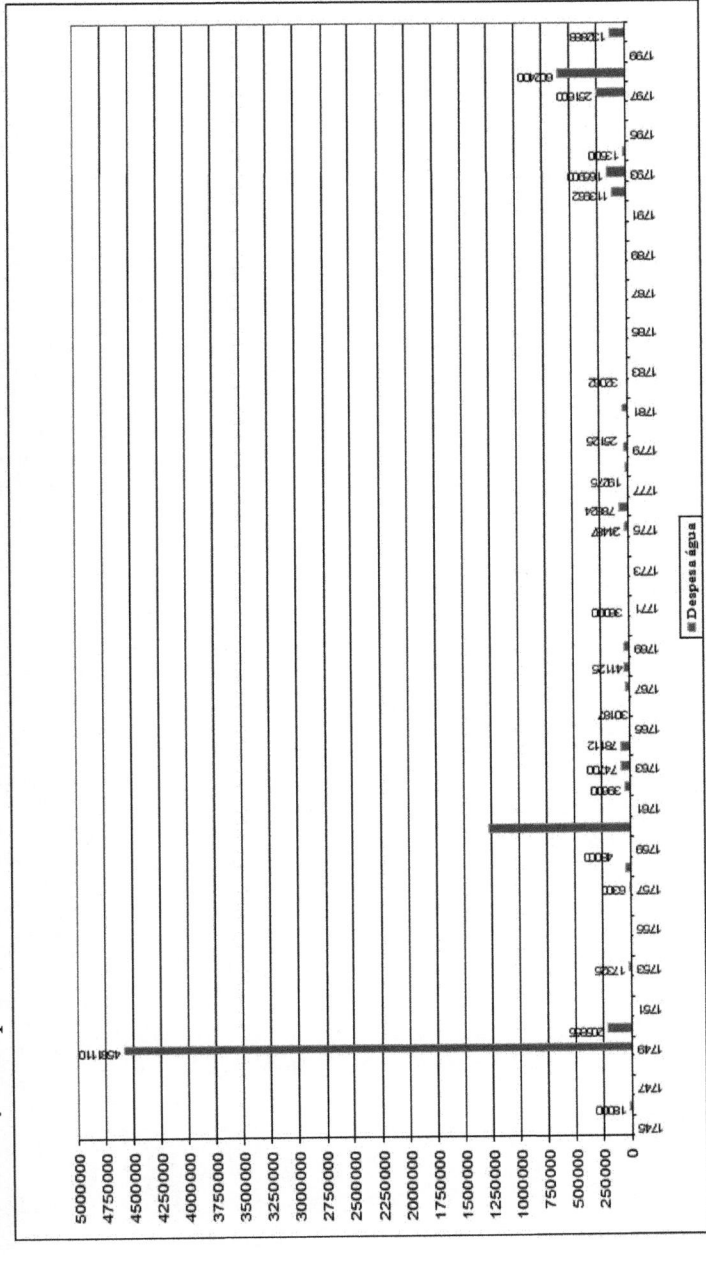

Fonte: AHCMM. Miscelâneas. Cód. 572 (1745); Cód. 679 (1746, 1747, 1750); Cód. 201 (1748-1749); Cód. 660 (1751, incompleto); Cód. 176 (1752-1762); Cód. 151 (1766-1768); Cód. 649 (1769); Cód. 73 (1770); Cód. 75 (1771); Cód. 384 (1774); Cód. 701 (1775); Cód. 382 (1776); Cód. 141 (1777-1783); Cód. 202 (1784-, 1788); Cód. 277 (1789-1795); Cód. 124 (1796-1800). Não foram encontrados os dados para os anos de 1751, 1772 e 1773.

Capítulo III

O consumo das águas urbanas

FIGURA 17: Fonte dos Quartéis, 1967

Fonte: IPHAN/Belo Horizonte, Pasta Mariana, Fotos, 1967

FIGURA 18: Fonte dos Quartéis, 2010

Fonte: Acervo da autora, 2010

(a)

Fonte:
(a) autoria e data desconhecidas;
(b) acervo da autora, 2006;
(c) acervo da autora, 2010.

(a) Chafariz dos Cortes

(b) reforma ocorrida no Chafariz dos Cortes em 1767

Fonte: (a) Acervo particular da autora, 2010;
(b) IPHAN/Belo Horizonte, Pasta Mariana, Fotos, 1967.

Fonte: Acervo da Autora, 2006

Fonte: Acervo da autora, 2006

FIGURA 23: Chafariz de São Francisco dos Pardos

Fonte: Acervo da Autora, 2010

FIGURA 24: Chafariz de Repuxo, de 1749

Fonte: VASCONCELLOS. *Op. cit.* Desenho de Wash Rodrigues elaborado a partir do auto de arrematação de 1749.

Fonte: Acervo da Autora, 2010.

Fonte: RUGENDAS, Johann Moritz. *Viagem Pitoresca através do Brasil.* São Paulo: Livraria Martins,1941. Disponível em: http://bndigital.bn.br/ Acesso em 20 maio de 2010.

FIGURA 27: As lavadeiras do rio Laranjeiras

Na imagem desenhada por Jean Batista Debret, as negras lavadeiras dedicam-se ao ofício no rio Laranjeiras (RJ). Na paisagem prevalece a lavagem das roupas brancas.

Fonte: DEBRET, J. B. *Lavadeiras do rio das Laranjeiras*, 1826. Disponível em: http://www.mcb.sp.gov.br/ernfraBuscaBuscaAssunto.asp?sAssunto=25

Esta obra foi impressa em São Paulo no verão de 2014. No texto, foi utilizada a fonte Minion Pro em corpo 10 e entrelinha de 15 pontos.